本书为华中师范大学历史文化学院一流学科（新一轮）建设项目暨社科处印度研究中心平台资助项目资助成果

UNDERSTANDING AND TRANSCENDING
THE TURN OF INDIAN HISTORIOGRAPHY
Towards the Theory of Historical Space

# 理解和超越
# 印度史学转向

## 走向历史空间理论

王立新 著

中国社会科学出版社

**图书在版编目（CIP）数据**

理解和超越印度史学转向：走向历史空间理论／王立新著 . —北京：
中国社会科学出版社，2024.4
ISBN 978 - 7 - 5227 - 2962 - 6

Ⅰ.①理…　Ⅱ.①王…　Ⅲ.①印度—历史—研究　Ⅳ.①K351

中国国家版本馆 CIP 数据核字（2024）第 034102 号

| | | |
|---|---|---|
| 出 版 人 | 赵剑英 |
| 责任编辑 | 耿晓明 |
| 责任校对 | 李　军 |
| 责任印制 | 李寡寡 |

| | | |
|---|---|---|
| 出　　版 | 中国社会科学出版社 |
| 社　　址 | 北京鼓楼西大街甲 158 号 |
| 邮　　编 | 100720 |
| 网　　址 | http://www.csspw.cn |
| 发 行 部 | 010 - 84083685 |
| 门 市 部 | 010 - 84029450 |
| 经　　销 | 新华书店及其他书店 |

| | | |
|---|---|---|
| 印　　刷 | 北京明恒达印务有限公司 |
| 装　　订 | 廊坊市广阳区广增装订厂 |
| 版　　次 | 2024 年 4 月第 1 版 |
| 印　　次 | 2024 年 4 月第 1 次印刷 |

| | | |
|---|---|---|
| 开　　本 | 710 × 1000　1/16 |
| 印　　张 | 19.5 |
| 插　　页 | 2 |
| 字　　数 | 296 千字 |
| 定　　价 | 89.00 元 |

凡购买中国社会科学出版社图书，如有质量问题请与本社营销中心联系调换
电话：010 - 84083683

# 序

　　长期以来，华中师范大学一直有着良好的印度史研究传统。我校以涂厚善先生（1919—2017）为首的老一代研究团队曾经在印度史领域取得令人瞩目的成就，在国内学界占有重要地位，产生了巨大影响。由涂厚善先生主持翻译的《高级印度史》（商务印书馆1986年版），由华中师范大学历史研究所印度史研究室闵光沛、庄万友、陶笑虹、周柏青和涂厚善等人共同翻译的《印度文化史》（商务印书馆1997年版），由陶笑虹翻译的《印度的遗产》（上海人民出版社2005年版），以及庄万友、闵光沛等人翻译的《印度与世界文明》（商务印书馆2019年版），为国内印度史研究和教学的发展提供了大量基本的参考资料。而由华中师范大学印度史研究室作为国家教委"七五"高教教材规划项目编写的《简明印度史》（湖南人民出版社1991年版），也是国内高校最早编写的标准印度通史著作之一，完整呈现了当时国内学界的印度史研究状况。

　　自2013年9月和10月习近平总书记提出建设"新丝绸之路经济带"和"21世纪海上丝绸之路"倡议后，对"一带一路"沿线地区和国家研究的现实意义和学术价值日益凸显。一方面为了因应时代之需，另一方面也是为了更好地继承和发扬华中师范大学的印度史研究传统，2018年3月，在时任学校主要领导的关心和主持下，华中师范大学印度研究中心得以正式挂牌成立，并成功成为我校在教育部国际司备案的三大区域国别研究中心之一。印度研究中心的成立为华中师范大学印度史研究在新时代的延续和提升提供了宝贵的平台支持，必将对我校印度史研究的推陈出新和繁荣兴旺提供强大的助力。

现在由我中心王立新教授呈献给读者的这部《理解和超越印度史学转向：走向历史空间理论》一书，是作者在该领域十年潜心耕耘的结果，也堪称凝聚了作者这些年诸多研究成果的一部开创性专著。该书对20世纪80年代以来国际史学界的印度史学转向作了深入剖析，提出了许多富有洞察力的学术创见，为国内学界建立中国学派的印度史学做出了宝贵贡献。

我相信，对于愿意深入了解作为中国重要邻邦之一的印度文明及历史的普通读者和学界同仁来说，立新这部著作的出版都是一件可喜可贺的事情，它将在很大程度上丰富和加深我们对印度社会过去及当下的认知。

是为序。

华中师范大学印度研究中心主任　马敏

2022年7月于武昌南湖之滨

# 前　　言

　　本书为 2015 年度国家社会科学基金项目"部落社会理论视野下的印度现代早期农业社会研究"的最终成果文稿。从正式立项到 2021 年 7 月正式结项，该项目历时 6 年方得以完成。然而，本书的研究计划比这个国家社会科学基金项目的"历史"还要悠久得多。实际上，本书的研究计划可以追溯到 2011 年前后。那时，承蒙云南人民出版社的信任，我承担了《新编剑桥印度史》第一部分第 5 卷《莫卧儿帝国》（1993 年，中译本 2014 年）的翻译工作。在翻译过程中发现的一个问题让我深感困惑：为何在国际学术界久负盛名的剑桥大学出版社新近出版的这套多卷本印度通史是从莫卧儿帝国开始的呢？这同我们对印度历史的一般印象形成了强烈反差。《新编剑桥印度史》本身没有为这个显而易见的问题提供任何说明。多年养成的好奇心和强迫症促使我努力寻找这个问题的答案。最初探究的结果就反映在我为《莫卧儿帝国》一书撰写的译后记中。与印度著名历史学家 M. 阿萨尔·阿里将这一问题归结为《新编剑桥印度史》主编们的欧洲中心主义偏见不同，我"猜测"这部新印度通史可能代表了一种与我们熟悉的正统印度史学完全不同的新印度史学。当时得出的初步结论是："在他们（即《新编剑桥印度史》的主编和作者们）的心目中，莫卧儿帝国时期的历史事实上构成了印度历史上的一个重大转折时期，构成了现在印度（新印度）的历史摇篮！显然，这不仅是对莫卧儿帝国，也是对整个印度历史的一个崭新的乃至革命性的看法"，"《莫卧儿帝国》一书最重要的学术价值和意义大概就在于它让我们看到了一种新的莫卧儿帝国的历史形象，让我们开始接触到关于印度历史的一种全新的观念"①。相形之下，《新编剑桥印度史》的主编们将印度历史的起点定在莫卧儿时代只不过是这个新印度史学体系最醒目、但也最表面化的标志罢了。可以说，这篇译后记对新印度史学的最初探讨构成了本书研究计划的真正起点。

然而，客观地说，当时国内学术界对以《新编剑桥印度史》为代表的新印度史学的了解还是一片空白，很多人依旧想当然地把《新编剑桥印度史》看作 1922—1937 年间剑桥大学出版社出版的六卷本《剑桥印度史》的修订版。万事开头难。在这种情况下可以想见，无论对谁来说，对新印度史学的研究都会是一个巨大的挑战。幸运的是，这些年来笔者在这一领域的持续探索得到了国内很多学术前辈和同仁的理解、鼓励和支持，特别是中国社会科学院亚太研究院的刘建先生对笔者的研究多有教诲和雅正。在这里，我也要郑重感谢《世界历史》编辑部对国内广大中青年学者前沿学术研究工作的鼓励和扶植。从 2014 年起至今，《世界历史》编辑部先后发表了笔者撰写的三篇解析新印度史学的专题论文：（1）《从农民学到断裂国家理论——〈新编剑桥印度史〉的传统农业社会理论评析》（《世界历史》2014年第 6 期），该文探讨了在"传统农业社会"论域中新印度史学和正统印度史学采用的不同理论模式；（2）《从历史文明到历史空间：新印度史学的历史地理学转向》（《世界历史》2017 年第 4 期），该文探讨了新印度史学的历史地理学转向以及在这种转向中新印度史学对作为正统印度史学基础的"印度文明"概念的解构，指出新印度史学"在解构印度文明的基础上为印度史学创立了一个新的历史空间"；（3）《国家史观视域下新印度史学的叙事建构：从雅利安文明到莫卧儿帝国》（《世界历史》2021 年第 2 期），该文则对比了正统印度史学和新印度史学不同的历史叙事和由此建构起来的不同的意义空间：新印度史学用"现代性"印度取代了正统印度史学中的"传

---

① ［美］约翰·F. 理查兹：《新编剑桥印度史：莫卧儿帝国》，王立新译，云南人民出版社 2014 年版，第 335 页。

统性"印度。透过这三篇专题论文，我们可以清楚地看到新印度史学相较于正统印度史学所实现的"范式转换"。这种类似于"科学革命"的范式转换清晰地表明了新印度史学所代表的印度史学转向的实质和意义：它不只是构建了一种新的印度史学，还构建了一种全新的印度观。鉴于这三篇文章的重要性，我将其作为附录列于书末，以供读者参考。这么做并非为了"凑字数"，而是因为印度史学转向构成了本书论题的学术语境，本书的研究就是在印度史学转向的语境下进行的。

换言之，本书对早期现代印度农业社会和国家问题的探索是在新印度史学及其所蕴含的印度史学转向的史学史背景下进行的，而对这一时期印度传统农业社会和莫卧儿时帝国国家的再诠释也一直是新印度史学研究的重心和焦点。这不可避免地将本书的研究置于"智识史"（intellectual history）的考察路径下。不过，与业已发表在《世界历史》上的三篇专题论文不同，本书的主旨并不在于对作为一种新印度史范式的新印度史学做进一步的学理解析，甚至也不在于要对当代国际史学界的这种印度史学转向的"历史背景"做智识史的解读，而是致力于在批判性回顾和反思正统印度史学和新印度史学有关诠释的基础上就早期现代印度的农业社会和国家问题提出我们自己的概念框架（部落社会）和研究路径（历史空间）。因而，本书的研究本质上是一项原创性学术研究。这项原创性学术研究或许并不意味着我们已经在国际学术界的正统印度史学和新印度史学之外建立了印度史研究的中国学派。但无可置疑的是，虽然本书的研究只是我们朝着建立中国学派的印度史研究和印度史学迈出的最初一步，但这也一定是我们朝向这个伟大目标迈出的关键一步。有鉴于此，本书取名为：《理解和超越印度史学转向：走向历史空间理论》。

# 目　　录

# 导　论

　　1978 年，在《农民和英印统治：关于殖民地时期印度农业社会和农民起义的研究》一书中，英国著名的南亚史学家埃里克·斯托克斯曾这样抱怨学术界长期以来对印度农业和农民问题的忽视："没有什么老生常谈比说南亚的命运最终掌握在农民手中更显陈腐了，但也没有什么老生常谈能让政治学家和历史学家领悟得更加缓慢。部分原因可能在于南亚社会的分离。很久以前，查尔斯·梅特卡夫和卡尔·马克思就生动地描述了那种认为政治上层建筑和农业基础之间存在深刻的不连续性的观念。无疑，农民世界和国家的分离在某种程度上是所有前现代专制国家中的典型现象，但在印度次大陆，这种现象似乎由于更大政治体系的脆弱的外来征服性质和人们印象中的一个由种姓制度调节的农村社会的特殊的经济和社会自给自足性质而得到了特别的增强。结果，甚至连农民通过起义周期性地突入政治领域（的事实）也好像在印度历史上令人惊异地不存在，除非人们遵从伊尔凡·哈比卜的意见，把 17 世纪晚期和 18 世纪马拉塔人、锡克人和贾特人势力的崛起视为农民运动，或和凯瑟琳·高夫一起相信殖民统治下的连绵不断的农民起义被刻意忽视了。这样，人们把政治看作一种独立自存的活动而把印度农村降低到政治舞台上幽暗不明的背景的地位就显得很自然了。这种态度一直延续到殖民统治结束后。"在斯托克斯看来，只是在二战后研究法国、俄国甚至英国革命的历史学家们——他们相信在所有的前工业社会，历史变迁一定发源于农村，而现代历史也向他们表明尽管在革命中崛起的是城市，但却是乡村制造或破坏了革命——的影响下，"现在，在研究南亚殖民地革命的学者中间，那些城市佬才最终走出了城镇"①。

　　然而，实际上，从19世纪初期现代意义上的印度史学产生时起，西方世界对印度文明和历史的研究就一直将其置于对印度传统农业社会解析的基础之上。② 在堪称正统印度史学原典的《英属印度史》（1817）中，詹姆斯·米尔对"印度文明"（Hindu civilization）的建构就包含了对印度传统农业社会的经典解析：印度的传统农业社会被看成一个由无数类似"小共和国"、实行财产公有制的"村社"（village community）构成的世界。③ 他把19世纪初叶英国殖民者在印度发现的这种"亘古存在"的村社看成他想象中停滞的印度文明的活化石，从而印度村社也就被视为后者的基本要素之一。1853年，当马克思讨论"印度问题"、分析不列颠在印度的统治及其未来结果时，他所提出的著名的殖民主义双重使命的观点也是建立在对印度传统农业社会结构的解析基础之上的。④ 除了继续把印度的传统农业社会视为一个自给自足、独立自存的村社世界外，他还把印度的传统农业社会解析为一种特殊类型的农业社会，即以利用渠道和水利工程的人工灌溉设施为基础的"东方"农业社会，而印度历史上的"中央集权的政府"就是由这种特殊的灌溉农业造成的，它需要一个中央集

---

① Eric Stokes, *The Peasant and the Raj: Studies in Agrarian Society and Peasant Rebellion in Colonial India*, Cambridge: Cambridge University Press, 1978, pp. 265–266.

② 在拙作《印度绿色革命的政治经济学：发展、停滞和转变》（社会科学文献出版社2011年版）一书中，笔者曾区分了"传统农业"和"现代农业"："传统农业的基础是土地，现代农业的基础是资本"，因而所谓的"农业现代化"就是"农业的资本化，从传统的劳动密集型农业向现代资本密集型农业的转变"（第80、81页）。对"传统农业"的这种界定在这里依然是适用的。历史地说，印度的农业现代化始于20世纪60年代中期印度政府倡导的新农业发展战略——"绿色革命"，而此前的印度农业（包括本书所要研究的1500—1800年间早期现代的印度农业）都属于传统农业的范畴。当然，我们也可以像埃里克·斯托克斯那样简单地把印度的传统农业社会理解为印度的"前工业社会"。

③ James Mill, *The History of British India*, Vol. I, London: Baldwin, Cradock, and Joy, 1817, pp. 187–188.

④ 马克思认为，"英国在印度要完成双重的使命：一个是破坏的使命，即消灭旧的亚洲式的社会；另一个是重建的使命，即在亚洲为西方式的社会奠定物质基础"。（马克思：《不列颠在印度统治的未来结果》，载《马克思恩格斯全集》第12卷，人民出版社1998年版，第246页。）

权的政府来执行"举办公共工程的职能"①。这实际上就是对詹姆斯·米尔在《英属印度史》中提出的印度文明及其历史的东方专制主义观念的农业社会学诠释。② 当卡尔·魏特夫在《东方专制主义：对于极权力量的比较研究》（1957）一书中将印度纳入他所谓的"治水社会"（hydraulic society）理论时，这位反马克思主义的前德国马克思主义历史学家沿袭的恰恰就是米尔和马克思在19世纪开创的这种权威的学术传统。③ 到20世纪初叶，当英国历史学家E.J.拉普森、沃尔斯利·黑格和亨利·多德韦尔等人致力于为当时仍处于英国统治下的"印度帝国"编纂一部正式的通史著作时，他们遵循的也是这种学术传统：一方面，他们沿用了米尔的"印度文明"概念，他们编撰的六卷本《剑桥印度史》（1922—1937年，第2卷未能完成）实际上就是对这个概念的历史学呈现；另一方面，他们按照人类学家的"农民学"（peasantology）模式来构建印度文明的历史社会学图景。印度文明社会被诠释为西方历史学家并不陌生的西欧中世纪历史上的那种农民—农村社会。④

　　由此，如同西方文明那样，农民村社的传统也被视为印度文明的

---

① 马克思：《不列颠在印度的统治》，载《马克思恩格斯全集》第12卷，第139—140页。

② 当然，马克思本人并没有始终如一地坚持这一"正统"观点。实际上，在他的晚年，当他阅读了人类学家马·柯瓦列夫斯基、路易斯·摩尔根、约翰·菲尔、亨利·梅恩和约·拉伯克等的人类学著作后，马克思在其所做笔记中对印度的传统农业社会提出了一种相当不同的观点，倾向于将印度的传统农业社会诠释为氏族—部落社会。马克思的这五篇人类学笔记分别见《马克思恩格斯全集》第45卷（人民出版社1985年版）和《马列主义研究资料》1987年第1—4期。

③ ［美］卡尔·魏特夫：《东方专制主义：对于极权力量的比较研究》，徐式谷、奚瑞森、邹如山译，中国社会科学出版社1989年版。

④ 在现代人类学家的概念图式中，"农民社会"是与原始部落社会相对照的一种理想社会类型。作为原始社会的部落社会被看作一个完整的社会体，但农民社会则只被当作一个"部分社会"，它只是一个完整社会体的"部分"：在农民自己的村庄共同体之外，还存在着与之关联且经常对立的市镇世界。（Clifford Geertz, "Studies in Peasant Life: Community and Society", *Biennial Review of Anthropology*, Vol. 2, 1961, p. 2.）马克思早年对印度传统农业社会的诠释与这种农民学模式是一致的。关于以《剑桥印度史》为代表的正统印度史学如何在农民学模式的基础上构建印度文明的农业社会图景，参看拙文《从农民学到断裂国家理论——〈新剑桥印度史〉的传统农业社会理论评析》，《世界历史》2014年第6期［见本书附录（一）］。

大传统。鉴于《剑桥印度史》在现代印度史学谱系中的经典地位，这一点似乎已经成为众所周知的"常识"，甚至也成为印度民族主义者心目中的真实的印度传统，尽管这被视为一种正在遭受现代性销蚀的历史传统。对此，斯托克斯评论说："一个由无数封闭的村庄共和国构成的传统印度的意象对 19 世纪受过教育的人的意识的影响是如此强烈，以致现代性的影响被无一例外地解读为破坏性的……诸如此类的粗劣、简单而强大的观念是 19 世纪晚期的英国行政官和印度民族主义者共有的……印度的民族主义者发现自身更难抵制伤感主义，甘地派将他们的崇高的政治理想寄托在恢复一个辉煌的过去上，潘查亚特治理和以纺车为标志的自给自足的农村经济将由此得到复兴。直至第二次世界大战，几乎所有学派的历史诠释，马克思主义的和非马克思主义的，都一致认为：无论英国统治带来了多么大的实质性统一，它对传统印度农业结构的影响是破坏性的。对尼赫鲁来说，不言而喻的是，不管印度的历史经历了多少风雨，'农村自治共同体依然如故。它的瓦解只是在英国统治下才开始'。"① 无论是传统主义的甘地，还是现代主义的尼赫鲁，农民村社的观念都深深地刻进了他们的民族主义意识。

　　然而，随着 1987 年以来由戈登·约翰逊、C. A. 贝利和约翰·理查兹主编的《新剑桥印度史》丛书的陆续出版，一种与以《剑桥印度史》为代表的正统印度史学完全不同的新印度史学正式出现了。它从根本上改变了我们对印度文明及其历史的传统认知。首先，通过运用二战后英国人类学家艾登·索撒尔在《阿鲁尔人社会》中提出的断裂国家（Segmentary State）理论模式②，像伯顿·斯坦和大卫·勒登这样的新印度史学家重新诠释了印度的传统农业社会，将其描述为一个无国家的"农业空间"，否定了正统印度史学在农民学框架下对印度传统农业社会的专制主义国家诠释。其次，通过解构正统印度史学的历史地理学（在《剑桥印度史》第一卷第一章中，英国著名的

---

① Eric Stokes, *The Peasant and the Raj*, pp. 267 - 268.

② Aiden Southall, *Alur Society: A Study in Processes and Types of Domination*, Cambridge: W. Heffer & Sons Limited, 1956.

地缘政治学家哈尔福德·麦金德爵士将印度看作一个"单一的自然区域"），新印度史学家（如大卫·勒登）将印度的地理环境描述为一个多元而开放的地理空间，从而解构了正统印度史学的印度文明概念的历史地理学基础。最后，通过建立新的历史叙事——莫卧儿帝国叙事（这种历史叙事将作为早期现代国家的莫卧儿帝国设定为印度历史的开端），新印度史学取代了正统印度史学的雅利安叙事，由此建立起完全不同的意义空间：正统印度史学的雅利安叙事建构了一种传统性的历史空间，而新印度史学的莫卧儿帝国叙事则建构起一种现代性的历史空间。①

　　不难看出，与正统印度史学相比，这种新印度史学的出现意味着现代印度史学史上的一次根本断裂。因为它不仅消解了正统印度史学对印度传统农业社会和印度文明的阐释，还进一步通过现代性历史空间的建构为我们塑造了一种新的印度观：印度不再是正统印度史学所构建起来的传统性历史空间中的那个"传统印度"，而成为新印度史学通过现代性历史空间的建构塑造出来的"现代印度"。就此而言，新印度史学所代表的当代印度史学转向实际上就是托马斯·库恩在《科学革命的结构》（1962）中所说的那种"科学革命"：如果说自然科学领域中的科学革命意味着世界观的改变的话，那么，印度史学领域中的这场史学革命相应地意味着历史观的改变。② 而且，同样真实

---

　　①　对于新印度史学的这三方面转向的详细讨论，参阅本书末附录的三篇专题论文。

　　②　在这里，我们应该对国际学术界中以拉纳吉特·古哈为代表的庶民学派的印度史学做一简短的评论。庶民学派把殖民主义、民族主义和马克思主义的印度史学统称为"精英主义史学"，认为这些精英主义史学刻意剥夺了印度庶民特别是"农民"的历史主体性，从而扭曲了印度殖民主义历史的实情。由此，他们致力于从庶民的视角来审视印度殖民地时期的历史，撰写"自下而上的历史"，以恢复印度庶民的意识和主体性。但是，庶民学派的历史编纂学并没有建构起一种新的印度史学体系，因为它们只是沿用了当代西方后现代主义者们（如米歇尔·福柯和雅克·德里达）的"解构"方法，本质上只是一种致力于消解"殖民主义知识"的后殖民主义批判。古哈的《殖民地时期印度农民反叛的基本面向》（Ranajit Guha, *Elementary Aspects of Peasant Insurgency in Colonial India*, New Delhi: Oxford University Press, 1983）一书是庶民主义印度史学的经典之作，它"寻求从精英作品和实证史学中恢复农民。在这项洋溢着真知灼见和方法论创新的研究中，古哈对农民的反叛意识、传闻、神话观念、宗教虔诚和共同体纽带给予了引人入胜的描述。根据古哈的描述，庶民是从与民族（nation）和阶级（class）都不同的社会和政治共同体形态中发展出来的，（转下页）

的是，这两者都是由所谓的"范式转换"造成的。也就是说，对于新印度史学的产生来说，关键的因素并不是新史料的发掘，而是对二战后人类学家所提出的新的理论模式或理想类型的应用，特别是伯顿·斯坦等人对断裂国家模式的应用，他们将其用于重构印度传统农业社会的历史图景。①

这样，新印度史学的出现就给我们提出了双重的挑战。

（1）它促使我们在当代印度史学革命的背景下去反思正统印度史学和新印度史学中的各项论题，其中尤为重要的就是对印度传统农业社会的诠释问题，因为正是对这个论题的新解析构成了新印度史学的起点。对我们来说重要的问题是，我们是否只能在正统印度史学和新印度史学这两种范式中选择其一？我们能够在正统印度史学和新印度史学之外做出自己的独特贡献吗？显然，这是我们应该认真面对的挑战。本书选择在部落社会理论视野下对"早期现代"（early modern）（一般认为这个时期大致相当于1500—1800年间，即莫卧儿帝国时期）的印度传统农业社会进行再透视，就是对上述挑战的一个回应。

诚然，与新印度史学的断裂国家—剧场国家理论模式相比，部落社会理论并不是一个新理论。在当前的国际学术界，这个"老"理论甚至还被认为是一个"过时"的理论。现任剑桥大学社会人类学教授戴维·斯尼思就在为《剑桥人类学百科全书》撰写的"部落"词条中这样写道："'部落社会'这个概念是我们这个时代最著名和

---

（接上页）他们挑战了传统史学使用的理性和社会行动模式。古哈令人信服地证明这类模式是精英主义的，因为它们否定了庶民的独立意识，是从挪用庶民的殖民主义和自由—民族主义作品中抽取出来的。尽管这类解读是对殖民主义—民族主义档案的卓越解构，《庶民研究》早期阶段的特征却是对恢复庶民独立意志和意识的渴望"。然而，也正像吉安·普拉卡什指出的那样，"批判工作并不是从外部，而是从支配结构的缝隙中寻找其基础的。或者，用加亚特里·查克拉沃蒂·斯皮瓦克的话说，这种解构主义的哲学立场（即后殖民主义批判）就是要对"人们批判但又深处其中的结构（说一个）不可能的'不'字"。（Gyan Prakash, "Postcolonial Criticism and Indian Historiography", *Social Text*, No. 31/32, Third World and Post-Colonial Issues, 1992, pp. 9, 11.）

① 在这一点上，新印度史学和新清史是有所不同的。在新清史的产生过程中，新的满文档案资料的发掘和利用是一个重要的推动因素，但新印度史学的产生却难以归结到任何重大史料的发掘上。

最流行的'人类学'概念之一，但在西方的社会和文化人类学中，它作为一个社会学范畴已经基本上被弃而不用了。尽管这个词起源于古代的罗马部落，但现代的部落概念却是在欧美殖民扩张时期产生的。它成为描述殖民者眼中的原始民族的社会单位和古代史记述中被认为未开化民族的标准术语。在 19 世纪，这个术语同新兴社会科学——包括摩尔根的人类学和涂尔干的社会学——中关于'亲属'原则支配下的原始社会的理论结合在一起。在 20 世纪的大部分时期里，这种进化论思想一直是人类学的核心，但在这一学科的后殖民主义时代，人们越来越质疑'部落'范畴以及由此衍生出来的各种各样血缘社会模型的有效性。在某些专门领域（如早期国家形成理论）之外，到 21 世纪初，'部落'作为一个分析术语已经遭到广泛质疑。现在，它通常被西方的社会和文化人类学家们看作一个种族主义的（ethnographic）而非分析性的术语，被看作公共文化研究的一个特征，反映了这个词语的大众化和殖民主义遗产。"在斯尼思看来，两种原因导致了"这个概念的死亡"：首先是"作为一个社会学术语的部落范畴含义多变，定义难题持续存在"，它涵盖了高度多样化的人类社会群体；其次是人们"对早期进化主义社会理论及其蕴含的目的论的不满"，"各种社会进化理论日益被看作志得意满的欧美人的话语，它们为殖民者的统治地位和优越主义提供了辩护"①。

特别应该指出的是，断裂国家理论模式的倡导者艾登·索撒尔从很早的时候起也对"部落"概念提出了质疑。在 1970 年发表的《部落的幻象》一文中，索撒尔写道："正像我们的考察所表明的，部落概念存在着三类问题：定义问题（模棱两可、不精确甚或相互冲突的定义，以及未能始终如一地坚持这些定义）、幻象问题（将这个概念错误地应用于人为的或幻想的实体）以及过渡和转型问题（用部落概念不恰当地指涉那些实为现代影响直接产物的现象）。最后两类问题之间存在着很大的重叠。"在他看来，"部落这个理想类型或分析

---

① David Sneath, "Tribe", *The Cambridge Encyclopedia of Anthropology*（CEA）, https://www.anthroencyclopedia.com/entry/tribe

模型在不同著作家中有着很不相同的版本……但公正地说，这些差异还是有着反复出现的共同主题。然而，我们将给出实例以证明下述事实：无论选择的是哪一种定义，经验上的分殊是如此巨大、广泛和频繁，以致当前存在于一般文献中的部落概念是不能自圆其说的。在许多情况下，广泛流行的定义事实上阻碍了对它们所指涉的那些实体的理解"①。

　　不过，在我看来，"部落"或"部落社会"这类人类学术语所遭受的批评和质疑并不意味着我们可以简单地认为，这类概念的发明纯粹是历史的误会，是一个应该从现在的人类学和社会学词典中抹掉的无用的术语。一方面，我们须认识到当代国际学术界对"部落"和"部落社会"概念的质疑很大程度上只是近几十年来广泛流行的后现代主义和后殖民主义学术批评影响的结果，这种解构主义的知识潮流倾向于像 L. 韦尔在《南非部落主义的创生》一书中所做的那样，把对殖民主义时代发展起来的"部落"概念的否定混同于对殖民统治和殖民主义意识形态的解构②，另一方面，客观地说，当代国际学术界对部落社会理论的质疑大概更多的是反映了这个理论所指涉的问题域和事实域的复杂性，而不是表明"部落"和"部落社会"概念自身是多余和无效的。实际上，极力倡导断裂国家理论模式的索撒尔并不主张把"部落"概念径直从社会科学词典中抹掉。他说："假如我们能够去除或至少认识到过去所使用的部落概念的各种不严谨和自相矛盾之处，也能接受对这个概念的限制，那么，我们更愿意主张在引进更准确和更清晰的范畴或分析之前，部落和种族单位或族群等概念依旧是有用的，它们可以作为设定交流和讨论的初始框架的临时性标签。"③ 在《特定印度背景下的部落概念》一文中，印度人类学家安

① Aidan Southall, "The Illusion of Tribe", *Journal of Asian and African Studies*, Vol. 5（1）, 1970, pp. 45, 32.
② Leroy Vail, *The Creation of Tribalism in Southern Africa*, Berkeley：University of California Press, 1989.
③ Aidan Southall, "The Illusion of Tribe", *Journal of Asian and African Studies*, Vol. 5（1）, 1970, p. 45.

德烈·贝泰耶也阐述了自己对如何正确理解和运用"部落"概念的见解。他强调历史维度在部落研究中的重要性，区分了"进化的"（evolutionary）和"历史的"（historical）两种研究路径："进化路径采用了长时段历史变迁的观点，强调社会形态的前后相继。进化论者无疑承认（社会）残迹的遗存，但这些被看作时代错误，它们可能在足够大的时间尺度上都会如此。历史路径将自身局限在某一特定的时空框架下，强调不同社会形态在那一框架中的共存。在进化图式中被看作时代错误的东西在历史框架中大概看起来就是一种必要因素。"在后一种研究路径中，"部落"被看作与国家和文明并存的一种社会形态。他以伊斯兰世界为例写道："部落和国家的共存是研究伊斯兰世界的学者们——从伊本·赫勒敦到现在——讨论的对象。的确，他们强调的不只是部落和国家的并存，而是它们之间的互补。正像最近一位研究中东的学者所指出的，'部落既在不同程度上外在于伊朗国家，也一直是其一部分。'鉴于部落要素在伊斯兰国家起源和成长中公认的重要性，把这些部落称为次生现象——无论是在伊本·赫勒敦的时代，还是在我们自己的时代——都是具有误导性的。我们也不能把它们和国家——它们数世纪以来经常胜过国家——看作两个独立的社会进化阶段。"贝泰耶极力主张把这种"历史的"研究路径运用于对印度部落的研究，虽然在这里与部落相对峙的与其说是国家，不如说是"文明"："在部落和文明共存的地方，譬如在印度和伊斯兰世界，成为一个部落与其说是在从简单到复杂的进化过程中达到某一特定阶段的问题，不如说是存续于国家和文明之外的问题。因而，印度人把一大堆在规模、谋生方式和社会组织方面都相差甚大的共同体看作部落，我们不能将这种做法视为反常而加以拒斥。它们都是部落，因为它们都或多或少位于印度教文明之外，而不是因为它们处于完全相同的进化阶段。"①

　　其实，当前"部落"和"部落社会"概念所遭遇的这类尴尬并

---

　　① André Béteille, "The Concept of Tribe with Special Reference to India", *European Journal of Sociology*, Vol. 27, No. 2, 1986, pp. 298, 307, 316.

不是独一无二的，而不过是很多现代人文社会科学术语普遍遭遇的后现代主义知识困境的一个特例而已。例如，还在《文化：一项概念和定义的述评》（1952）中，美国人类学家 A. L. 克罗伯和克莱德·克拉克洪就列出了164种关于"文化"的定义，从"习得的行为""心中的观念""逻辑的建构"到"统计学上的虚构"和"心理防卫机制"，林林总总，不一而足。① 而且，毋庸置疑，和"部落"概念一样，现代人文社会科学中的"文化"概念孕育于同样的历史背景，从而也同样不可避免地带有西方中心主义和殖民主义意识形态的色彩。因而，这类满含"歧义"的现代社会科学术语是否具有科学解释价值的关键并不在于它们是否有着简洁而客观的定义，而在于它们本身是否能够构成一种独特的理想类型，从而和相关概念一起形成某种具有分析工具意义的参照框架。无疑，部落和部落社会概念形成了这样的理想类型。在《古代社会》一书中，摩尔根写道："我们可以在这里提出一个前提：即一切政治形态都可归纳为两种基本方式（plan），此处使用方式（plan）一词系就其科学意义而言。这两种方式的基础有根本的区别。按时间顺序说，先出现的第一种方式以人身、以纯人身关系为基础，我们可以名之为社会。这种组织的基本单位是氏族；构成民族（populus）的有氏族、胞族、部落以及部落联盟，它们是顺序相承的几个阶段。后来，同一地域的部落组成一个民族，从而取代了各自独占一方的几个部落的联合。这就是古代社会自从氏族出现以后长期保持的组织形式，它在古代社会中基本上是普遍流行的……第二种方式以地域和财产为基础，我们可以名之为国家。这种组织的基础或基本单位是用界碑划定范围的乡或区及其所辖之财产，政治社会即由此而产生。政治社会是按地域组织起来的，它通过地域关系来处理财产和处理个人的问题。"② 在这里，部落社会（即摩尔根所说的"社会"）被建构为一个与地域国家（摩尔根又称之为

---

① Alfred Louis Kroeber and Clyde Kluckhohn, *Culture: A Critical Review of Concepts and Definitions*, New York: Alfred A. Knopf, Inc. and Random House, Inc., 1963.

② ［美］路易斯·摩尔根：《古代社会》上册，杨东莼等译，商务印书馆1997年版，第6页。

"政治社会"）相区别的理想类型。凭借部落社会这个理想类型及其关联概念——地域国家（学界通常把地域国家支配下的社会称为"国家社会"），摩尔根得以把他所谓的"古代社会"和"近代社会"（或称"文明社会"）区别开来。不仅如此，部落和部落社会概念还同我们熟悉的"农民"和"农民社会"概念一起构成了另一个参照框架。在《人类学》一书中，美国人类学家阿尔弗雷德·克罗伯对农民和农民社会给出了经典的人类学定义："农民确定无疑地生活在乡村，但他们的生活又同市镇联系在一起；他们形成了一个更大人群（population）中的阶级片段（segment），这个更大的群体通常包括了一些城市中心，有时还包括了一些大都会。他们构成了拥有部分文化（part-cultures）的部分社会（part-societies）。他们缺少部落群体的孤立隔绝、政治自治和自给自足等特征；但他们的地方单位在很大程度上保持了其古老的身份认同、一体性以及同土地和宗教崇拜的联系。"[①] 这样，通过和农民、农民社会相对照，部落和部落社会还被建构为另一种理想类型。

　　然而，尽管部落社会被人类学家建构为同国家社会和农民社会相对照的理想类型，但它们之间似乎也并非就是一种截然对立，非此即彼的关系。在《不列颠百科全书》中，"部落"被定义为一种"以拥有共同世系的小群体为基础、拥有超出家庭层面之上的临时或永久性政治整合、拥有共同语言、文化和意识形态的人类社会组织的理论类型"。在该词条的作者看来，"在部落的这一理想模型中，（部落）成员通常共有一个部落名称和**一片连续的领土**；他们在贸易、**农业**、房屋建造、战争和仪式活动之类的联合事业中共同工作。部落经常是由许多更小的地方共同体（如游群、**村落**或**邻里社区**）组成的，也可能聚合为更高一级的被称为'民族'的集团"[②]。（按：此处引文中黑体为作者所加）显然，根据《不列颠百科全书》的这种诠释，部落

---

　　① Alfred Louis Kroeber, *Anthropology：Race，Language，Culture，Psychology，Prehistory*，New York：Harcourt，Brace，1948，p. 284.

　　② The Editors of Encyclopaedia Britannica，"tribe"，*Encyclopædia Britannica（Ultimate Reference Suite）*，Chicago：Encyclopædia Britannica，2022.

社会同国家社会和农民社会之间并不存在无法逾越的鸿沟，部落社会同样可以拥有国家社会和农民社会的一些标志性特征，如领土、农业和村落等。因而，它们之间很可能是相互渗透的。

实际上，本书的核心论题就是试图说明以往对早期现代印度农业社会和国家的不同阐释和论述中都包含了浓厚的部落主义图景，而部落主义视域（既非正统印度史学的农民学视域，也非新印度史学的断裂国家视域）将给这一时期的印度农业社会和国家带来全新的历史面貌。为此，本书第一章从史学史的角度详细解析了正统印度史学对印度传统农业社会的诠释，认为正统印度史学所代表的那种知识谱系对印度传统农业社会的诠释其实包含了两种不同的学术源流：其中占主导地位的源流是按照农民学的模式将印度的传统农业社会描述为一个"村社的世界"，它最终导致了西方正统印度史学作品《剑桥印度史》对印度传统农业社会所做的标准的农民学诠释，将印度古代的农业社会描述为一个由土地所有者即欧洲的那种"农民有产者"组成的村社世界，而另一个隐含的、因而经常为人忽视的学术源流则把印度的传统农业社会描述为"部落的场域"。尽管在人类学家的概念图式中，农民社会和部落社会是人类社会的两种截然不同的"理想类型"，但它们的确共存于新印度史学产生以前关于印度传统农业社会的阐释中。新印度史学则试图借助二战后人类学中出现的断裂国家理论对印度的传统农业社会做出一种全新的诠释。[①] 然而，大概正像本书第一章第三节表明的，新印度史学的这种新诠释事实上回到了从前就已经存在的在部落社会理论视野下对印度传统农业社会的诠释。因而，新印度史学对印度传统农业社会的新诠释的意义更多地在于把印度历史拉到了部落主义理论的视域之下。它促使我们在部落社会的视

---

① 实际上，断裂国家模式就是美国人类学家克利福德·格尔茨在《尼加拉：十九世纪巴厘剧场国家》（Clifford Geertz, *Negara: The Theatre State in Nineteenth-Century Bali*, Princeton: Princeton University Press, 1980）中提出的"剧场国家"概念。但奇怪的是，新印度史学家在他们的研究中却极少提及格尔茨的这一重要的研究成果，而且也似乎从未使用格尔茨提出的这一术语。这可能部分地由格尔茨主张的"深描"的方法造成。格尔茨从未对他的"剧场国家"下过简明的定义，因而很难被引用。

域下重新审视早期现代印度的国家和文明。就是在这样一种问题意识下，本书第二章详细考察了正统印度史学和新印度史学对莫卧儿帝国的不同诠释：正统印度史学在传统的国家和文明视域下将莫卧儿帝国图解为"中世纪国家的黄昏"，新印度史学则相反地在早期现代性视域下将莫卧儿帝国解释为一个"早期现代国家"。然而，我们的考察也清楚地表明，新印度史学对莫卧儿帝国的新诠释并不是协调一致的，它深陷民族主义和全球主义、传统性和现代性形成的巨大张力之中。作为一种替代范式，本书第二章第三节提出"走向历史空间理论"，主张在"历史空间"（historical space）的概念框架下重新审视莫卧儿帝国。根据这样一种理论模式，莫卧儿帝国既不是正统印度史学中的晚期中世纪帝国，也不是新印度史学中的早期现代国家，而是一个被安德烈·温克称为"印度—伊斯兰世界"（Indo-Islamic World）——按照温克的观点，这个"主要的世界区域"从公元7世纪开始形成，一直存续到18世纪[1]——的流动而开放的历史空间的社会产品，一种将这个世界区域中的两种不同的社会形态——流动的边疆社会和定居的农业社会——的要素融合起来的"后游牧帝国"。温克所说的这种后游牧帝国并不是真正意义上的"农业帝国"，它缺少真正的农业帝国所具有的地域国家属性。因而，它也就不能化约到正统印度史学所建构的"印度国家"或"印度文明"的历史中去。作为一种政体类型，莫卧儿帝国不是正统印度史学家们普遍主张的那种东方专制主义国家，而是一个按照伊斯兰教的社会和国家原则组织起来的军事征服帝国。实际上，这一点也是同莫卧儿帝国所在的历史空间的整体文化氛围相一致的（按照温克的观点，他所谓的"印度—伊斯兰世界"就是一个通过伊斯兰教文化联系起来的历史空间）。显然，对莫卧儿帝国的这样一种诠释与新印度史学主张的早期现代国家论也是不同的。它没有给莫卧儿帝国附加一个带有浓厚的历史目的论色彩的"现代性"标签，也与本书对印度传统农业社会的部落主义

① André Wink, *The Making of the Indo-Islamic World：c. 700 – 1800 CE*, Cambridge：Cambridge University Press, 2020, p. 1.

诠释更加协调一致。

（2）新印度史学的出现也促使我们去深入思考历史学的方法论问题。自19世纪以科学性和客观性相标榜的现代史学产生以来，史料特别是"一手史料"的重要性对于职业历史学家们来说是不言而喻的。英国著名的史学家阿克顿就"经常公开强调考证史料乃是史家的核心特质"①。历史学在很大程度上被看作史料学。现代历史学家对史料搜集、考证和编纂的热情几乎达到了病态的程度，汤因比不无讽刺地写道："自从蒙森和兰克时代以来，历史学家们就将他们最旺盛的精力，都用到在'文集'和期刊中'组装'原材料（碑铭、文献以及诸如此类的史料）的工作上。"② 然而，进入20世纪后半叶，随着新的历史思潮的兴起，历史学家们对单纯搜集和考证史料的热情大大下降了（当然，这并不是说史料对于历史学变得不重要了），而且对待史料的态度也悄然发生了变化。对此，米歇尔·福柯在初版于1969年的《知识考古学》一书中写道："现在，历史……已经改变了它相对于文献的位置：它不是把释读文献，也不是把试图确定文献的真实性或其体现的价值作为首要任务，而是把从内部对其进行加工和阐发其意义作为它的首要任务……这样，文献对历史来说不再是历史借以试图重构人们过去的言行或仅存遗迹的事件的死气沉沉的材料；历史现在试图在文献材料中确定统一性、总体性、序列性和关联性。"③ 特别是在托马斯·库恩在《科学革命的结构》中提出"范式转换"的概念后，现代史学原来对历史是客观性和累积性知识形式的信念也遭到动摇。人们意识到历史研究和其他科学研究一样，也是在某种"先验的"概念框架或理论模式（即马克斯·韦伯所说的"理想类型"）的引导下进行的。缺少了由概念或理论模式构成的参照框

---

① ［英］约翰·布罗：《历史的历史：从远古到20世纪的历史书写》，黄煜文译，广西师范大学出版社2012年版，第433页。

② ［英］汤因比：《历史研究》，刘北成、郭小凌译，上海人民出版社2005年版，第5页。

③ Michel Foucault, *The Archaeology of Knowledge and the Discourse on Language*, New York: Pantheon Books, translated by A. M. Sheridan Smith, 1972, pp. 6–7.

架，不仅分析性的历史解释，甚至连描述性的历史叙述都是无法进行的。因而，当代历史学（特别是史学史和史学理论）研究日益对探讨历史学中的概念或理论成分发生兴趣。在《文化的视野》一书中，文化史学家卡尔·魏因特劳布承认，"讨论历史学家们如何通过审慎地使用'理想类型'之类的探索工具发现过去，是一件有趣的事情"①。这项工作对本书来说显得尤为必要和重要，因为恰如我们前面已经提到的，新印度史学的出现乃是现代印度史学范式转换的结果。任何经验研究都不能摆脱理论的探讨。

不过，本书的研究并没有局限在一般史学史和史学理论研究的范围之内。除了对正统印度史学和新印度史学使用的各种概念、理论模式或理想类型做了详尽的解析之外，本书还在第三章对孕育正统印度史学的历史背景和过程做了一次大胆的探索。第三章的研究表明，我们熟知的正统印度史学及其建构起来的传统印度意象并不是凭空发生的，也不宜简单地界定为当时英国史学家们的意识形态虚构，而应理解为 1800 年以降新的现代世界历史空间形成和殖民统治条件下印度农业社会和国家现代转变的产物。印度的传统性乃是现代性的建构。同样，与正统印度史学对立的新印度史学也有它自己的历史性（historicity）和时代性。在结论部分，本书指出新印度史学本质上是全球主义时代的历史学。它所使用的"早期现代性"概念很好地反映了全球主义时代历史学研究的一般视域和旨趣。这种印度史学注定不同于在民族国家鼎盛时代形成和发展起来的正统印度史学。

总之，这样一种史学史研究实际上就是"智识史"（intellectual history）研究。智识史又称"观念史"（history of ideas），是对人类历史上出现的各类思想观念以及构建、评论和运用这些思想观念的知识分子的历史的研究。智识史的核心假设是，观念的发展是同创造和应用这些观念的思想家的自身状况密切关联的。同一般的史学史研究不同，智识史的研究除了把思想家们的观念视为学术批评中

---

① Karl Weintraub, *Visions of Culture*, Chicago：University of Chicago Press, 1966, p. 4

的"抽象命题"外，更侧重于考察这些观念产生的具体的文化、生活和历史背景。① 因而，这种研究路径要求研究者不仅要关注历史学家的观念和思想本身，也要关注历史学家们生产和使用这些观念和思想的具体的文化、社会和历史背景。换言之，研究者既要从一般学术史的角度考察和评估历史学家们的观念和思想，也要从知识社会学的角度分析和解释他们的思想和观念的社会和历史起源。这注定是一项比普通的史学史研究更加艰巨的学术工作。

> 这里是罗陀斯岛，
> 这里开满了带刺的玫瑰花，
> 就在这里跳吧！②

---

① 在智识史研究领域，或许最为国内学术界熟知的经典之作就是英国剑桥大学政治学教授昆廷·斯金纳的《现代政治思想的基础》（1978）一书了。在该书前言中，斯金纳对他的政治思想史研究所采用的智识史路径给出了一个经典性的说明："梅斯纳德基本上将这一学科当作所谓的'经典文献'的发展史来对待，逐章论述马基雅维里、伊拉斯谟、莫尔、路德、加尔文和其他名人的主要著作。与此不同，我则试图避免把注意力完全集中在主要理论家身上，而是把目光投向这些理论家的著作所由产生的更普遍的社会的和思想的原因上。经典作家们当初都是处在特定的社会之中并为其写作的，我就从讨论与这些社会最密切相关的特点入手，我认为正是政治生活本身向政治理论家们提出了一些重大课题，引起了对许多结论的怀疑，使一系列相应问题成为辩论的主要对象。然而这并不是说我把属于观念形态的上层建筑仅当作社会基础的直接产物。在我看来考虑这些文献形成的理论上的来龙去脉同样重要，这包括前人著作和沿袭下来的种种关于政治社会的设想以及当代人对社会思想、政治思想的昙花一现般的贡献。显然，认识每一时期所应用的规范术语的性质及局限，将有助于我们明了某些特殊问题被提出来并加以讨论的方式。因此我试图撰写的史著的重心不在经典文献上，而是在学说意识的发展上，我的目的是要建立一种系统的结构，以便把那些卓越的理论家的著作置于其中。"（［英］昆廷·斯金纳：《现代政治思想的基础》，段胜武等译，求实出版社 1989 年版，第 2—3 页。）

② 该典故出自伊索寓言《说大话的人》，某人坚称自己能在罗陀斯岛跳得很远。黑格尔在《法哲学原理》和马克思在《资本论》中都曾援引过这个典故，意为现在要做他人认为难以做到的事。

# 第一章

# 印度早期现代的农业社会：
# 村社和部落之间

研究早期现代（1500—1800）印度的农业社会，实质上就是要确定这一时期印度农业社会的类型学。诚然，我们可以笼统地把早期现代的印度农业社会归入"传统农业社会"的范畴。但这个简单的标签似乎难以确切地表明印度早期现代农业社会的独特性质。埃尔曼·舍维斯在《不列颠百科全书》的"原始文化"条目下论述现代城市社会之前的"原始"社会和文化时，为我们呈现了所谓的"传统"农业社会的复杂图景。

除了我们熟知的以定居农业为基础的"农民社会"之外，舍维斯所说的"园艺社会"（horticultural societies）显然也是一种前现代的农业社会。尽管舍维斯认为人类学家所谓的这种"园艺"只是一种使用相对原始的技术和工具的"原始农业"，是一种以休耕技术为基础的"刀耕火种"（slash-and-burn）农业、"流动耕作"（shifting cultivation）或"临时耕作"（swidden cultivation），但它的确像舍维斯本人所承认的那样比大多数的"狩猎—采集社会"拥有更高的生产力，而且也像更发达的农业社会一样产生出自己的村落社会，甚至像危地马拉和尤卡坦的玛雅人那样拥有自己的"酋长国"（chiefdom）或"原始国家"①。实际上，园艺社会甚至可能并不像舍维斯认为的那样是

---

① Elman Service, "primitive culture", *Encyclopædia Britannica* (Ultimate Reference Suite), Chicago: Encyclopædia Britannica, 2019.

"短暂的""前农业的"抑或"原始的"。恰如有人指出的那样,"流动农业绝非如此。稳定的流动耕作体制是高度灵活的,与多种多样的小环境密切结合,在种植和撂荒阶段都受到农夫们的精心管理。流动耕作者可能对他们的地方环境和他们利用的本地作物品种拥有高度发达的知识和理解力"。至今,在热带发展中国家,多种形态的流动耕作依旧是一种普遍的农业活动。这一事实足以表明它是一种灵活和具有高度适应性的生产方式。就此而言,我们完全可以把园艺社会或流动耕作社会看成另一种"传统的"农业社会。

不仅如此,除了"半定居的"园艺村落社会,舍维斯还提到了一种特殊的"定居的狩猎—采集社会"。其最著名的实例就是位于北美北太平洋沿岸一带(从俄勒冈延伸至阿拉斯加南部)的印第安人社会,位于新几内亚西南部的阿斯马特人社会是另一个著名的实例。丰富而可靠的天然食物资源(如橡子、大马哈鱼和西谷米)也使这些地区像真正的传统农业社会一样拥有"永久性村庄"、高密度的人口和复杂的等级制组织形式(酋长国)。① 如果我们像舍维斯那样把这些民族的狩猎—采集活动看作一种"自然农业"的话,那么,这无疑会进一步增加前现代农业社会的复杂性。

更有甚者,建立在更加集约和发达的常规农业基础上的农民社会自身也并非一种简单的、同质的社会形态,而是存在着各种不同的类型。② 在舍维斯看来,历史上的农民社会既包括了广泛分布于爱尔兰、法国中部山区、苏格兰、巴拉圭和巴西等地的分散居住的"独立农户共同体",印度的"实行内部专业化和交换的村庄",以欧洲"封建庄园"为基础的"欧洲农民社会",以"大农庄"(hacienda)著称的

---

① Elman Service, "primitive culture", *Encyclopædia Britannica* (Ultimate Reference Suite), Chicago: Encyclopædia Britannica, 2019.

② 在历史社会学研究中,这种类型的传统农业社会之所以受到特别的重视,是因为人们认为古典文明中的国家和城市中心就是建立在农民社会的基础之上的。例如,在艾森斯塔特看来,不仅"农民"构成了他所谓的"中央集权的历史官僚帝国"的重要盟友,而且不是"传统—先赋性的"乡村或亲缘共同体而是更为分化的独立农民或佃农经济为这类国家提供了其"演生"所必需的"自由资源"。(参看〔以〕S. N. 艾森斯塔得《帝国的政治体系》,阎步克译,贵州人民出版社1992年版,第16、36页。)

"拉美农民社会"，分布在中美洲高地、安第斯山区、印度尼西亚部分地区以及西非的"封闭的区域市场体系"，也包括了现代爪哇中部地区高度"内卷化"的传统农民村落和令人惊异地具有平等意识的西非农民共同体。①

因此，前现代社会并不能简单地概括为"传统农业社会"这个方便的标签，我们看到的是一个从自然农业社会、园艺社会到各种形态的农民社会的复杂的传统社会谱系。那么，早期现代的印度农业社会在这个复杂的传统社会谱系中占有怎样的地位？与我们熟知的中国和西欧历史上的农民社会相比，印度的传统农业社会具有什么样的独特性？从正统印度史学和新印度史学对印度传统农业社会的描述和诠释中，我们能看到怎样的社会学图景呢？我们又该如何定义印度传统农业社会的类型呢？这些问题就是我们试图在本章搞清楚的问题。对这些问题给出的答案将决定我们对早期现代印度社会的理解。

# 第一节　印度传统农业社会的正统图景：村社的世界

一提到印度的传统农业社会，首先浮现在我们脑海中的大概就是马克思在《不列颠在印度的统治》（1853）一文中对印度传统农业社会的描述了。在这篇文章中，马克思说："从远古的时候起，在印度便产生了一种特殊的社会制度，即所谓**村社制度**，这种制度使每一个这样的小结合体都成为独立的组织，过着自己独特的生活。"② 接下去，马克思引用 1812 年的一份英国议会下院委员会报告，细致入微地呈现了印度的"村社制度"：

从地理上看，一个村社就是一片占有几百到几千英亩耕地

---

① Elman Service, "primitive culture", *Encyclopædia Britannica* ( Ultimate Reference Suite ), Chicago: Encyclopædia Britannica, 2019.

② 马克思：《不列颠在印度的统治》，载《马克思恩格斯全集》第 12 卷，第 141 页。

和荒地的地方；从政治上看，它很像一个地方自治体或市镇自治区。它固有的管理机构包括以下各种官员和职员：**帕特尔**，即居民首脑，一般总管村社事务，调解居民纠纷，行使警察权力，执行村社里的收税职务——这个职务由他担任最合适，因为他有个人影响，并且对居民的状况和营生十分熟悉。**卡尔纳姆**负责督察耕种情况，登记一切与耕种有关的事情。还有**塔利厄尔**和**托蒂**，前者的职务是搜集关于犯罪和过失的情况，护送从一个村社到另一个村社去的行人；后者的职务范围似乎更直接地限于本村社，主要是保护庄稼和帮助计算收成。**边界守卫员**负责保护村社边界，在发生边界争议时提供证据。蓄水池和水道管理员主管分配农业用水。婆罗门主持村社的祭祀事宜。教师教村社的儿童在沙上读写，另外还有管历法的婆罗门或占星师等等。村社的管理机构通常都是由这些官员和职员组成；可是在国内某些地方，这个机构的人数较少，上述的某些职务有的由一人兼任；反之，也有些地方超过上述人数。从远古的时候起，这个国家的居民就在这种简单的自治制的管理形式下生活。村社的边界很少变动。虽然村社本身有时候受到战争、饥荒或疫病的严重损害，甚至变得一片荒凉，可是同一个村名、同一条村界、同一种利益甚至同一个家族却一个世纪又一个世纪地保持下来。居民对各个王国的崩溃和分裂毫不关心；只要他们的村社完整无损，他们并不在乎村社转归哪一个政权管辖，或者改由哪一个君主统治，反正他们内部的经济生活始终没有改变。帕特尔仍然是居民的首脑，仍然充当着全村社的小法官或地方法官，全村社的收税官或收租官。①

在马克思看来，印度的这种独特的传统农业社会结构一直延续到当代史学家们所谓的整个"早期现代"："从遥远的古代直到十九世

---

① 马克思：《不列颠在印度的统治》，载《马克思恩格斯全集》第12卷，第141—142页。

纪最初十年，无论印度的政治变化多么大，可是它的社会状况却始终没有改变。"直到 19 世纪中叶，由于英国统治和工业革命的影响，印度的传统村社才开始迅速走向消亡："这些细小刻板的社会机体大部分已被破坏，并且正在归于消失，这与其说是由于不列颠收税官和不列颠兵士的粗暴干涉，还不如说是由于英国蒸汽机和英国自由贸易的作用。这些家庭式公社本来是建立在家庭工业上面的，靠着手织业、手纺业和手耕农业的特殊结合而自给自足。英国的干涉则把纺工放在兰开夏郡，把织工放在孟加拉，或是把印度纺工和印度织工一齐消灭，这就破坏了这种小小的半野蛮半文明的公社，因为这摧毁了它们的经济基础；结果，就在亚洲造成了一场前所未闻的最大的、老实说也是唯一的一次**社会**革命。"①

　　当然，马克思在《不列颠在印度的统治》一文中对至少一直延续到早期现代的印度传统农业社会村社图景的描述并不只是代表了他个人的见解。毋宁说，马克思对印度传统农业社会的这种村社主义描述和诠释代表了 19 世纪西方世界对印度传统农业社会的一般想象和"标准知识"。实际上，无论是在马克思之前，还是在马克思之后，现代西方知识界对印度传统农业社会的主流描述和诠释遵循的都是这种村社主义路径，从而使印度传统农业社会的村社主义图式带上了某种"正统"的性质。②

　　还在 1817 年出版的《英属印度史》中，英国著名的功利主义哲学家和历史学家詹姆斯·米尔就已经开始把印度的传统农业社会描述为村社的世界。和马克思一样，他也详细援引了英国议会下院委员会的那份

---

　　①　马克思：《不列颠在印度的统治》，载《马克思恩格斯全集》第 12 卷，第 140、142页。

　　②　关于这一点，我们可以从前述《不列颠百科全书》对印度"农民社会"类型的界定中得到印证。舍维斯把印度历史上的农民社会界定为一种"实行内部专业化和交换的村庄"，明显是受到了西方印度学研究中这种村社主义传统的影响。老实说，拙作《印度绿色革命的政治经济学：发展、停滞和转变》（社会科学文献出版社 2011 年版）在探讨"印度农业生产组织的原生形态"时依据的也是这种 19 世纪以来的西方知识遗产。但我们现在不得不说，这种关于印度传统农业社会图景的正统观念已经不像以前那样无可置疑了。本书的主要目的之一就是对印度传统农业社会的村社主义诠释提出疑问和修正。

官方报告来说明当时印度农业社会的"一般图景"①。米尔认为，"这些村庄看来不只是一种小共和国，而且在很大程度上是一种财产共同体（community of goods）"②。接下去，他引用马德拉斯管区加戈西尔（Jaghir）县收税官普莱斯的证言，对这种社会制度做了详细说明：

> 每一个村庄都自以为是一个独特的社会，其整体利益就是全体居民的唯一目标；（这是）一种确定无疑地既能够促进他们个人的利益，也能够促进公共利益的习俗；每个人都以这种或那种方式得到其他人的帮助；所有人共同劳动生产地租；他们根据他们最初的权益分享利润，而损失得以减少。这完全符合利益源于劳动分工的原理。一个人去市场，其余人就从事耕作和收获；每个人都拥有分配给他的特殊职业，无怨无悔地为所有人劳动。另一种习俗也很流行，就是，所有业主每年都轮换他们的土地。这种习俗可以在一些最富裕的村庄中看到。我想，这种习俗是为了防止那种很容易由固定分配引发的不平等。③

事实上，这种类型的村庄就是现代农民学描述的"村庄共同体"（village community）。尽管詹姆斯·米尔把这种村社看成他所谓的"印度文明"（Hindu civilization）的基本要素之一，但他并没有把村社看成印度文明的独具特征。他认为类似的社会制度也曾存在于墨西哥人中间，甚至也曾存在于苏格兰高地和岛屿上的凯尔特人中间。显

---

① 应该指出的是，虽然詹姆斯·米尔和马克思都援引了英国平民院印度事务委员会的这份报告，但两者所引具体文字并不完全相同。《马克思恩格斯选集》第 2 卷（人民出版社 1972 年第 1 版）的编者们曾在卷末"注释 55"（第 648 页）中认为马克思的引文系摘自乔治·坎伯尔《现代印度：民政管理制度概述》1852 年伦敦版第 84—85 页。实际上，虽然坎伯尔该书同样援引了英国下院的这份报告，但两者所引具体段落和文字有很大差异，所以马克思的引文并非出自坎伯尔的这部著作。《马克思恩格斯全集》第 12 卷的编者认为马克思的引文出自托·斯·拉弗尔斯《爪哇史》1817 年伦敦版第 1 卷第 285 页。

② James Mill, *The History of British India*（Vol. I），London：Baldwin，Cradock，and Joy，1817，p. 188.

③ James Mill, *The History of British India*（Vol. I），p. 188.

然，在这种社会制度下，印度村社中不可能存在被近代西方社会视为文明和进步标志的私有制。米尔援引《摩奴法典》中的条文证明在印度人中间，恰如在其他落后民族中间那样，君主才是土地的真正主人："至于过去的积蓄和土地中的宝藏，国王有权获得其中的一半，因为他是众生的保护者，因为他是土地的最高主人。"在他看来，正是由于这个原因，"国王，作为完全有资格从他出租的土地中获得合理回报的所有者，有权惩罚那些耕作不善的农夫"。因而，耕作者们至多只能获得对他们的劳动和耕作成本的补偿："他们获得他们劳动的收益，而所有的土地收益都归国王所有。"① 他援引法国著名传教士让—安托万·迪布瓦（Jean-Antoine Dubois，1765 - 1848）的亲身观察对这种情况做了如下具体生动的描述：

> 债权人无法取得他们的债务人的地产，因为印度人没有土地财产权。他们耕作的土地是王公的领地，他是唯一的所有者。他可以随意收回土地，然后转给另一个人耕作。甚至他们居住的用泥巴建成、覆以茅草的小屋也不是他们自己的。所有这一切都属于王公；如果有人无论出于何种理由迁出村庄，他决不能将茅舍转给另一个人，即便这茅舍是用他自己的双手建造的。他们占有的唯一财产是他们的几头奶牛和水牛；没有债权人被允许将手伸向这些财产；因为，如果他的牛被剥夺，他将无力耕作土地；这样，王公就会受到损害。②

不过，米尔认为，王公们对土地的所有权并没有导致对实际耕作者的任意驱逐。在他看来，这主要是因为印度地广人稀，耕作者比土地本身对王公更有价值。王公们更希望耕作者长久耕作自己的土地。③

---

① James Mill, *The History of British India*（Vol. I），pp. 188, 182, 186.
② James Mill, *The History of British India*（Vol. I），p. 186.
③ 米尔认为，这种状况源于印度传统税赋的苛重。过于沉重的税负把印度人口维持在一个低水平上。"甚至在印度最富裕的地区，也有半数土地从未进行过耕作。"［Mill, *The History of British India*（Vol. 1），p. 191.］

结果，"在实践中，莱特（ryot）的占有就由此变成了永久占有。除非他未能缴纳赋税或地租，他将不会被赶走。这种占有权他可以在活着时出售，也可以在死后遗留给后人。就权利可以由时效取得而言，这些权利对印度的莱特们无疑已经确立起来了。剥夺这些权利是对财产权可能做下的最臭名昭著的侵害"。不过，在米尔看来，这种情况并不意味着印度的土地耕作者——莱特获得了所有权："即使根据欧洲人的观念，在所有这些甚至更大的有利条件下耕作土地的权利并不能理解为土地所有权的转移。"① 这样，印度的莱特就只是"世袭佃农"。他引用撒克里在英国议会下院委员会报告中的证言说：

> 这整个半岛上，可能除了卡纳拉（Canara）、马拉巴尔和其他寥寥数省外，从遥远的古代起，都只存在过一种田赋制度。土地被看作政府和莱特的财产。土地的收益在这两者之间进行分配；不过，莱特差不多只占有世袭佃农的利益。如果有任何人有权主张同政府共有土地财产，那么，这些人就是莱特。②

至此，詹姆斯·米尔给我们呈现了这样一幅印度传统农业社会的图景：一群由世袭佃农构成的村庄共同体。在米尔看来，这种村社和种姓制度、专制政治、宗教迷信一起构成了印度文明的基本要素和特征。而且，由于不存在现代私有制，这种土地由君主所有的村社和后三种要素一样构成了印度文明停滞和落后的标志。③ 不管我们现在如何评价米尔根据英国近代时期盛行的功利主义思想和进步主义原则对印度传统农业社会图景和印度文明所做的描述，他的村社主义诠释对后世的影响都是极其巨大的。约翰·马里奥特写道："人们倾向于把这种影响看成是霸权性的。例如，罗纳德·因登就认为整个 19 世纪

---

① James Mill, *The History of British India* (Vol. 1), p. 192.
② James Mill, *The History of British India* (Vol. 1), p. 193.
③ 对米尔来说，君主拥有全部土地的事实是"粗野民族"的标志。参看 James Mill, *The History of British India* (Vol. 1), p. 180.

的印度学家们一直在重复米尔的印度建构或是同他的幽灵论争。"①
客观地说，马克思对印度村社的描述和米尔对印度村社的描述之间具
有一脉相承的关系。在马克思之后，西方知识界继续沿着二人开创的
学术传统来诠释印度的传统农业社会。

亨利·梅恩爵士（Henry Maine，1822—1888），19 世纪英国著名
的比较法学家和历史学家，曾于 1862—1869 年间担任印度总督参事
会法律参事。在他的东西方社会和法律比较研究中，他也把村社看作
印度社会的一个关键事实，把印度村社的发现看作英国殖民者的一项
重大成就："没有哪种印度现象比村社得到更仔细的考察，得到人们
更认真地对待。在过去的许多年里，对其存在的发现和确认一直是英
印政府的最重大成就之一。"从当时流行的进化论观念出发，梅恩把
19 世纪的印度村社看作欧洲古代村社的"遗迹"，认为两者之间并不
存在重要的差别："在我看来，说印度和古代欧洲聚集在村社中的人
们的占有和耕作制度在所有实质性方面都是相同的，并不是一个危险
的命题。"② 他还说：

> 如果广而言之，那么对条顿人或斯堪的纳维亚人村社的描
> 述，事实上就可以看作是对印度同一制度的描述。那里存在着马
> 尔克耕地，这些马尔克被分成独立的地块，但根据适用于所有人
> 的详细的风俗习惯进行耕作。无论什么地方，只要气候允许种植
> 优质牧草，就都存在着保留的草场。这些草场通常位于马尔克耕
> 地的边缘。存在着荒地或公用地——马尔克耕地就是从中分离出
> 来的——被整个村社不加分割地用作牧场。存在着村庄，这些村
> 庄是由专制家长统治下的宅院构成的。此外，总是存在一种议事
> 会（council of government），根据习俗解决纠纷。不过，这一制
> 度还有一些特征在欧洲已经无迹可寻，或只是残留了十分微小的

---

① John Marriott, *The Other Empire：Metropolis，India and Progress in the Colonial Imagination*，Manchester：Manchester University Press，2003，p. 133.

② Henry Maine, *Village Communities in the East and West*，London：John Murray，1871，p. 103.

痕迹，尽管它们可能曾经存在过，而且欧洲和印度的实例之间也存在一些差别。①

就村社中的"村庄"本身而言，梅恩也认为印度和古代欧洲的村庄可谓大同小异（他把"村庄"看作"该共同体成员居住的宅院聚合体"）。他说：

> 在这里，就目前的情况来说，莫勒对条顿人自治镇马尔克的描述——就其研究已经展示给我的而言——可以再次看作对某个印度村庄的描述。独立的家庭（households）——每一个都由其家长进行专制统治，任何外人都不能插足其间——事实上在那里随处可见，尽管关于家长绝对权利的理论实际上从未得到英国政府的承认。但是，印度村庄有一个特征是只能从对现实社会的观察中得来的。日耳曼作家们已经注意到条顿人宅院对所有外部干涉都保持着彻底的免疫性。在我们这个国家，这一点体现在后来出现的一句由来已久的老生常谈中：英国人的宅邸就是他的城堡。不过，在印度，与这种免疫性相伴随并在很大程度上解释了这种免疫性的一个特征是家庭生活的极端私密性；有人告诉我，这种私密性在十分微贱的家庭中也得到维护，哪怕是面临着初看之下无法克服的困难。②

当然，梅恩也认为印度的村社和古代欧洲的村社之间存在细节上的差别。例如，他认为印度村社缺少古代条顿人村社中的那种"成年男子大会"，而"村长老议事会"也并不普遍。印度村社是通过单独一名头人来管理公社事务、解释习俗和解决内部纠纷的。③

诚然，恰如托马斯·梅特卡夫在《英印统治的意识形态》一书中指出的那样，梅恩在《东西方的村社》一书中把印度的村社看作

---

① Henry Maine, *Village Communities in the East and West*, pp. 107 – 108.
② Henry Maine, *Village Communities in the East and West*, pp. 113 – 114.
③ Henry Maine, *Village Communities in the East and West*, pp. 122.

"代表了一个其终点可以在当代英格兰发现的进化过程的最初阶段。他坚持认为，"印度是'真实的古代习俗和古代司法思想现象的大宝库'；他进而宣称其当前的村社就'等同于''古代欧洲的占有和耕作制度'"①。这样，梅恩对印度村社的论述也延续了詹姆斯·米尔开创的西方学术话语传统，把印度村社看作印度文明停滞和落后的象征。

不过，对我们来说特别值得关注的一点是，梅恩在其对印度村社的研究中明确区分了作为"真正的血亲团体"的"联合家族"（joint family）和真正的"村社"，他把后者看作不同于古代血亲团体的地域共同体。在《早期制度史讲义》中，梅恩首先界定了印度的"联合家族"，认为它"是真正的血亲团体，不论自然成员还是被收养的成员，均是一个公认的祖先的后裔。尽管现代印度法律有很多内容不利于它的维系，使它成为最不稳定的社会组合之一，很少能够延续两代人以上，然而只要它能延续，它便是一个合法的团体，并且在最完美的状态下其成员共同享有家庭的财物。"② 然而，"在真正的村社中，已经看不到属于联合家族和同居共同体的共同住所和共同餐桌。村庄本身是家庭的组合；诚然，村庄地域有限，但它是由各立门户的家庭组成，每个家庭都警惕地防备着邻居的侵犯。村子的土地不再是共同体的集体财产，耕地被划分给了各个家庭，牧场也部分地被划分，只有荒地仍属共同财产。出色的观察家已对两种村社——俄国和印度的村社——进行了最长时间的调查研究。通过对它们进行对比，我们可以得出这样的认识：古代的集体占有在习俗和观念上留下的痕迹的衰微，与同村人之间存在着实际血亲关系的信条的衰落有着准确的对应关系……在印度，虽然村民仍同属一家人，虽然这种身份使一个人有别于外界，但很难说他们认为这种纽带是由什么构成的。在村落的构成上，很多明显的事实总是与村民是同一个祖先的后裔不一致。私有

---

① Thomas Metcalf, *Ideologies of the Raj* (The New Cambridge History of India：Ⅲ·4), Cambridge：Cambridge University Press, 2008, p. 71.

② ［英］亨利·梅因：《早期制度史讲义》，冯克利、吴其亮译，复旦大学出版社2012年版，第39页。

土地财产由此而产生，尽管其轮廓不总是很清晰；定期重新分配土地变成了一种单纯的传统，或者只是在该种族中野蛮的人之间实行；理论上的血亲关系的结果相当有限，仅仅是这样一些义务：服从耕作和放牧的共同规则、不经村民同意不得出售或转让，以及（根据某些看法）不得对同族成员课以重税。因是之故，印度村社是一个由共同占有的土地的人聚集在一起的团体：有着共同血缘和祖先的观念已几近灭绝。"[1]

在梅恩之后不久，曾任锡兰第十三任首席大法官的英国官员约翰·菲尔（John Phear，1825—1905）爵士也在 1880 年正式出版了他的研究印度村社的著作：《印度和锡兰的雅利安人村社》。[2] 在这本著作问世的第二年，马克思就对这本著作做了详细的摘要和评注。在梅恩的影响下，菲尔同样认为社会的原始形式不是氏族，而是家庭。马克思批评他"这头驴子还认为什么都是在个体家庭基础上产生的"，同时还指出菲尔误读了孟加拉和锡兰村社的社会性质："菲尔这个蠢驴把村社的结构叫作**封建的**结构"[3]。

不过，在该书的最后部分"印度雅利安人的社会和土地制度的演化"中，菲尔有关村社制度下"财产观念"的论述却具有重要的意义。它构成了 19 世纪西方村社话语的重要组成部分。菲尔认为，在印度的村社制度下，"财产观念依旧没有超出这样一种认知，也就是，家庭或个人主张归自己所有的某一地块就是该家庭或个人有权为他自己的利益亲自或请人代为耕作的那块村庄土地。同时，土地分配（只要分配土地的惯例还保存着）、耕作次序、水源维护、围栏修理以及这个小共同体的其他一切公益事务，都是由那些有权占有村庄土地的家长们在潘查亚特大会上处理的"。这只是村社制度下村社成员"耕种土地的权利"："人们能够想到的顶多只是耕种土地的权利和将这

---

① ［英］亨利·梅因：《早期制度史讲义》，第 40、41 页。

② 该书前七章作者先前都在《加尔各答评论》上作为文章发表过，在书中几乎未作任何改动。

③ Lawrence Krader ed.，*The Ethnological Notebooks of Karl Marx*：*Studies of Morgan*，*Phear*，*Maine*，*Lubbock*，Assen：Van Gorcum，second edition，1974，pp. 256，281.

种权利转让给别人以取得一份产品。在这个阶段，人们还很少或根本不曾企图获得关于作为一种商品的土地财产、出售土地财产的权力甚或为了赚钱而将土地使用权出租的观念。在某种意义上，首领是从属于他的村庄的领主，有权从所有下属耕作者那里获得一定份额的产品；但他不是现代英语意义上的所有者，无权处分他的尼吉即私有土地之外的一切土地的占有权；在这方面，他只有亲自或通过他的仆从或依靠分成农耕作（土地）的权利……特别重要的一点是要记住，首领能够获取的产品份额不是他自己任意决定的，也不是通过讨价还价决定的，而是由习俗或惯例决定的。在这个问题上，村潘查亚特才是最高权威，首领无权剥夺耕作者的占有权。"产品份额的货币化并不会改变问题的实质："当将这些产品份额终于转变成货币支付或其等价物时（这件事至今还未普遍发生），它们依旧没有变成为——占有和使用那些归收益人作为物品所有和处置的——土地而支付的地租，依旧是由上面的统治当局的臣民向该当局缴纳的贡赋。首领尽管是柴明达尔领地内所有土地的柴明达尔，但至多是他的尼吉土地的地主（而且也只是一个有权决定土地占有和耕作的有限意义上的地主），某些情况下可能也是荒地的地主。"在菲尔看来，这种权利并不是作为现代西方社会基石的那种个人所有权："在《摩奴法典》——我们所看到的版本可能并不十分古老，尽管它是一部足够古老和受人尊重的权威著作——中间，没有一处地方提到现代英国人所理解的那种土地财产。耕地的私人所有权是被承认的，但它只是耕作者的所有权。土地本身属于村庄，找不到地租的踪影。所有者只不过是耕作者的另一个名称。他确实有义务进行耕作，以保证罗阇即首领们的实物贡赋不受影响。但是他可以使用仆人耕种——他对于后者的活动所知甚少甚或一无所知，或者按照分享收成的办法（即巴泰制度，一种分成制）商请别人耕种。在《摩奴法典》的另一个地方，我们发现每个人都被告诫要储备足够他一家人三年所需的谷物。显然，几乎每个人都被看作一个实际耕作者。尽管巴泰制度的实行犹如一根楔子的尖端，可能已经破坏了原始的制度，但实际上并没有导致出租土地，任何形式的地租看来都不为摩奴所知。""出卖土地，甚至仅仅是出卖土地的使用权，好像任何地方都没有直接提及过。某种类型的售卖合同被说起过，但据我所知，没有任何地方直接提到土地（的买卖）。夺一块田、给一块田、占一块田，在《摩奴法典》里都出现过，但是没有买卖田地的记述。"而且，十分重要的一点是，这种"耕作者的所有权"是以"个人在村社里的地位"为前提的："在我看来特别清楚的是"，菲尔说，"通过实际耕作——以作为村庄耕作者共同体中一分子的权利为前提——而获得的土地用益权，而不是土地本身，构成了印度教法律编写者们使用'所有权'一词时所指涉的客观对象"①。因此，归根结底，村社成员的"所有权"或"占有权"是一种共同体权利。②

如果说从詹姆斯·米尔、亨利·梅恩直到约翰·菲尔这些英国著作家们对印度村社一直坚持着一个重要的信条，将其视为缺少现代私有制的"财产共同体"的话，那么，也曾长期担任英属印度文官的巴登·亨利·巴登—鲍威尔（1841—1901）则试图打破这一传统。1896 年，巴登—鲍威尔出版了他的研究印度村社的长篇巨著《印度村社》。③ J. 肯尼迪称之为"综合研究全印度各种村社形式的第一个认真尝试"④。同时，它也"带有纠正老一辈著作家们的理论——特

———

① John Phear, *The Aryan Village in India and Ceylon*, London：Macmillian, 1880, pp. 240 – 241, 255 – 261.

② 在现代西方的社会学想象中，社会被视为个人的集合体，个人而不是某种超越独立个体的共同体构成社会的基本单元。现代西方的"财产权"或"所有权"概念就是以这种个人主义的社会学想象为基础的，因而真正的所有权就是私有权。当约翰·菲尔把印度村社中的财产权界定为一种共同体权利时，他实际上也就同时把印度社会界定为一种与现代西方社会根本不同的社会：一种以共同体为基础的社会。这种社会学想象是与马克思对原始社会的一般想象一致的。在《〈政治经济学批判〉（1857—1858 年草稿）》中，马克思在讨论资本主义生产方式产生以前的原始社会的"原始所有制形式"时，明确承认各种原始所有制形式都是以某种形式的"天然的共同体"（部落共同体）为前提的。参看马克思《资本主义生产以前的各种形式》，载《马克思恩格斯全集》第30卷，人民出版社1995年版，第465—466页。

③ B. H. Baden-Powell, *The Indian Village Community*, London：Longmans, Green, and Co. , 1896.

④ J. Kennedy, "Review of *The Indian Village Community*", by B. H. Baden-Powell, *The Journal of the Royal Asiatic Society of Great Britain and Ireland* （Apr. , 1897）, p. 347.

别是亨利·梅恩爵士及其追随者们的理论的公开目的"①。

　　首先，巴登—鲍威尔认为，印度并不像梅恩爵士描述的那样存在一种普遍的村社形式。相反，印度存在两种村社。一种可称为"莱特瓦尔村社"（raiyatwari village），这种村社不存在共同或联合的土地占有制。在这种村社中，独立的地块是分配给个别家庭使用的。在非雅利安人地区，到处都是这种类型的村庄。雅利安人的征服和统治并没有把这些地区的村庄转变为大地主庄园和集体村庄（co-shared village），而且其起源总是能够追溯到某个部落或部族。这种村社制度是原始的制度形式，出现在土著的考尔人（Kols）、孔德人（Khonds）、印度教化的达罗毗荼人和拉吉普塔纳人中间，覆盖了印度3/4的区域。另一种村庄，巴登—鲍威尔称之为"联合村庄"（joint village），并非只有一种类型（该书第348—350页列举了8种类型）。其主要特征是存在联合占有制（joint tenure）——所有者群体共同占有土地，尽管土地可能在实际上已经或尚未分割。在这两类村庄中，莱特瓦尔村庄更为古老，在"联合村庄"产生以前就已经存在。后一种村庄可以追溯到雅利安人、查特人或古加尔人（Gujars）对非雅利安民族的征服，这些征服者在新领土上的定居，或其他一些人为的而非部落的原因。在巴登—鲍威尔看来，这些人为因素计有四种：个人事业、个别家庭掌握地方权力、宫廷的建立以及国家出于宗教和世俗目的进行的赠予。莱特瓦尔村社与联合村社的区别见表1-1。

　　其次，巴登—鲍威尔认为印度从未存在过"公有制"（communal holding）。② 这一点同梅恩的印度村社理论形成了更鲜明的对照。他虽然承认"集体权利"（collective right）的存在，但并不认为存在联合所有制。他声称，即使在存在联合占有和集体责任的地方，整个地区

---

① Charles M. Andrews, "Review of *The Indian Village Community*", by B. H. Baden-Powell, *Political Science Quarterly*, Vol. 12, No. 2 (Jun., 1897), p. 329.
② 巴登—鲍威尔对"公有制"（communal tenure）的定义是："'公共占有'意味着所有人应共同耕作尽量大的一块区域，然后每个人都应获得一份与他的需要相称的收成，而无需考虑根据任何一种原则计算出来的任一种特殊份额，也无需考虑所需物资的数量与实际的劳动和资本数量或用于共同工作的牛群数量之间的比例。"（B. H. Baden-Powell, *The Indian Village Community*, London: Green & Co., 1896, p. 409.）

表1-1　　巴登—鲍威尔对印度莱特瓦尔村社和联合村社的区别

| 个人所有制（莱特瓦尔制）村社 | 联合制村社 |
| --- | --- |
| 有影响力的头人（经常还享有某些特权）是天然政体的组成部分 | 最初没有头人，只有一个潘查亚特。现代时期则有一名官方任命的头人，作为共同体的代表 |
| 占有地完全是独立的，不是一个单位地产的份地 | 占有地（有时是联合的）是一个单位地产的份地 |
| 不联合承担赋税，每份占有地都是根据自身情况单独核定税额 | 总是负有（联合和个别的）纳税责任，因为赋税被核定为一个总额 |
| 没有联合所有的荒地或"公共"土地属于村社，或用于分割 | 村落以及经常存在的荒地都是共同所有，可以用于分割 |

　　资料来源：B. H. Baden-Powell, *The Origin and Growth of Village Communities in India*, London: Swan Sonnenschein, p. 19.

也经常掌握在各个家庭手中。他甚至认为联合土地占有制是晚近才发展起来的。如前所述，他把存在个人所有制（individual ownership）的莱特瓦尔村庄的起源追溯到雅利安人以前的时代。那时，人们移居于无人居住的处女地，人们需要克服的障碍是自然障碍，而非人为障碍。那时的土地占有权源于"以纯自然的方式"对丛林的清理和开垦。①

　　在巴登—鲍威尔看来，北印度唯一真正实行集体土地所有制的村社是所谓的"帕蒂达尔"（pattidari）村社。在这种村社，作为一个耕作单位的整个"村社区域"通常也构成一块地产。这里的所有者被看作"农民"。这些帕蒂达尔村庄的历史大都不超过二百年，它们总是一两个最初所有者、领主、受赠人或殖民者的后裔。然而，即便在这种村庄中，"农民们"也已经分割出部分土地，自己或通过佃农进行耕作，其余耕地和荒地则是村社的集体财产。无论耕地在多大程度上加以分割，有两点被认为是不变的：份地根据血缘关系来确定，公

————————

　　① Charles M. Andrews, "Review of *The Indian Village Community*", by B. H. Baden-Powell, *Political Science Quarterly*, Vol. 12, No. 2 (Jun. , 1897), pp. 331 - 332.

有地则是各个共有者的集体财产。①

　　与巴登—鲍威尔相比，威廉·哈里森·莫兰（1868—1938）则进一步把直至 19 世纪初整个穆斯林时代的印度农业社会都看作"农民社会"。在《穆斯林时期印度的农业体系》一书的导言中，莫兰写道："在印度穆斯林统治的主要时期，从 13 世纪到 18 世纪，一个王国有三种基本成分：进行统治的君主、支持君主的军队以及付钱给他们的农民（Peasantry）；这些实体之间的关系在早期流行的一句谚语中得到了恰当地呈现：'军队和农民是王国的双臂。'"但是，莫兰并不认为农民是印度村社中的唯一居民。在他看来，19 世纪初北印度"割让和征服诸省"中的普通村落除了农民，大概还包括了另外三种类别的居民：无地劳工（landless labourers）、村社仆役（village servants）和施舍接受者（recipients of charity）。莫兰认为无地劳工阶级分布广泛，在经济上具有很大的重要性。他们一般是不自由的，但也极少是奴隶，而更像处在一种相当温和的农奴状态下。村社仆役则按照古老的方式从农民那里领取货币或实物收入，除了按季度或年度领取收入，他们中的很多人也获准耕作村庄中的小块土地，其上的全部产出归他们自己所有。通过施舍方式赠予的土地与仆役耕作的土地类似。这类土地的占有者也拥有土地上的全部产出，他们不向国王缴纳赋税。当然，正像我们能够想象到的那样，"仆役和慈善占有地在这一时期很普遍，但在一般村庄中，它们只占耕作土地的一个微不足道的部分"。大部分耕地为农民占有，他们"分为三种类别——我将称之为'兄弟会'（Brotherhoods）的有组织（农民）团体、生活在村中但置身兄弟会之外的农民，以及生活在另一个村庄、只是过来工作的农民。非定居农民的地位纯粹是契约性的"②。

　　对于村社组织来说，兄弟会处于中心地位。按照莫兰的说法，兄弟会的事务由管事或被称为"穆卡达姆"（muqaddam）的头人们处

　　① J. Kennedy, "Review of *The Indian Village Community*", by B. H. Baden-Powell, *The Journal of the Royal Asiatic Society of Great Britain and Ireland*（Apr., 1897）, p. 348.

　　② William Harrison Moreland, *The Agrarian System in Moslem India*, Cambridge：Cambridge University Press, 1929, pp. xi, 160 – 161.

理。一般情况下，兄弟会成员分别代表一个主要的宗族分支。虽然管事或头人可以通过多种方式产生，但这些职位通常是世代相袭的，当然某个成员在不称职时也可以被同侪们撤换。管事或头人们的职责是负责同那些非兄弟会农民打交道，支付集体花费，以各种方式收集和缴纳赋税。在一个真正的兄弟会中，每年都要召开一次对账会。在这一时期，头人职位并不总是受人欢迎的职位。因为在穆斯林时代，税负沉重。中间人主要通过这些头人征收赋税。如果不能按时完税，这些头人就会受到连累。因而，在穆斯林时代的末期，村社头人要么是一些有名无实的、随时准备在情况不妙时逃之大吉的"稻草人"，要么就是一些实力超群的人。这样，事实上，"他们就变成了一群小贵族，但一般而言，他们是村社的守护人，心里装着它的福利"①。

　　总的来说，莫兰对穆斯林时代印度村社的诠释已经十分接近西方人类学家们提出的农民学模式。因而，对他来说，重要的问题不再是印度传统农业社会中是否存在现代意义上的私有制，而是组织在印度村社中的农民与外部社会（王国）的关系问题。莫兰认为，对学者们来说，13—18世纪的印度穆斯林统治时期，"王朝和军事史已经能够差强人意，但还不可能从当前的文献中对农民在他们与国家关系中的地位问题得出一个一般或有机的观点，而这正是我现在试图填补的空白"。在他看来，和英国时代人们关注土地所有者及其佃农的权利问题不同，"在穆斯林时期的印度，恰如在印度教时期的印度，农业问题与其说是一个权利问题，不如说是一个义务问题。在其深处隐藏着的是这样一种观念：农民的职责就是耕作土地，将他们产出的一部分交给国家；即便私人权利或要求权得到承认，它们相对于这项基本义务也是次要的"②。

　　在这样一种观照下面，印度传统农业社会的图景依然表现为一个村社的世界。但是，村社的社会学意义显然被改变了。对詹姆斯·米尔和亨利·梅恩来说，村社的存在意味着印度农业社会中土地私有制

①　William Harrison Moreland, *The Agrarian System in Moslem India*, pp. 163 – 165.

②　William Harrison Moreland, *The Agrarian System in Moslem India*, p. xi.

的缺失和印度文明的落后，而对巴登—鲍威尔和莫兰来说，村社的存在则意味着印度传统农业社会是一个以小私有者为基础的农民社会。实际上，把印度传统农业社会描述为这样一种传统农民社会正是正统印度史学考察印度古代社会时所采取的路径。例如，在已成为正统印度史学经典的《剑桥印度史》第一卷中，对于早期佛教时代印度的农业经济和社会，戴维森夫人和 D. 利特就这样写道：

> 佛教产生时的印度农村经济差不多完全以村社体系为基础，而这些村社是由土地所有者即欧洲的那种"农民有产者"（peasant proprietorship）组成的。《本生经》十分清楚地证实了这一点。《本生经》没有清晰的证据表明存在着孤立的大庄园、大领地或占有这类庄园的绝对地主。在各君主国，国王尽管专制而勤政，但有权以岁赋形式向初级农产品课征捐税；而且只是在这个限度内，他才可以被视作土地的终极所有人。国王可以处置所有荒废或长满森林的土地，与这种权利相关的是国王可以收回一切无遗嘱处理或"无主"的财产——这种习俗可能是、也可能不是一种更古老的封建主义的残存。[①]

## 第二节　印度传统农业社会的另一面：部落的场域

然而，在印度的传统农业社会图景被描述为村社世界的同时，对印度传统农业社会的另外一种截然不同甚至正相对立的描述也发展起来了：印度传统农业社会被视作部落的场域。而且，初看起来有些吊诡的是，对印度传统农业社会的这另一种诠释差不多是由同一时期的同一些著作家做出的。

如前所述，马克思在 1853 年发表的《不列颠在印度的统治》

---

① E. J. Rapson ed. , *Ancient India*（The Cambridge History of India：Vol. 1）, London：Cambridge University Press, 1922, p. 198.

一文中将印度的传统农业社会描述为村社的集合体。不过，现在以
《古代社会史笔记》闻名的马克思在 1879—1882 年间所作的人类学
笔记表明，马克思本人在其晚年似乎更倾向于把印度的传统农业社
会诠释为部落社会。马克思并不否认当时的印度还存在着远古形式
的氏族公社："（保存到现在的）**远古的形式：氏族公社，其成员共
同生活，共同耕地**，并用共同的（公共的）收益满足自己的需要。
关于这个形式，枢密院的一项决定是这样说的：'**任何氏族成员不
仅不能指出公社的某一块土地归他所有**，而且也不能指出**某一块土
地归他暂时使用**。共同经济的产品收归公共仓库以满足整个公社的
需要'（第 75 页）。这种**公社土地占有形式**只在**印度北部和西北部
的某些地区**保存下来，而其**形式是土地只由最近的**亲属即**不分居家
庭**（这是梅恩给这种形式的氏族公社所起的名称）的成员**共同所有**
（совместное владение）并**共同经营**。"在本捷尔坎德，"共同占有
几十平方英里的由数百名成员组成的**氏族团体**并不是罕有的现象。
胡麦尔普尔区（波古纳）的普坦纳乡有 9314 英亩土地和 157 名公
社占有者，**热拉尔普尔**的索尔德涅乡共有 399 名成员，占有 12033
英亩的地段；**库罗拉喀斯**是 18260 英亩或 28 1/2 平方英里土地的所
有者（《加尔各答评论》**1850 年 9 月，第 14 期第 155 和 156 页**）。
但是，**这些**被称为**托基、伯里和帕提**的氏族分支，彼此之间只有微
弱的联系。每个**帕提**都有其自治机关，自由地选举自己的首领（朗
伯尔达尔），并且与其他分支分开，各自缴纳摊派在自己身上的国
税，征收这种税款，并把税款分摊给彼此以连环保联系在一起的本
族的成员。每个**帕提**成员只从帕提的土地中领取他的份地。全体成
员共同使用公共牧场和其他**附属地**，与其他帕提的成员毫不相干。"
在论及 19 世纪中叶的旁遮普时，马克思又说："其成员属于**同一个
克兰**［较正确的说法应当是氏族］甚至往往出自同一个始祖的**土地
占有者公社**，在全国各地都可以看到，尤其在**札提人**部落中常常可
以看到，每一个共同占有者都有一定地段，通常由他本人来耕种，
他依照公社当局的摊派，缴纳向他征收的土地税……每一个公社社

员距始祖远近的不同，决定着由他支配的地段的大小。**社会舆论**非常坚持保存这个依亲属关系规定份地的制度，以致我们往往发现有些人，其先人已经有一代甚至两代根本不参与公社所有权，而仍能被允许使用土地……这样规定的可耕份地，既不能认为是**终身的**，也不能认为是**世袭的**。份地归各个家庭支配，一直到必须给新生的或暂时外出的氏族成员分配新的份地，因而必须重新分配公社耕地为止……公社常常重新分配耕地和草地，其目的是使**亲属等级和份地大小更相适应**。——这个目的还常用下述方法来达到：并不改变现有的分配，而把**归氏族公社全体成员共同使用的**未开垦地的某些地段划给那些要求扩大其份地的共同占有者。**这样一来，个体份地事实上就成为终身的，甚至成为世袭的了**（第78、79页）。"而在西北各省，"一般来说：各个家庭的**个体份地**远远不包括公社的全部土地。公社的一部分土地——在大多数情况下是**森林、沼泽地和牧场**，但常常也有**适于农业的地段**——仍然归氏族全体成员共同使用；对于这种土地，还长期实行**在处理土质肥沃的地段方面已经废除的共同经营制度**，或由氏族成员亲身劳动，或雇人劳动｛Mietling｝（第79、80页）。"这样，在马克思所作的古代社会史笔记中，我们能够清楚地看到，隐藏在印度农村公社表面之下的多半是氏族—部落社会的底色。这种建立在氏族—部落基础之上的农村公社当然不同于那种以"个体农民"为基础的农村公社。马克思认为，《摩奴法典》中提到的"协作社"的存在，"就说明印度从远古时代以来不但盛行**公社土地占有制**的原则，**而且还盛行氏族团体的成员共同经营土地**的原则；这些协作社的产生只有一种情况可以说明，即氏族团体在耕种土地方面的事实上的公社协作制，已被移植于自愿的、以契约为基础的联合〔在这种联合中实行共同所有和协作〕。"而且，在英国人统治印度以前，漫长的穆斯林统治并没有从根本上破坏印度这种传统农业社会的基础结构。大概正像马克思的古代社会史笔记所说的那样，"**在蒙古人时代（即莫卧儿帝国时代——笔者按）**，"在土地所有制关系方面，也没有发生什么**法律上**

**的变化，正如印度先前的穆斯林统治者时代一样"**①。

实际上，还在《英属印度史》中，虽然詹姆斯·米尔把农村公社看成印度文明的基本特征之一，但这并没有妨碍他把印度社会看成一个由各种"共同体"构成的部落社会。在他看来，印度历史上存在过大王国甚或帝国的事实并不意味着印度文明超越了部落社会的发展阶段："绝非不可能的是，一个仅仅跨越了区区数级文明阶梯的民族被广泛地统一在一个政府下面，而且在很长时间内稳定地保持那种状态。中华帝国就是一个明显的例子；古代的波斯王国在几个时代里都屹立不倒，免于倾覆，是另一个实例。奥斯曼帝国可以被当作一个类似的例子。而俄罗斯人，作为一个野蛮民族，早已成为一个幅员辽阔的君主国。因而，大君主国的存在远不能证明印度人中间存在过任何一种高出他们现在所呈现出来的那种文明的文明。"而这样的王国或帝国很容易再降解为它原来的基本要素——小共同体："在非文明民族中，连绵不断的革命（这里指中央权威的倾覆——笔者按）和通常很小的共同体都是司空见惯的现象。尽管有时会出现一个王公或奇人异士崛起，获得权力，将他的权威扩大到数个那样的共同体；抑或，像查理大帝那样掌控众多共同体；但当他死后，他建立起来的庞大帝国就会逐步瓦解，直至整个帝国或其大部再次分解为从前那样的小共同体。欧洲人在印度斯坦看到的一切都证明了小共同体的这样一种轮回和权力在某些人手中偶尔的、暂时的积聚构成了那个国家的历史。"② 在米尔看来，印度早期现代历史上的马拉塔帝国和莫卧儿帝国就是这种建立在"小共同体"基础上的帝国：

> 马拉塔帝国代表了一个对人民所处的那种状况来说显得十分自然的那些变迁的显著实例。在欧洲人同印度斯坦现代交往的这一时期，一个野心勃勃的人得以扩大他的权威，部分地通过说

---

① 马克思：《马·柯瓦列夫斯基〈公社土地占有制，其解体的原因、进程和结果〉》（第一册，1879 年莫斯科版）一书摘要》，载《马克思恩格斯全集》第 45 卷，第 231—232、233、235、245、280 页。

② James Mill, *The History of British India*（Vol. 1），p. 446.

服，部分地通过武力，首先是征服一个县，然后又征服另一个县，直到最后他把一个主要由印度斯坦西部和中部山区诸县的各自独立和分离的共同体构成的庞大帝国统一在他的麾下。这个帝国现在已经分裂为几个彼此独立的政府，它们的首脑对希瓦吉（Sevagee）王甚至连名义上的效忠都不予承认。如果他们被放任自流，不受英国人权力的约束，马拉塔人的帝国很可能在此时以前就早已分解为它的原始碎片。甚至莫卧儿人的帝国自身，尽管可以合理地推定建立在比从前任何一个印度教王国都更为稳固的基础上，尽管还受到一支外国力量的支持，而且有特别的动机维持统一的权力，在通过奥朗则布的征服使疆域臻于鼎盛后，却立即开始走向解体，仅仅一个世纪后，它就陷入分崩离析。①

与农业意味着文明、和平和秩序的一般观点不同，建立在这种部落共同体结构基础上的印度传统农业社会将表现为一个权力和竞争的场域。实际上，这正是詹姆斯·米尔对印度传统农业社会的理解和诠释。他写道："印度斯坦古老状态的遗迹呈现出来的是一种混乱的局面。每一部提到历史内容的古代著作，史诗，往世书，都把社会状态看作安宁的反面、持续的争吵、篡位、不义、战争、征服和流血。在印度斯坦发现的所有古代文献中最重要的是铭文，它们记述了该国古代王公们的赐地活动。这些王公看上去远不是在掌管一片和平的土地，他们都被描述为获胜的武士，被描述为强敌环伺，但他们战胜了敌人，并给予他们严厉的惩罚。这些铭文中提到的差不多每一个王公，印度各地的王公，不是妄称超越了某一特定地区的君侯，就是被描述为全世界的征服者和最高统治者。"②

与米尔从部落社会的观点出发把印度传统农业社会解读为一个权力和竞争的场域不同，梅恩对印度传统农业社会做出了完全不同的诠释。在《东西方的村社》中，梅恩明确写道：

---

①　James Mill, *The History of British India* (Vol. 1), pp. 446 – 447.
②　James Mill, *The History of British India* (Vol. 1), p. 447.

尽管没有一个国家像英国治下的和平建立之前的印度那样饱受战争的蹂躏，但印度人民从来都不是一个军事民族。人们谈到他们时从未提及整个社会的武装化那样的事情，而这曾经是条顿人历史最初阶段的情形，恰如这也是条顿人历史最后阶段的情形。对这样一个庞大的民族不可能一概而论，没有例外。马拉塔人匪帮在他们首次起来抗击穆罕默德教徒时只是一个由某人武装起来的印度山地部落，而在奥德省被兼并前，极端的压迫也已经给一个本质上和平的人民蒙上了普遍军事化的色彩。不过，就其大部分而言，印度村社一直毫无反抗地屈服于君主雇佣军的压迫。因而，那些在原始社会中赋予年轻人在村民大会中以重要性的理由是付诸阙如的。共同体中的士兵已经外出充当雇佣兵，因而除了经验和民事智慧，村议事会就不再需要别的东西了。①

显而易见，梅恩对印度传统农业社会非军事化的诠释同他关于印度传统农业社会的村社主义图式密切相关。如前所述，在梅恩看来，印度的农村公社不是像联合家族那样的血缘共同体，而是一种通过共同占有土地联系在一起的地域共同体。换言之，在梅恩的想象中，印度的传统农业社会是真正的定居农业社会，因而它必定像其他文明中的定居农业社会一样表现为一个和平和秩序（法治）的生活场域。这使得梅恩在《东西方的村社》的另一个地方重申："印度的农业传统——在这方面不同于为伟大的梵文诗歌提供了主题的英雄传统——意味着富饶的印度平原的占据是一个移民的过程，而不是一个征服的过程。"②

当然，这可能和梅恩对作为部落社会基本单位的"氏族"缺少真正的了解有关。马克思在为梅恩的《早期制度史讲义》（又译《古代法制史讲演录》）所作读书笔记中批评道："氏族是一个多么不为他梅恩所注意的事实。"梅恩把"联合家族"（或译"联合家庭"）作

---

① Henry Maine, *Village Communities in the East and West*, pp. 124 - 125.
② Henry Maine, *Village Communities in the East and West*, p. 176.

为印度传统农业社会演化的起点，而在马克思看来，梅恩所谓的印度的"联合家族"就是氏族！① 然而，我们也必须承认，对梅恩本人来说，印度传统农业社会的正常图景是村社，而不是他所谓的"联合家族"或氏族。他把这两者严格地区分开来。尽管如此，梅恩也没有能够把氏族—部落因素从印度的传统农业社会图景中完全排除出去。在他看来，在印度，除了传统农业社会的村社世界，还有一个"野蛮部落"的世界：

> 在两部独立的著作中（其中每一部都显然是天才的和引人入胜的），约翰·拉伯克爵士（Sir John Lubbock）和麦克伦南先生（Mr. McLennan）都自以为展示了人类迈向文明的最初步伐是从这样一种状况开始的：在这种状况下，人类集合体遵循的是甚至在动物界都不会普遍发现的那些习性。在这里，我只需指出，这些著作家憎恶的许多野蛮现象都可以在印度找到。遭到斥责的这类习俗是某些有时被称为"土著"的部落或种族的习俗。他们在印度和中国文明的双重压迫下退居绵延于印度东北部的山区避难所，或是在面对婆罗门入侵者——不管是不是雅利安族裔的——的征服时托庇于印度中部和南部的山区。现在，这些野蛮部落很多已经受到英国人多年的监督，而且确实处在英国官员的行政管理之下。②

公正地说，梅恩认为印度在村社的传统农业社会之外还存在一个与之不同的"野蛮的"部落社会的观点可能代表了西方印度学界的一个直至当代依然十分流行的观念。根据这种二元论的社会观，印度的传统农业社会自身不能看作部落社会，但在真正的传统农业社会之外，印度的确还存在一个相对独立、但又与前者有着密切关联的部落社会。不言而喻，对梅恩来说，在印度的这种二元社会结构中，农业

---

① 马克思：《亨利·萨姆纳·梅恩〈古代法制史讲演录〉（1875 年伦敦版）一书摘要》，载《马克思恩格斯全集》第 45 卷，第 575、609 页。

② Henry Maine, *Village Communities in the East and West*, pp. 16 – 17.

的村社世界是印度社会的主体部分，是印度文明的真正基石，而印度的部落社会只不过是过去"野蛮的"社会制度的残余，在印度文明社会中处于无足轻重的边缘地位。然而，对巴登—鲍威尔来说，至少在他生活的时代，印度的部落社会还远不只是远古社会的"残余"，它还是一个活生生的基本的社会现实。在《村社的起源和成长》一书中，巴登—鲍威尔写道：

> 在今日的欧洲，我们的生活与"部落"或"部族"没有任何关联；我们只是通过历史、通过遥远的国度才知道它们，而它们已经成为与它们的起源和联合原则有关的诸多理论的主题；因而我们多少以怀疑的眼光来审视有关它们的说法。但是（特别）在上印度（Upper India），我们天天与那些实际上形成了"部落"或"部族"——它们要么是小的独立集团，要么（经常）是某个更大"部落"的组成部分——的人们亲密接触。甚至在整个社会制度已不再保有部落渊源的地方，我们依旧可以确信那里的人民一定曾在某个不是很久远的时期形成过部落和部族，因为他们依旧使用共同的名称，在人口调查或其他场合以某某"部落"的名义进行登记，尽管他们可能已经在很大程度上忘掉了那种曾使"部落"成为现实的习俗。不过，无论是依旧完好无损，还是已经开始衰落，在印度，部落或部族还是一种十分真实的事物——一些地区比另外一些地区更加如此。我们还有一些习惯"法典"，其显著特征就是它们适用于部落（tribes），而不是地方（places），而且通常在细节上很不相同。①

与梅恩认为印度的村社起源于"联合家庭"不同，巴登—鲍威尔在《印度村社》中认为印度的大量村庄本身就起源于他所谓的"部落"或"部族"：

---

① B. H. Baden-Powell, *The Origin and Growth of Village Communities in India*, New York: Charles Scribner's Sons, 1899, pp. 21–22.

显然，如果我们相信前雅利安种族在遥远的古代建立起村落和永久性耕作，那么必然的结论就是，这类定居点是在纯粹原始的部落生活状况下产生的。的确，正像我们在第4和5章中所说，所有种族——藏缅人、科拉利安人（Kolarian）、达罗毗荼人、雅利安人、后来的北方人，包括最近抵达旁遮普边境的穆斯林部落，人们一直提到它们的部落性。关于最早的部落——现在早已同广大的"印度教"或"穆罕默德教"人口融合——的证据，自然是缺乏的。然而，我们看到了某些残存和遗迹，它们都表明最早的村落定居点是作为某些更大的部族区域的分支形成起来的。的确，在某些情况下，部族疆域要比村落更加清晰得多。楚蒂亚—那格浦尔（Chutiya-Nagpur）的科拉利安人村社，包括桑塔尔人（*Santals*）村社、同一地区的达罗毗荼人村社、奥里萨的坎德人（*Kandh*）村社，都是以部落为基础的。当我们开始谈论雅利安人及其后的部落时，我们仍有许多证据表明它们曾过着部落生活。[①]

　　在巴登—鲍威尔看来，无论是印度的联合制村社，还是印度的莱特瓦尔制村社，它们的起源通常都能追溯到某个特定的部落或部族。特别是，这些作为"部族定居地"（clan settlements）和明确的"部族领地"（clan-territories）的分支发展起来的部落村社的最早形式是他所谓的莱特瓦尔制村社，而非像从前人们猜测的那样是联合制村社：

　　　　一件让我们印象深刻的事情就是，最早的定居者似乎是同一种村社形式联系在一起的：在这种村社中，没有联合所有制，只有个人或家庭占有的聚合体，而占有权是以耗费在土地开垦上的劳动、使其适于耕作为基础的。另一方面，后来的部族似乎总是有着某种更强的内聚性、优越感和征服感，这些至少在他们的定

---

① 　B. H. Baden-Powell, *The Indian Village Community*, pp. 225 – 226.

居地产生了集体所有制的外观。

那些先验地强烈倾向于相信早期部落中间普遍存在集体所有制的人，大概会很容易地怀疑莱特瓦尔制或单独占有制（separate-holding）村社源于部落生活状态的可能性；无疑，这个问题需要我们在后面做进一步的思考。但同时，事实依旧是莱特瓦尔制形式的村社流行于非雅利安人的部落和部族占据的地区，而且正是雅利安人和更晚的部落——它们可称为"优越的"部落——发展起联合形式的村社。[①]

对我们来说特别重要的一点是，在巴登—鲍威尔看来，印度部落—部族村社的最好实例就存在于他所谓的"上印度"一带：

就**土地**而言，我们能够看到部落组织的某些特征——部族和分支的独立区域、对平等的渴望，以及至少在最初的祖先后裔原则基础上进行某种大的分割后按人头分配份地的普遍趋势——出现在所有的部落和部族定居地，尽管存在着地方差别。对那些村落或更大区域的部族人口群体来说，近亲和远亲（或更广泛的亲属）之间的区分也是部落阶段的一个同样普遍的特征。因而，我们必须把那些被专门列为"边疆部族村落"之外的大量其他村落纳入"部落或部族村社"的大类之中。不过，我们可以想见我们能够在上印度的部落中间、在旁遮普平原、在西北诸省和奥德发现这类村社的最好实例。事实上，我们能够在旁遮普的那些不大为人熟知的部落——扎卡尔人（Gharkar）、阿万人（Āwān）以及诸如此类的部落中找到许多实例；还有，在旁遮普及其以外的地区，存在着一些与非君主制雅利安人部族、贾特人和古扎尔人相关的实例。首先，我们经常碰到带有"tappā"和"'ilāqa"标志的村落群（有时，这类广大的地区只是在最近才分解为村社），而我们会经常发现它们是由同一部族的家庭集团占有的。不过，

① B. H. Baden-Powell, *The Indian Village Community*, pp. 226 - 227.

尽管这些集团中的一些村落——比如说——不超过 200 至 500 年，而另外一些则可以追溯到我们已经说过的雅利安定居地的再分配，但许多村落过于古老，令它们最初的形成方式充满疑问。在旁遮普边疆，我们确信那里的定居点代表了**已经按这种方式形成的部族**。在我们现在考察的这些个案中，一些个案无疑可以划入这同一个名目下。不过，就大多数个案而言，显然（或至少是可能的），尽管**现在**存在着一个部族占据一块连续区域的情况，最初却只是一个小家庭——或许只有一两个兄弟和他们的儿子以及一些随从，他们找到了可供他们控制的一大块土地，成功地保持了对整个地方的占有，现在随着子嗣的繁衍，其成员已经遍布整个地方，而且由于保持着这样一种广泛的联系，就形成了一个部族。①

巴登—鲍威尔论述的这整个区域——上印度、旁遮普、西北诸省和奥德——在正统印度史学的历史地理学中占据着十分重要的地位，它们被视为"印度文明"的发源地和核心地带，其中既包括了在正统印度史学中被视为《梨俱吠陀》创造之地的"梵域"（Brahma-varta），也包括了在《摩奴法典》中被称为"仙域"（Brahmarshide-ca）的朱木拿河—恒河上游河间地区。这后一个地区也是著名印度史诗《摩诃婆罗多》中俱卢族和般遮罗族生活的地方——"俱卢之野"（Kurukshetra），在正统印度史学中被看作印度文化最终形成的地方。拉普森在《剑桥印度史》中说："就是在这里，我们称为'婆罗门教'（Brahmanism）的那种宗教和社会体系取得了其最后的形式——这种形式就其宗教方面而言，是雅利安人观念和更原始的印度人观念的折中；就其社会方面而言，则是不同种族接触的结果。"② 就此而言，与梅恩的看法不同，部落社会在这里并没有仅仅被看作印度（文明）边缘地区的社会特征。实际上，在巴登—鲍威尔看来，部落或部

---

① B. H. Baden-Powell, *The Indian Village Community*, pp. 266 – 267.

② E. J. Rapson ed., *Ancient India*（The Cambridge History of India：Vol. Ⅰ），p. 46.

族社会乃是印度乡村社会的普遍特征：

　　当然，一个显著的特征是，几乎在印度有人居住的所有地区，我们都能发现明确的疆域或管辖区（jurisdictions）的存在，它们反映着某个部族或部落占据的地带的初级或次级划分。由于这一特征在盛行莱特瓦尔形式的村社的南部各县同样显而易见，事实——为其他直接证据所加强——迫使我们正像我已经指出的那样认为，莱特瓦尔制村庄完全属于部落一类的村社。每一个这样的独立区域似乎都代表了一个独立部族的住地，而其本身则可能是一个更大部落的一部分。必须补充一点，大多数早期部族似乎都崇拜图腾，或至少拥有独特的标志或徽章。这些部族区域的边界是固定的，甚至在其内部区划并不十分明晰时也是如此；对边界的尊重总是得到维护。在科拉利安人中间，我们注意到 parhā（村庄联合体）可能就是最早的部落区域的实例。相信单纯语音上的相似性很少是可靠的，但有人认为一些古老的语词（比如 parh 或 pir）可能就是莫卧儿政府采纳的官方 pargana 行政区的起源。在整个印度南部，我们能发现 nādu（比较：Kāndh 部落中的 mutthā）的遗迹，这经常是某种"县"；而在一些地方还流传着关于这类区划目的的传说。这样，在马德拉斯的某些古代被称为 Tondaimandalam 的地方，我们首先发现了大量的 kut-tam——这个名称可能表示作为地域首领驻地的"城堡"；这些原初的疆域后来都重组为 nādu，而每一个 nādu 都包含了许多村庄（称为 nattam，也就是村落）。nādu 的首领称为 Nātthān。在马拉巴尔，我们有证据证明这些 nādu 单位是如何受到每个 nādu 中的 nād-kuttam（由家庭集团的长老代表们组成的议事会）或 tara（统治阶级的议事会）的统治的。这些我们已经描述过。在整个北印度，我们同样能够看到部族区域清晰地反映在 taluqa、'lāqa、tappā 或 thapā 等名称中。这类特征的地方实例日后将会反复出现。在这里，我的目标是提请注意以下事实：这类区划是部落生活的自然结果，它们出现在整个印度和所有部落中间——最古老、最原始的部落和最近、最先进的部落；而且，它们经常在部落阶段过去之后还继续存在。[①]

当然，巴登—鲍威尔并不认为印度所有的村社都是"部落村社"（tribal-villages）。他认为，在大量的部落村社之外，印度还存在差不多同样众多和重要的"非部落村社"（non-tribal villages）。而且，部落村社并不能等同于联合形式的村社，非部落村社也不能等同于莱特瓦尔形式的村社。部落起源的村社中既包括了莱特瓦尔形式的村社，也包括了联合形式的村社，而非部落起源的村社似乎只有联合村社这一种类型。巴登—鲍威尔把它们之间的这种复杂关系呈现在表1-2中。

表1-2　　　　　　　　　印度村社的类型

| 部落起源的村社 | 莱特瓦尔村社 | 这种形式的现代村社当然可以在没有任何部落联系的情况下产生 |
| --- | --- | --- |
| | 联合村社（第1种） | 由已经形成的人数众多的部族建立 |
| | | 由在当地逐渐成长起来的部族建立 |
| 非部落起源的村社 | 联合村社（第2种） | 源于连续数代对个体始祖的联合继承 |
| | | 某种形式的自愿联合 |

资料来源：B. H. Baden-Powell, *The Indian Village Community*, p. 227.

在巴登—鲍威尔看来，部落制度迥异于梅恩爵士所谓的"联合家庭"制度。他说："在古代部落中，所有'家庭'都不是按照印度教的联合家庭模式建立的；不仅如此，甚至在印度，早期的达罗毗荼人和其他非雅利安人的部落似乎都不知道联合家庭。无论如何，在他们变成'印度教徒'以前是如此。让我举一个确实的例子，在早期坎德人部落表现出来的家庭形式中，父权（*patria potestas*）是完全的，家长终其一生都是唯一的所有者；既没有儿子们与生俱来的那种初步

---

[①]　B. H. Baden-Powell, *The Indian Village Community*, pp. 230 – 231.

的权利，也不会出现父亲不能不经家庭成员同意就转让祖产的情况，诸如此类，而这些都不仅在法律书籍的理论中，而且在某些地方部落的实际习俗中都是'印度教家庭'的标志。"巴登—鲍威尔认为："联合家庭——其对家长权力的限制，家长事实上只是取得了某种'尊长'（*primus inter pares*）的地位——不管其本身如何古老，只是在较晚的时代才发展起来的。那时，在经历了长久定居和正规政府的建立后，法律发展起来了，部落阶段则走向消亡或已经消亡。或许，那种在'再生'阶级中肯定已经苟延日久的部族团结感在这种联合家庭中找到了回音。"① 这样，在梅恩的印度村社理论中作为印度村社历史发展起点的联合家庭，在巴登—鲍威尔的印度村社理论中却成了印度村社进化的终点。在后者看来，多半是由于历史上"印度教国家"的发展，印度的非部落村社才大量出现：

> 然而，正像我们或许可以想到的那样，我们很快就开始发现一个进步比较迅速的阶段和随之而来的不可避免的多样性；我们不能期望发现所有源于雅利安人、贾特人和其他晚期种族的村社都与部落有关。首先，只有少数雅利安部落从未发展出君主制观念，是在没有罗阇（Rajas）或国王的情况下定居下来的。其他大多数部落似乎已经很容易地转变为君主制国家。确实，君主国自身就一度建立在部族的基础上。不过，许多王国是由君侯个人统治的，而在这些王国里，部族机构常常被改变，然后逐步消失了。印度教国家（Hindu State）的发展事实上是众多非部落村社的一个重要的、尽管是间接的原因。②

至此，我们看到了，在整个 19 世纪，从詹姆斯·米尔、马克思、梅恩爵士一直到巴登—鲍威尔，他们在把印度的传统农业社会描述为一个村社的世界时，也在不同程度上指出了印度传统农业社会的另一

---

① B. H. Baden-Powell, *The Indian Village Community*, p. 241.
② B. H. Baden-Powell, *The Indian Village Community*, p. 226.

个维度和面向：部落社会。特别是巴登—鲍威尔，部落—部族成分在他的印度村社理论中占据了举足轻重的地位。他描述的印度村社图景差不多同时又是一幅部落—部族社会的图景。然而，我们也同样能够看到，进入 20 世纪，当威廉·莫兰试图诠释穆斯林时代以来的印度农业体系时，他径直把印度的传统农业社会置入农民学的概念图式中。正像前文已经表明的，由国王、军队和农民构成的印度教王国成为他所描述的印度传统农业社会的正统图景，而在这种农业社会图景中，部落—部族社会的成分完全消失了！这多少让人感到有点匪夷所思。不过，让我们看一看大致同一时期正统印度史学对印度文明和历史的诠释，这个问题可能就不像初看起来那样难以理解了。在《牛津印度史》中，文森特·史密斯在谈到印度政体的停滞时写道：

> 印度史学对政治制度的缓慢进化缺少兴趣。我们知道，早期部落的共和国或至少寡头性政制曾存在于亚历山大大帝时代的马拉瓦（Mālavas）、科舒德拉卡（Kshudrakas）及其他民族中间，也曾在晚得多的时期存在于梨车人（Lichchhavis）和亚乌德拉人（Yaudhēyas）中间，但现在都已消失，没有留下痕迹。独裁政制（Autocracy）确实是研究印度的历史学家们唯一关心的政府形式。专制主义（Despotism）不容许有发展。[1]

在这里，专制政体（相当于巴登—鲍威尔所谓的"印度教王国"）被视为印度文明及其历史的基石和根本特征。因而，尽管在 19 世纪西方的印度农业社会理论中占有十分重要的地位，部落—部族的社会图景还是被排挤出印度传统农业社会的正统图景。这多半是由于印度传统农业社会的部落—部族理论同正统印度史学关于印度文明的专制国家观相冲突。实际上，史密斯本人也的确把"部落政体"排除在印度文明和历史之外。在他看来，部落政体"是一种蒙古人制

---

[1]　Vincent Smith, *The Oxford History of India：From the Earliest Times to the End of 1911*, Oxford：Clarendon Press, 1919, p. xi.

度。'蒙古'这个词用来表示在人种上同藏人、廓尔喀人和其他喜马拉雅山民族相联系的部落。公元前后北印度人口中的蒙古人要素……比人们通常承认的大许多。当蒙古民族和观念在后来被奉行印度雅利安人或婆罗门教崇拜和习俗的外来人制服后,部落政体就连同许多别的非雅利安制度一起消失了。婆罗门教民族一直满足于专制政体"①。

## 第三节　新印度史学中的印度传统农业社会:向部落社会理论回归

　　1925 年 3 月 12 日,在回应印度的某位革命者要求他从公共生活中隐退的呼吁时,印度民族运动的精神领袖圣雄甘地曾这样写道:"印度之道非欧洲之道。印度不是加尔各答和孟买。印度生活在她的 70 万村庄当中。"② 可以说,甘地的这段话很好地表达了当时已经确立起来的印度传统农业社会的正统图景:印度传统农业社会是一个村社的世界。大致在同一时期开始确立起来的正统印度史学也把自己对印度文明和历史的诠释建立在这种正统的印度农业社会图景上面。前文已经指出,在《剑桥印度史》中,戴维森夫人和 D. 利特把早期佛教时代的印度农业社会描述为欧洲历史上的那种以村社为基础的农民有产者社会。在论述孔雀帝国时代的印度农业社会时,F. W. 托马斯根据古代希腊人的记述和考提利亚《政事论》(Arthacāstra)中的描述认为当时的孔雀帝国境内存在着三种"土地"——森林、草地(牧场)和耕地,而这三种不同的土地对应着三种不同的社会空间:

　　　　森林肯定比现在广袤得多,而它们显然既包括了相对来说难以通达、居住着野居的未归化部落的区域,也包括了位于行政控制范围内、狩猎人能够造访、用作原料产地以及保留给象苑、国

① Vincent Smith, *The Oxford History of India*, p. xii.
② The Publications Division, Ministry of Information and Broadcasting Government of India ed., *The Collected Works of Mahatma Gandhi* (Vol. 26), Ahmedabad: Navajivan Trust, 1967, p. 286.

家猎场、公园和婆罗门定居地的其他区域。草地一定包括了由游牧的、居住在帐篷中的牧人——古老的雅利安部落的直接后裔——占据的巨大空间（*vivita*），也包括了农村社区中比较狭小的地块。后者在那时和现在一样是这个国家的主要特征，拥有它们的清晰的边界、它们的村议事堂——无疑，这代表了古代的堡垒——以及它们的独立的内部经济。组织程度较低（如果不是完全没有组织的话）的是驻屯地（*ghosha*）或构成牧人阶级总部的小村落。①

与关于印度传统农业社会的正统图景相一致，作为"这个国家的主要特征"、由"农村社区"构成的社会空间（其实也包括其他两种非农业的社会空间）被 F. W. 托马斯诠释为印度古代的君主制国家：

> 除了规模肯定巨大的王室领地，土地的终极财产权——在这个词自那时以来就流行的意义上——属于国王；也就是说，国王有权对其征税，在欠税时也能替换掉他的占有地上的耕作者。这并不意味着占有者不能转让或分割土地，在经历每次变故后国王的权利依旧如故。国王的职责就是要通过鼓励剩余人口移居到新的或遗弃的土地上组织农业生产。灌溉是一种耗费巨大的工程，自然由国家掌管。国家控制着水源，从中征收税赋。②

生活在这种专制主义国家中的则是从事实际耕作的职业农民。托马斯说："人口中的大部分是由实际耕作者构成的。麦加斯提尼评论说，他们的职业（被种姓制度）被规定得如此严格，以至于他们在看到两军交战时仍能安然地从事他们的职业。"③

正像笔者在《从农民学到断裂国家理论——〈新剑桥印度史〉的传统农业社会理论评析》一文中指出的那样，《剑桥印度史》对印度

---

①　E. J. Rapson ed. , *Ancient India*（The Cambridge History of India：Vol. 1）, p. 474.

②　E. J. Rapson ed. , *Ancient India*（The Cambridge History of India：Vol. 1）, p. 475.

③　E. J. Rapson ed. , *Ancient India*（The Cambridge History of India：Vol. 1）, p. 475.

传统农业社会的这种诠释完全是建立在西方人类学家提出的农民学概念图式之上的。① 老实说，直到最近，在正统印度史学的影响下，我们也还一直是在农民学概念图式的基础上来审视印度的传统农业社会。不管我们对印度文明及其历史持有怎样的特殊观点，我们还总是习惯于先验地把印度传统农业社会理解为一种和中国历史上的传统农业社会类似的农民社会。然而，从 1987 年起开始陆续出版的多卷本《新剑桥印度史》却对正统印度史学的这一"工作假说"提出了挑战。在《新剑桥印度史》的《南亚农业史》一卷中，大卫·勒登写道：

> 在（印度）这种多样化的农业社会形态中，"农民"（peas-antry）是很难定义的。和欧洲不同，南亚拥有适合于集约栽种水稻的热带环境、干旱和半干旱平原地带、可用较少劳动投入生产出营养丰富的粟的优质土壤、广阔的热带山地和丛林以及畜牧业占优势的大片地区——所有这些地区孕育出了不同类型的农业拓殖和集约活动，结果产生出多种多样的农业社会形态。在南亚，没有与罗马帝国或天主教会相似的机构，贵族可以通过这类机构确立自己的地位和把农民降为从属臣民。和中国不同，南亚的农业国家主要是在畜牧文化（pastoral cultures）内部、之间和外部发展起来的，它们把畜牧和森林民族整合进各种农业社会形式，而这些农业社会形式并没有被纳入一个统一的古老帝国（和种族，即汉族）实体的等级体系。现代源于亚欧大陆西部和东部地区的农民概念——意指一个由代表着高级文化和文明的城市精英统治的粗野的乡村群体——并不适用于中世纪的南亚。②

在他看来，"当农业社会阶层是由国家清楚规定而地位是由严格的

---

① 王立新：《从农民学到断裂国家理论——〈新剑桥印度史〉的传统农业社会理论评析》，《世界历史》2014 年第 6 期。见本书附录（一）。

② David Ludden, *An Agrarian History of South Asia*（The New Cambridge History of India：Ⅳ·4），Cambridge：Cambridge University Press, 1999, p. 74.

土地权利等级决定时，'农民'这一术语的意义才能最充分地体现出来"。勒登甚至觉得，"任何一种南亚语言都没有一个词具有完全相同的文化含义，从而可以精确地译为'农民'。结果，我们完全可以认为'农民'这个范畴在南亚的开始使用是现代性的产物和要素"①。

当然，勒登并未弃用"农民"这个术语。不过，他赋予了这个术语完全不同于农民学的内涵："'农民'这一术语如果用来指涉一般意义上的家庭农场主（family farmers），则是有用的。"但他紧接着补充说，他并不是要遵循 A. 恰亚诺夫的农民家庭农场理论，而是要以此"彰显亲属关系和农场家庭在农业中的作用……复杂的亲属关系网络在很大程度上把中世纪的农业空间组织在世系、部族、种姓（ja-ti）、教派和由婆罗门、刹帝利、吠舍和首陀罗组成的四大礼仪等级（varna）中——其中包括农场主和国王"。与《剑桥印度史》遵循农民学理论模式把印度历史上的农民描述为一个从属于国王的"庶民"阶级不同，勒登认为他所谓的印度历史上的农民或家庭农场主并没有固定的阶级地位，"在许多武装农民拓殖区域，农场家庭进入了地方统治精英的行列"。最后，但并非不重要的一点是，勒登认为："在农牧业和部落化的环境中，家庭耕作是一项集体事业（communal en-terprise），其中包括对流动资源和变动的农场领地的军事控制。"②换言之，在印度的特殊历史场域中，农民并不是一个与婆罗门、刹帝利或国王等非农业阶级相对立的纯粹的农业阶级，他们还可能同时是武士和统治精英。这样，正统印度史学中的农民概念被彻底解构了。

随着农民概念的解构，印度传统农业社会的村社图景也受到质疑和否定。勒登认为国家会利用其权力界定、封闭和规制农业生产的地域单位（territorial units），而且承认从孔雀帝国以来印度历史上的"国家"就在从事这方面的活动，但同时认为"现代史学家们习惯性地强加给南亚这一地区的地域观念来自殖民地时代"③。他说：

---

①　David Ludden, *An Agrarian History of South Asia*, p. 75.
②　David Ludden, *An Agrarian History of South Asia*, pp. 74 – 75.
③　David Ludden, *An Agrarian History of South Asia*, p. 33.

当东印度公司为英国统治确定国家边界时，它也用规范农业地域的土地财产法和税收政策"确定"了耕作地域（farming regions）。到 1815 年，英印政府已决定把村庄作为基本的农业行政单位。在英属印度的疆界内，先驱们把村社作为核心的政治、经济和社会单位。最初，这一举动伴随着诋毁从前的统治者和消除他们的地域踪迹的喧嚣。不过，随着现代关于东方文明的观念的发展，人们积累起证据以证明农民村社在英国统治以前的各个时代经受住了帝国和灾难的冲击而保存了下来。作为意识形态，村庄开始代表农业传统的遗留和农业现代性的行政基石。①

这实际上是说，农村公社并非像正统印度史学的历史学家们所力图证明的那样是印度历史的真实的"大传统"，它不过是现代英国殖民主义统治及其现代性意识形态的产物而已。勒登下面这段话更加清楚地表达了这一点：

现代性发明了文明传统及其中的村庄地域（village territories）。在这种村庄地域中，个体的农民家庭利用他们自己占有的资源耕种他们自己的土地。被称为"印度"的那个地域变成了一种传统，村庄和家庭农场变成了它的基本单位。被称为"印度"的那个文化建构开始建立在下述观念的基础上：自古及今，一种基本的文化逻辑确实在事实上组织着其所有组成（村庄）地域的农业。围绕着这种统一的逻辑是否可以理解为剥削或合意爆发了大量争论，但在南亚所有现代民族地域内，稳定的、传统的农村社会都被看作古老的农业文明的地域，在殖民统治前的数千年里差不多一成不变地存在着。②

在解构农民村社的概念后，勒登也对以农民学为基础的正统印度

---

① David Ludden, *An Agrarian History of South Asia*, pp. 33 - 34.
② David Ludden, *An Agrarian History of South Asia*, p. 34.

农业社会理论中的另一个重要成分——专制君主国进行了解构。如前所述，在正统印度农业社会理论中，印度历史上的印度教王国或君主国被看作整体的农业社会，印度农业社会的历史因而就是这些"国家"的历史（这种观念可恰当地称为"印度农业社会的国家观"）。结果，正像勒登指出的那样，"我们用来撰写农业历史的大部分文献关注的都是国家"①。

　　然而，在勒登看来，"国家"概念对描述印度历史上的农业社会是很不够的，"国家仅仅说明了农业历史的部分内容"，因为在许多世纪里，"农业历史也是在农作环境内和国家制度结构外进行的。它几乎总是以这种或那种方式同国家权威联系在一起，但本质上又植根于农业共同体的日常生活"。结果，王朝扩展成为"农业空间"（agrarian space）。在勒登看来，不是传统的"国家"概念，而是他创立的这个在内涵和外延上都更具包容性的"农业空间"概念——按照他的观点，"农业空间同时是政治的、社会的和文化的"——才能更准确地表达和代表印度历史上的农业社会。②

　　以"中世纪的农业空间"为例，勒登认为它由三个不同部分组成：（1）数百个小型农业疆域（agrarian territories），以永久田野耕作、多样而变动的人口和王朝核心地为特征；（2）山区和平原上数千个分散的农家定居点（scattered settlements of farming families），位于王朝疆域的外围或边境；（3）没有农作或只有临时农作的辽阔的中间地带（interstitial areas），这类地方布满耐旱的灌木林或茂密的热带丛林，盛行部落社会和政体。在这种包括了三重结构的农业空间中，"农业扩张的王朝疆域"构成中心地区，"这种土地具备最好的农业资源禀赋。它是备受珍视的领土，需要实行最严密的内部控制和保护。中世纪国王们致力于控制这类土地，保护他们的人民和繁荣，而这就需要强制和文化权力来灌输对维护农业秩序的原则和价值的高度信仰"。与这种中心地相比，第二种和第三种区域无疑构成了农业

---

① David Ludden, *An Agrarian History of South Asia*, p. 6.
② David Ludden, *An Agrarian History of South Asia*, pp. 6 – 7, 18.

空间的外围地区。随着中心疆域的扩张，这些外围地区会不断遭到侵蚀和吞并，"畜牧制、游牧制和森林中的耕作者越来越被排挤到边缘地带，而许多牧人、猎户、游牧民和部落民也进入农业社会，变成了劳工、耕夫、工匠、饲养工、搬运夫、乳酪商、士兵、商人、武士、巫师和国王"。但这并不意味着这些外围地区是农业空间中微不足道的部分。相反，它们发挥着重要的经济和社会功能，是整个农业空间的有机组成部分："没有从前的外部人的技能、资产和劳动，农业扩张就不能进行，因而对他们的整合是一项重要的社会工程。"①

在勒登看来，这样的农业空间本质上不同于"国家"。按照他自己的定义，"国家是一个具有中心点和权威人物的制度集合"。印度传统农业社会正统图景中的"印度教王国"就是这样来想象的：印度教王国本身是农业社会的中心，其国王则是最高社会权威。然而，在勒登的农业空间和农业疆域理论中，"农业扩张中的权力关系比我们通过将农业世界简单地区分为国家和社会所看到的要复杂。在中世纪的政治经济中，除了国王和农民或王朝和村庄之间的互动外，还有别的因素在起作用。中世纪国家中最重要的社会力量形成了统治者和农夫之间的中间地带。在这个中间地带，地方上显赫家族的族长们结成战略联盟，进而形成王朝疆域"。特别重要的一点是，"这种中世纪的疆域不是由固定边界来定义的，而是由其中的个人交往（individual transactions）来界定的，因而这种交往疆域（transactional territory）只能在界定它的交往体系存续时才能稳固地存在"。按照这种观点，"中世纪王国是由交往网络（networks of transactions）构成的，而不是由那种将在日后确定以税收和司法行政为特征的农业疆域的官僚制度构成的"②。实际上，在《南亚农业史》中，我们熟知的正统印度农业社会理论中的"印度教王国"或"种姓社会"的制度结构——国王、种姓、查提（*jati*）、婆罗门、神庙和贾吉曼尼（*jajmani*）等，都被诠释为这种交往网络的组成部分或形式。但这样一来，所谓的"印

① David Ludden, *An Agrarian History of South Asia*, pp. 72 – 73.
② David Ludden, *An Agrarian History of South Asia*, pp. 41, 84, 86.

度教王国"也就不再是正统印度农业社会理论想象的那种地域国家了：既不是中国历史上的中央集权的官僚制国家，甚至也不是西欧历史上的封建国家。

不过，在勒登的农业空间理论中，种姓制度并不是唯一的维度，甚至也不是最根本的维度。"征服"和"父权制家族"（patriarchy）是另外两个重要维度。关于前者，勒登说："征服殖民在疆域达摩（dharma）①之外十分独立地发挥着它的影响，不过它们共同塑造了［在后来］扩展为农业地区的农业疆域。"关于后者，勒登说："种姓——查提——在瓦尔纳意识形态内界定了家族联盟及阶序的单位和习语，但是父权制家族也超越了种姓，不受达摩的制约。武士国王将零散的和相距遥远的疆域彼此连接起来，而达摩戒律只能把这些广袤疆域的部分地方组织起来。"相较于种姓，父权制家族似乎更重要，因为"遵守着互不兼容的阶序体系的殖民区域间的相互联系无法以任何一方的阶序体系为基础……达摩不能界定这种交往疆域，但父权制家族总是可以在相互关系中代表它们自己的人民。"② 总之，印度传统的农业社会其实就是这样一个由达摩、征服和父权制家族构成的三维农业空间。在勒登看来，只是在进入早期现代后，即从16世纪起，印度农业历史的"现代国家环境"才开始形成。

初看之下，我们或许会把大卫·勒登在《南亚农业史》一书中对印度传统农业社会正统图景所做的这种解构和重构看成是当代历史学家的"独特"贡献。实际上，无论是以《剑桥印度史》和《牛津印度史》为代表的正统印度史学，还是以《新剑桥印度史》为代表的新印度史学，它们所呈现的印度传统农业社会图景都不是各自历史学家们的独特创造。显然，《剑桥印度史》对印度传统农业社会的描述和诠释沿袭了从詹姆斯·米尔、卡尔·马克思、亨利·梅恩、约翰·菲尔、巴登—鲍威尔直至威廉·莫兰等非职业历史学家们的村社主义学术传统，这个学术传统到20世纪中叶就凝结为人类学家们的农民学范式。

---

① 达摩，不是种姓，可意，译为"法"，"法律"，"律法"，在印度史学界中算一个常见术语。

② David Ludden, *An Agrarian History of South Asia*, pp. 88，100，102.

1961 年，美国人类学家克利福德·格尔茨在《农民生活研究：共同体和社会》一文中援引了 A. 克罗伯在《人类学》（1948）一书中确定的农民学的基本概念框架：农民构成了具有"部分文化"的"部分社会"；他们居住在农村，但同市镇相连；他们形成了一个更大分层体系的阶级成分，但在这个体系中远不是支配集团；他们缺少部落群体的孤立、政治独立和自给自足，但他们的地方单位保持着古老的认同和整合，保持着同土地、宗教以及地方风俗和民间艺术的联系。从这个概念框架出发，格尔茨区分了农民学研究的两大路径："共同体"和"社会"，认为前者涉及的是对农民生活的特定样式和直接特性的深入探究，后者涉及的是对农民一般形式和广阔环境的广泛考察。这样，所谓的农民学研究意味着在由农民共同体和农民社会这两个基本参照点构成的参照框架下来审视传统农业社会。格尔茨认为，这个参照框架下的农民学研究有三种"相互关联的维度"，即罗伯特·雷德菲尔德的文化维度、朱利安·斯图尔德的经济维度和卡尔·魏特夫的政治维度。在文化维度下，雷德菲尔德区分了农民的"小传统"和乡绅的"大传统"，考察了这两种文化的互动；在经济维度下，斯图尔德认为作为一种职业的农民同更大社会的关系是用经济术语表示的，特别是他们同市场和外部资本的关系，同地主、官员、商人或雇工的关系；而在政治维度下，魏特夫的研究强调了农民作为被统治者的政治身份，认为农民同外部世界的联系表现在他们对地主、官僚、教士或国王的政治义务上，而这种义务通常暗含于土地占有关系中。①

　　这种在当代人类学中确立起来的农民学范式的一个基本特征就是把农民社会建构为一个不同于部落社会且同后者正相对照的"理想类型"，从而把部落—部族成分完全从农民社会的概念图式中清除出去，尽管在从詹姆斯·米尔、卡尔·马克思、亨利·梅恩和巴登—鲍威尔的学术传统中，部落—部族一直是这些 19 世纪西方经典著作家们所论述的印度传统农业社会的一个重要因素。显然，前述新印度史学对

---

① Clifford Geertz, "Studies in Peasant Life: Community and Society", *Biennial Review of Anthropology*, Vol. 2, 1961, pp. 2 – 4, 13.

正统印度史学的传统农业社会图景的解构和重构不可能建立在这种理论范式的基础之上，它需要一种新的理论范式。

　　和正统印度史学的情形一样，新印度史学对印度传统农业社会的新诠释所依赖的新范式也来自人类学的理论建构。这就是笔者在《从农民学到断裂国家理论——〈新剑桥印度史〉的传统农业社会理论评析》一文中提到的"断裂国家"和"剧场国家"理论。这两种理论分别是由英国人类学家艾登·索撒尔在《阿鲁尔人社会》和美国人类学家克利福德·格尔茨在《尼加拉：19世纪巴厘岛的剧场国家》中提出和阐发的。这两种本质上并无二致的理论模型孕育于二战后西方人类学家对第三世界"传统国家"的结构和运作的探究。① 西方人类学家的这种学术兴趣源于现代西方文化场域中的国家主义观念以及由此而来的对国家问题的持续关注。他们的本意是要提出一种新的国家理论模式。恰如索撒尔在《非洲和亚洲的断裂国家》一文中指出的那样，他提出断裂国家概念本是为了把非洲的阿鲁尔人社会塞进20世纪40年代政治人类学的理论框架，而当时由迈耶·福特斯和E. 埃文斯—普里查德对非洲政治体系所做的比较研究中，"假定的中央集权制国家"（supposedly centralized states）和"无国家断裂宗族体系"（stateless segmentary lineage systems）是仅有的两种理论模型。索撒尔把自己的理论模型建立在奥地利裔人类学家S. F. 纳德尔的国家定义上面，虽然他认为"阿鲁尔人社会并不符合甚至丝毫不接近于（后者）提供的模型"。在索撒尔看来，阿鲁尔人的"断裂国家"可以界定为"一个礼仪主权和政治主权的范围并不一致的国家。前者延伸至一个变动不居的边缘地带，后者则局限于位居中心的核心领地"②。美籍历史学家伯顿·斯坦在他编著的《印度史》中更详细地概括了这种"国家"的特征：第一，存在着许多中心，即政治领

---

① 这方面的研究概况参看［美］格尔兹：《政治的过去，政治的现在：关于人类学之用于理解新国家的手记》，载［美］克利福德·格尔兹《文化的解释》，纳日碧力戈等译，上海人民出版社1999年版，第377—392页。

② Aidan W. Southall, "The Segmentary State in Africa and Asia", *Comparative Studies in Society and History*, Vol. 30, No. 1 (Jan., 1988), p. 52.

地；第二，政治权力和主权彼此分离，某些权力由诸多贵族行使，但完全的国王主权只由一个神化国王行使；第三，所有中心或领地都有独立的行政机构和强制手段；最后，次要的政治中心经常通过仪式承认一个唯一的仪式中心和神化国王。① 因此，阿鲁尔人社会既不是传统政治理论中中央集权的"一元化国家"（unitary state），也不是过去认为的那种非国家的分支宗族体系，而是一种具有中心和边缘二元地域结构、礼仪性和政治性双重权威的中间型国家。

同样，格尔茨的剧场国家理论也是置于对西方经典国家理论的反思中。格尔茨指出，在西方文化的语境中，"国家"（state）这个语素原本至少有三方面内涵：地位、荣耀和治理。然而，晚至16世纪40年代才开始在意大利出现的第三种意义早已成为这个词的主导内涵，以至于"我们对高等权威多重实质的理解变得模糊不清"。他批评"自16世纪以来在西方发展起来的各种关于国家'是'什么的主导观念——某一疆域内的暴力垄断者、统治阶级的执行委员会、民众意志的代理、利益调和的现实工具"都没能适当地描述出它的本质，"权威中那些不能简单地化约为政治生活里面的命令—服从观念的维度就被归入一个由赘疣、诡秘、虚构和矫饰构成的混沌世界"。据此，格尔茨认为西方流行的各种国家观都曲解了政府的威望部门和实务部门之间的关系，误以为"威望部门的职责是服务于实务部门，它们是人为的，多少带有欺诈和虚幻性，用来推进较为现实的统治目标"。无论是关于国家的"巨兽"理论、"大骗子"理论、民粹主义理论，还是关于国家的多元主义理论，都对国家的"符号学面向"视而不见。在格尔茨看来，正是他研究的19世纪印度尼西亚巴厘岛上的"尼加拉"（梵语借词，原意是城镇，在印度尼西亚语中意指"文明"和"国家"等）提供了一个能够揭示西方国家观念偏颇的典型案例。在巴厘人的文化语境中，尼加拉代表了一种截然不同的国家观，"它代表的政体类型是一种地位、荣耀和治理之间的交互作用不仅显著而且事实上得到凸显的政体。我们的公共权力观念所模糊的，正是巴厘

---

① Burton Stein, *A History of India*, Malden: Blackwell Publishing, 1998, p. 20.

人的观念所彰显的；反之亦然。就政治理论而言，关注递降型地位、分散性特权、仪式性水利管理、外族控制的贸易以及宣示型火葬的价值就在于此，在于对国家权力的符号维度的突显。这类研究恢复了我们对炫耀、礼敬和戏剧所具有的秩序化力量的认识"①。格尔茨认为，这是一种"剧场国家"：

> 巴厘人国家的表演性质在其已知的全部历史中都是显而易见的，因为它一直趋向的不是专制（tyranny）……甚至也没有很系统地走向治理（government）……而是走向了排场和典礼，走向了对巴厘文化主要志趣的公开渲染：社会差异和地位荣誉。它是一个剧场国家。其中，王公显贵们是演员，祭司是导演，而农民们是配角、剧务和观众。盛大的火葬、修牙、神庙献祭、朝觐和血祭，动员了成百上千的人和巨额财富，却不是实现政治目的的手段：它们自身就是目的，它们就是国家所追求的。宫廷礼仪是宫廷政治的驱动力，大众仪式不是辅助国家的工具，而是国家——甚至在其最后一搏的时候——举行大众仪式的工具。权力服务于荣耀，而不是荣耀服务于权力。②

对格尔茨来说，他的剧场国家理论只是提供了西方流行的国家理论的替代物。它的价值在于纠正了从西方特殊的历史背景中产生出来的国家观念的"偏颇"，揭示了一般意义上的国家的真正性质。这样，对他来说，他的个案研究的意义在于它显示了作为一个先验研究对象的"国家"的本来面目。同样的话也适用于索撒尔的阿鲁尔人社会研究和断裂国家理论。两者似乎只是旨在分别从政治过程和结构方面矫正或补充以往的国家理论。然而，他们都没有意识到他们在这样做的时候实际上是建构了一种新的国家的理想类型。要准确地理解这种理想类型，我们就不能够局限在政治理论的层面，而必须把视域

① Clifford Geertz, *Negara：The Theatre State in Nineteenth-Century Bali*, Princeton：Princeton University Press, 1980, pp. 121 – 123.

② Clifford Geertz, *Negara：The Theatre Sate in Nineteenth-Century Bali*, p. 13.

扩展到社会经济层面，从而把断裂国家—剧场国家视为一种独特的文明。下面，就让我们透过格尔茨的"剧场国家"审视一下这种类型的文明的独特性。

与近代以来西方世界对国家的主流想象不同，格尔茨的"剧场国家"本质上是一种以血缘群体为社会基础的政治体系。格尔茨说，巴厘人的国家组织所依赖的最重要的制度是"一种不寻常的甚至可能是独特类型的血族系统"，"所有高等种姓成员都被纳入势力和大小各不相同的父系后裔集团。我们或可称之为'宗族'（lineages），只是它们在结构上迥异于普遍存在于现代人类学文献中的那种宗族。"巴厘人通常把这种作为其亲属系统基本单位的"类宗族"称为"达迪亚（dadia）"："在任一特定地区、亚地区或地方，在这方面，乃至整个巴厘，就是这样的达迪亚在竞争权力，进而在掌权后提出对合法权威的礼仪性主张"。"这样，从结构上说，高等种姓的达迪亚（或更准确地说，吠舍或刹帝利种姓的达迪亚）自身本质上就是一个国家，至少是一个初级国家。"①

确实，正是这一点把格尔茨的剧场国家同现代西方人想象的国家从根本上区分开来。对后者来说，国家本质上是一种地缘共同体，而那些血缘共同体（如氏族、部落和部落联盟等）恰恰是这种地缘政治体的对立物。② 因此，尼加拉的政治结构完全不同于近代以来西方人想象的地域国家。它的政治关系是由达迪亚内部建立在父系亲属制和长子继承制基础上的"地位递降模式"决定的。按照这种模式，每个高等种姓的达迪亚分为一个核心宗支和数个边缘或小宗支：前者是由历代君主的长子来代表和延续的，后者则是由历代君主长子以外的儿子们建立的；前者在达迪亚内拥有最高的社会地位和权威，对外代表整个达迪亚，后者则根据它们与当代核心宗主（也是最高君主）

---

① Clifford Geertz, *Negara*: *The Theatre State in Nineteenth-Century Bali*, pp. 27, 28, 32.

② 恩格斯十分有力地表达了这种地域国家观："国家和旧的氏族组织不同的地方，第一点就是它按地区来划分它的国民……这种按照居住地组织国民的办法是一切国家共同的。"（恩格斯：《家庭、私有制和国家的起源》，载《马克思恩格斯全集》第 28 卷，人民出版社 2018 年版，第 199 页。）

血缘关系的远近而占据高低不等的礼仪地位。一个亚宗族所出的宗支愈是古老，它作为一个社会实体形成的时间越早，它相对于其他宗支的地位也就愈低下。由此，巴厘岛上的尼加拉（或王族世系）就表现为一组同心圆，一种由中心和外围宗支构成的巢状结构。①

然而，与这种自上而下组织起来的文化等级不同，如果把它作为一种统治体系、一种命令和服从的结构来审视，它就呈现出完全不同的面貌。在这里，权力从低端向顶端或从边缘向中心聚集。统治权力不是由国王委托给诸侯，诸侯委托给小贵族，小贵族委托给臣民；而是由臣民转让给小贵族，小贵族转让给诸侯，诸侯转让给国王。权力并不是从顶端来分配，而是从低端来集聚的。"这并不是说这种体系是民主的——它当然不是；也不是说它是自由主义的——它更加不是。这只是说，它彻头彻尾、里里外外、自始至终都是联邦式的。"②与这种联邦式政治结构相对应的，是金字塔形的权力结构。③ 尼加拉就存在于这种"摇摇欲坠、变动不居、错综复杂的权力金字塔中"④。对于这种"政治国家"，格尔茨指出：

> 尼加拉不是韦伯所说的标准意义上的官僚国家、封建国家或父权制国家。也就是说，它不是一个按儒教中国或罗马帝国的模式组织起来的功能分化、系统分等的行政结构。它不是一种按照中世纪北欧或明治前日本的模式组织起来的，由领地组织、劳役地租和武士精神支撑起来的契约法律体系。而且，它也不是一种按照倭马亚王朝时期的伊斯兰或大流士时期的波斯方式组织起来的扩大化军事家庭……学者们误以为……尼加拉本质上只是其中这个或那个模式的另一个案例。但一如我们将要看到的，它事实上迥异于上述任何

---

① Clifford Geertz, *Negara：The Theatre Sate in Nineteenth-Century Bali*, pp. 30 – 33, 58.
② Clifford Geertz, *Negara：The Theatre Sate in Nineteenth-Century Bali*, pp. 62 – 63.
③ 索撒尔认为断裂国家的金字塔权力结构迥异于"完全成熟国家"的等级型权力结构：一是其垂直的权力分配是自下而上组织起来的，二是这种权力结构的各层级几乎行使同样的权力。与此相反，一元化国家的权力是自上而下组织起来的，同时某些权力保留在顶层。（参看 Aiden Southall, *Alur Society*, pp. 249 – 252.）
④ Clifford Geertz, *Negara：The Theatre Sate in Nineteenth-Century Bali*, p. 62.

一种模型：一种不完全地施加于一群君侯的礼仪阶序。①

实际上，在我们看来，这种国家不只是不同于任何已知类型的国家，也不只是自身构成了一种独特的国家。毋宁说，它根本就不能纳入现代西方的国家概念。在现代西方的国家概念中，国家是在社会和国家的二元框架下来界定的，它被理解为一种从社会中产生、拥有对内和对外主权的公共权力。尼加拉却完全不是这样。作为"国家"，尼加拉既不统治社会，也不反映社会，甚至也不管理社会。它同社会的关系疏离，同社会的联系发散。尼加拉同社会的经济纽带和政治纽带各自独立，也不协调一致：前者体现在地主—佃农关系中，后者则体现在君侯—政治掮客—臣民关系中。和可以归结为"同时也是领土的领地的集合"的西方封建制不同，尼加拉中的佃农和臣民是两种彼此独立的角色。一个人既可以是某一君侯的臣民，同时又是另一君侯的佃农。在这里，"对土地和人员的控制体现在完全不同和互不协调的制度中"。因此，从政治结构的观点看，君侯及其政治掮客"拥有"臣民的最重要一点在于他们并不是集中在某一地域。也就是说，任何一个特定政治掮客的臣民都不是集中居住在一个村落或一组相邻村落中，他们是散居各处、没有关联的一群人。君侯的臣民绝不构成一个聚居集团。他们不占有任何意义上的村庄政治单位。他们在巴厘岛上拥有的实际政治资源仅仅是"人"②。

这个体系意味着就超地方的政治义务而言，任何一个地方社会的人口都分属于几个君侯和数量通常更多的政治掮客。尼加拉基本的政治单位是"波克兰"（bekelan），即所有那些属于某一政治掮客的人。如果说尼加拉并没有把巴厘的地方社会作为它的统治和管理对象，那么巴厘的各种地方社会事务的管理也没有演变为国家职能。格尔茨说，在巴厘，以地方为基础的政治形式在三个领域扮演着主导角色：（1）对共同体生活的公共面向的调整；（2）灌溉设施的管理；（3）

---

① Clifford Geertz, *Negara*：*The Theatre Sate in Nineteenth-Century Bali*, p. 62.
② Clifford Geertz, *Negara*：*The Theatre Sate in Nineteenth-Century Bali*, pp. 64, 66.

大众仪式的组织。这三种任务分别是由三种独立的社会机构来执行的：小村落、灌溉会社和庙会。围绕着它们聚集了很多非政治的和有着各自重心的组织，这些组织至少偶尔会扮演重要的辅助性政治角色，结果就在巴厘岛的乡村——"德萨"（desa）形成了一种复合的政治秩序。像锁子甲一样，这种政治秩序由相互重叠和连锁却又彼此独立的自治群体构成，几乎覆盖了整个巴厘乡村，而多种多样行政职能的履行就基于这种政治秩序。就像尼加拉一样，德萨也不是单一的有界实体，而是一种由组织、重心和相互关系各异的社会集团构成的广袤场域。格尔茨称之为"多元集体主义"①。

事实上，德萨体系中没有任何一种重要的政治归属在超地方的政治忠诚中具有现实意义。从农民的观点看，他对国家的义务只是他同其领主（通过政治掮客）的事，而不是他所属的德萨同一个无所不包的行政机关的事。尼加拉和德萨是按不同的路线组织起来的，服务于不同的目的。② 一句话，在巴厘，社会和国家表现为彼此分离、近乎独立的两个场域。由此，针对科恩关于巴厘人的王国缺少一个强大政府的评论，格尔茨得出如下结论：

> 整个王国内根本就不存在统一的政府，无论是弱的，还是强的。存在的只是一个由各种通常受到承认的特定要求构成的多纽结网络。③

这大概就是格尔茨对剧场国家得出的最后和最重要的结论了。与农民学范式相比，这个新范式的最惹人注目的特征莫过于它重新恢复了部落—部族成分在传统农业社会图景中的地位。在农民学视域下，印度的传统农业社会表现为一个村社的世界。在这样一个世界中，要么完全没有部落和部族的地位（像威廉·莫兰所理解的那样），部落和部族形成一个位于"农民社会"之外的另一个社会，要么部落和

---

① Clifford Geertz, *Negara*: *The Theatre Sate in Nineteenth-Century Bali*, pp. 47 - 48.
② Clifford Geertz, *Negara*: *The Theatre Sate in Nineteenth-Century Bali*, pp. 64 - 65.
③ Clifford Geertz, *Negara*: *The Theatre Sate in Nineteenth-Century Bali*, p. 68.

部族只占据十分边缘的地位，构成农民社会当中的一个十分次要的成分。但是，在索撒尔和格尔茨的断裂国家—剧场国家范式中，"宗族"（实际上就是部落和部族，它们都是区别于村社这种地方共同体的血缘共同体）却是构成整个社会的基础。因而，当《新剑桥印度史》的作者们力图借用新的人类学范式来诠释印度的传统农业社会时，他们不可避免地会把印度的传统农业社会诠释成一个事实上的部落社会。当然，在他们自己看来，他们只是对正统印度史学所设定的研究对象——"印度（教）文明"进行了新的诠释，就像格尔茨在《尼加拉》一书中对巴厘岛上剧场国家的"深描"显然也就是对被人们誉为"印度教博物馆"的巴厘岛上印度教文明的新诠释一样。当大卫·勒登把印度早期现代以前的传统农业社会诠释为一个多维度的农业空间而不是正统印度史学中的印度教王国时，他在很大程度上不过是把格尔茨对19世纪印度尼西亚巴厘岛上印度教文明的人类学深描搬到了南亚次大陆。在他的笔下，印度的印度教文明呈现出与正统印度史学所描述的那种印度教文明完全不同的社会和政治图景。

实际上，大卫·勒登并不是第一个试图利用人类学提供的新范式重绘印度文明图景的当代职业历史学家。还在1980年，美国的印度史学家伯顿·斯坦就已经试图在他的《中世纪南印度的农民国家和社会》一书中利用索撒尔的断裂国家理论来重绘他所研究的"中世纪南印度"的农业社会图景。[①] 克里斯托弗·贝利认为这本著作的新颖之处就在于它把从前用来描述非洲部落和非定居社会的理论模型用到了对农民社会和存在专门文化阶层的社会的分析上。[②] 在该书中，虽然斯坦将南印度中世纪早期的社会和国家称为"农民社会"（peasant society）和"农民国家"（peasant state），但他认为他所谓的"农民

---

① 新印度史学史中一个有趣的现象是，尽管格尔茨的剧场国家理论直接源于对19世纪巴厘岛上印度教国家和文明（尼加拉）的人类学研究，而索撒尔的断裂国家理论则源于对非洲阿鲁尔人部落社会的人类学研究，但倾向于新印度史学的史学家们似乎更喜欢援引后者的理论模式。这可能和格尔茨所著《尼加拉》一书的风格有关系，除了文字晦涩难懂之外，"深描"的方法也不像索撒尔《阿鲁尔人社会》一书使用的"定义"方法那样便于其他学者引用。

② Burton Stein, *A History of India*, Malden：Blackwell Publishing, 1998, p. 423.

国家" 本质上是 "断裂国家"："在这里，中世纪南印度的国家被视为'断裂国家'。在这种国家里，政治权威和控制在一些至关重要的方面是地方性的。国家构成单位的范围局限于清晰而稳固的族群领地（ethnic territories），其酋长在大多数情况下都是该地方疆域中占统治地位的族群（ethnic groups）的首领或代言人；而且，在南印度或许最独特的一点是，代表了某个地方的各种人群利益的自治体都参与该地方体中的公共事务。"① 对斯坦来说，这种 "农民国家" 当然迥异于正统农民学中典型的国家形态：君主国。实际上，早在 1975 年，斯坦在《中世纪南印度的国家和农业秩序：一项史学史批评》一文中就对著名的南印度史学家尼拉坎塔·萨斯特里（K. A. Nilakanta Sastri, 1892 - 1975）等人将南印度朱罗王国视为强大的中央集权官僚制君主国的 "传统史学" 提出了质疑和批评。②

　　和勒登一样，通过断裂国家模式，伯顿·斯坦事实上也把部落和部族成分重新带进了印度传统农业社会的历史图景。在为 "布莱克威尔世界历史" 丛书撰写的《印度史》一书的导言中，斯坦就同时把 "共同体"（communities）和 "国家"（states）看作印度历史社会环境的基本要素。③ 不仅如此，与国家相比，"共同体" 这个要素被看作印度历史的一个更加基本和重要的要素。在斯坦的印度历史图景中，从公元前 7000 年到公元前 800 年，印度只有共同体而没有国家；从公元前 800 年到公元 300 年，印度的共同体就是国家；从公元 300

---

① Burton Stein, *Peasant State and Society in Medieval South India*, Delhi：Oxford University Press，1980，p. 8.

② Burton Stein, "The State and the Agrarian Order in Medieval South Asia：A Historiographical Critique", in Burton Stein（ed.），*Essays on South India.* Honolulu：The University Press of Hawaii，1975，pp. 64 - 91.

③ 伯顿·斯坦给对他所使用的 "共同体" 概念做了如下说明："这种意义上的'共同体'在其惯常的英语意义上可被同时看作一个群体（people）和一个地方（place），而不是在其有限的意义上被理解为亚种姓或宗教集团。在这个意义上，共同体事关共同的情感和价值观；然而，它也牵涉到对人力和物质资源的共同权利或权益，因而与前现代技术条件下的小地方空间实体特别相关。"（Burton Stein, *A History of India*, p. 20.）在这里，斯坦突出了他所谓的 "共同体" 的地方性，但这并没有让他的共同体概念超越传统的 "部落" 概念，因为正像我们已经在巴登—鲍威尔的印度村社理论里面看到的，部落社会已经产生了疆域的观念。

年到 1700 年，共同体和国家并存，只是到 1700 年以后，"'共同体'的历史概念才从历史上生气勃勃、不断变化的共同体形态蜕变为意识形态的空壳"。在他看来，只是在最后一个时期，印度才真正进入"国家创建的时代"。实际上，按照伯顿·斯坦的观点，早期现代的莫卧儿帝国本质上仍是一个家长制武士国家，同中世纪时期的断裂国家一样建立在共同体的基础上。①

然而，这样一来，伯顿·斯坦和大卫·勒登等当代印度史学者在通过断裂国家—剧场国家理论解构和重构正统印度史学的传统农业社会图景的同时，也对正统印度史学所依赖的现代西方的一般历史观念提出了重大挑战。一方面，在西方的史学传统中，启蒙运动以来的历史想象和叙事与"国家"概念密切联系在一起。国家甚至被看作历史的唯一主体和实体，从而发展出独特的国家史观。在《历史哲学》中，黑格尔对这种史观做出了经典表述：

> 在我们的语言中，"历史"这个词语将其客观和主观方面融为一体，既同等地表示拉丁文中的 *res gestae*［历史］本身和 *historia rerum gestarum*［对历史的记述］；另一方面，它也同样均等地含有"对已发生之事的叙述"和"已发生之事"的意义。这两种意义的结合我们必须看作并非只是出于外在的偶然；我们必须假定，历史叙述是同历史事迹和事件同时出现的。两者共同的内在基本原则同时产生了它们。家族谱牒和部族传说仅代表了对家族和部族的兴趣。从这种状况中产生出来的连贯的事件序列并不是一个值得认真记述的主题；尽管独特的活动或际遇可能引起了记忆（希腊）女神摩涅莫辛涅对它们的眷顾——恰如爱情和宗教感情激起人们的想象，去讴歌尘封在依稀记忆中的冲动一样。然而，正是国家首次提供了一种主题材料，它不仅被编写成历史散文，而且在它自身存在的过程中就包含着这种历史的生产。一个正在谋求稳定存在和将自身提升为一个"国家"的共同体需要

---

① Burton Stein, *A History of India*, pp. 21, 164, 166, 174.

的是正式的命令和法律——全面的和具有普遍约束力的规定，而不是政府方面纯粹主观的——足以应付眼前需要的——敕令；从中产生了对理智的、明确的和——作为前两者结果的——持久的活动和事迹的兴趣和记录；为了国家形成和宪制的长期目标，摩涅莫辛涅不得不将这类往事保存下来。一般说来，像爱情抑或宗教直观及其想象那样的深层情感总是现在和自足的；但表现为合理的法律和习俗的政治体的外部存在却只是一个不完全的现在，没有对于过去的知识就不能完全了解。①

另一方面，国家又被同"定居农业"联系在一起，国家被看成人类定居农业活动的社会产物和同定居农业社会相适应的政治建构。在《法哲学原理》中，黑格尔就认为"把国家的真正开端和最初缔造归之于农业的倡导和婚姻的实施是正确的，因为农业的原则使生地变为熟地，并带来了专属私有制"，而后者（即"婚姻的实施"）也是间接同前者（即"农业的倡导"）联系在一起的："在关于国家创立或至少关于文明社会生活创立的传说中，实施固定的所有制是同实施婚姻制度相联系的。"② 所以，归根结底，是定居农业孕育出了家庭（婚姻）、所有制以及国家等被现代西方社会珍视为"文明"诸要素的基本社会制度。

在《历史研究》中，汤因比进一步把农业同文明的产生联系在一起。③ 在《城市革命》（1950）一文中，著名的澳大利亚裔考古学家戈登·柴尔德也将以城市为标志的古代文明和国家的产生归功于大约五千年前尼罗河、幼发拉底河和底格里斯河以及印度河流域的"灌溉农业"④。与此相对照，部落社会则被看作是蒙昧和野蛮时代的前农

<hr/>

① G. W. F. Hegel, *The Philosophy of History*, Kitchener：Batoche Books, translated by J. Sibree, 2001, pp. 76－77.
② ［德］黑格尔：《法哲学原理》，范扬、张企泰译，商务印书馆1961年版，第185、212页。
③ ［英］汤因比：《历史研究》，刘北成、郭小凌译，上海人民出版社2005年版，第25—29页。
④ ［澳］戈登·柴尔德：《城市革命》，陈洪波译，《都市文化研究》2010年第1期。

业社会形态，应该被排除在国家和文明的历史之外。实际上，"农业—国家—文明"这个三位一体的公式已经成为现代历史学家们想象和解释人类前工业化时代的历史文明和社会的一般参照框架，成为现代历史学的一个基本工作假说。因而，新印度史学在通过断裂国家—剧场国家理论解构和重构印度传统农业社会图景的同时，也给自身提出了一个重大的史学难题：如何在部落社会的视域下重新审视印度早期现代的国家和文明？

　　幸运的是，近年来国际学术界已经开始反思那个早已成为学界常识的"农业—国家—文明"的三位一体公式。在 2017 年出版的《反谷》（*Against the Grain：A Deep History of the Earliest States*，New Haven：Yale University Press，2017）一书中，耶鲁大学政治学教授詹姆斯·斯科特就试图挑战和解构这个现代史学的基本工作假说。在该书前言中，斯科特写道："我们过去几十年的理解取得了令人惊讶的进展，从根本上修改或完全颠覆了我们先前有关美索不达米亚冲积平原和其他地方第一批'文明'的认知。我们认为（至少大多数人如此）植物的栽培和动物的驯化直接促成定居现象和定点农业的产生。事实证明，定居现象在植物栽培和动物驯化出现的很久以前便已存在，而且定居现象和动植物的驯化栽培至少又比农业村落的出现早四千年。通常认为定居现象和城镇的首次出现是灌溉农业和国家体系的结果。事实证明，两者通常都是湿地物产丰富所造成的结果。过去我们一直认为，定居现象和农作直接促成了国家的形成，事实上，国家是在定点农业问世很久之后才出现。人们认为进入农业社会是人类在福祉、营养和休闲方面向前迈出了一大步。最初的情况与此相反，国家以及早期文明往往被比喻为吸引力的磁铁，凭借其奢华、文化和机会吸引人口归附。事实上，早期的国家不得不向外捕捉人口，并且透过半奴役的束缚手段留住其中的大部分，况且其人民常因居住拥挤而受流行病的肆虐。早期的国家是脆弱的、容易崩溃的，但随之而来的'黑暗时代'却反而可能标志着人类福祉的实际改善。最后，有一个强有力的证据表明，生活在国家体系之外的人（即所谓的'野蛮人'）可能比生活在文明社会中之非精英阶层的人在物质上过得更为容易、自由、健康。"据此，在该书导论中，斯科特对过去的知识谱系进行了质疑和批评："关于定居生活以及农业的基本论述在提供其养分的神话消失很久之后仍然遗存下来。从汤玛斯·霍布斯（Thomas Hobbes）到约翰·洛克（John Locke）再到詹巴蒂斯塔·维柯（Giambattista Vico）、路易斯·亨利·摩根（Lewis Henry Morgan）、弗里德里希·恩格斯（Feriedrich Engels）、赫伯特·斯宾塞（Herbert Spencer）、奥斯瓦尔德·斯宾格勒（Oswald Spengler）以及社会达尔文主义者对于一般社会进化的论述，从渔猎采集到游牧再到农业（从游群到村庄到城镇再到城市）的进步顺序已是广受采纳的理论。如此的观点几乎重现了尤利乌斯·凯撒（Julius Caesar）眼中'从家庭到亲族到部族到人民再到国家（一群生活在法律之下的人）'进化模式……这类记录文明发展进程的论述尽管在细节上有所差别，但大多数都由学校教育行礼如仪地传播出去，并且深深烙印在全世界男女学童的脑海中……事实证明，一旦和已积累起来的考古证据对照，大部分可被我们称之为'传统标准论述'的东西都站不住脚。"对于他自己所谓的这种"传统标准论述"，斯科特提出了"让国家回到真实定位"的主张："我所了解的事实是：一部公允的人类史会将国家置于一个较平凡的位置上，派给它一个比平常轻一些的角色。"[1] 诚然，詹姆斯·斯科特是否会真正打破现代西方史学中的国家中心主义传统并不是确定无疑的，但他对农业、国家形成和文明问题的最新探讨至少为我们跳出以往农业主义的狭隘视域探讨国家和文明问题提供了重要的参照和启迪。

---

[1]　［美］詹姆斯·斯科特：《反谷》，翁德明译，麦田出版社2019年版，第13—14、28—30、33页。

# 第二章

## 莫卧儿帝国的迷思：从中世纪晚期帝国到早期现代国家

我们在第一章已经表明，对早期现代印度农业社会的探讨是不能将其同对这一时期印度国家和文明的解析分离开来的。在现代的人文社会科学知识谱系中，农业、社会、文明和国家这四者已经构成一个相互连接的复杂综合体。对早期现代农业社会的完整和深入解析离不开对它的文明和国家环境的分析，反过来，对早期现代印度文明和国家的分析也会丰富和加深我们对这一时期印度农业社会本身的理解。

然而，当我们的视域从狭隘的农业社会本身转向更广阔的国家和文明领域时，我们将很快发现与对早期现代印度传统农业社会的理解相比，对这一时期印度国家和文明的诠释呈现出来的是一幅更加复杂多变、光怪陆离甚至自相矛盾的画面。就此而言，在《不列颠百科全书》中，穆扎法尔·阿拉姆对"莫卧儿统治的重要性"的论述可以说为我们提供了一个最切近也最有说服力的实例。

自然，阿拉姆承认早期现代的莫卧儿帝国是印度历史上的一个伟大国家："莫卧儿帝国在其鼎盛时期控制了印度历史上空前巨大的资源，占据了几乎整个次大陆。从1556—1707年，也就是在其神话般的财富和荣耀臻于顶点的时期，莫卧儿帝国是一个相当高效和中央集权的组织，拥有一个庞大的人员、货币和信息库，专门供皇帝和他的贵族们支配。"一方面，在他看来，莫卧儿帝国的这种"伟大"在很大程度上是由于这个帝国同外部世界的密切联系和交往："那个时期帝国的扩张在很大程度上可以归功于印度同外部世界日益增长的商业和文化联系。16 和 17 世纪见证了欧洲和非欧洲贸易组织在次大陆的创建。这些组织主要是为了购买印度的物品以满足海外的需要。印度各区域借助改进了的陆上和沿海贸易网络而彼此拉近了距离，从而大大增加了（印度）国内的贵金属存量。伴随着同更广阔世界的联系的扩大而来的是新的意识形态和技术，它们既挑战也巩固了帝国的大厦。"但另一方面，这并没有妨碍阿拉姆把莫卧儿帝国看成是一个纯粹的印度帝国。他写道："然而，这个帝国本身只是一个纯粹的印度历史现象。莫卧儿文化将波斯—伊斯兰的要素和区域性的印度要素糅合为一个独特而多样的整体。尽管到 18 世纪早期这些区域已开始重申它们的独立地位，但莫卧儿人的利益和理念比帝国中央政府存在得更久。事实上，帝国的中心开始受到这些区域的影响。这样，莫卧儿帝国大约在其最初的两个世纪（1526—1748）里的轨迹提供了印度次大陆上一个前现代国家建设的令人着迷的实例。"①

我们不难看出，阿拉姆对莫卧儿帝国的这两种看法之间并非协调一致：虽然莫卧儿帝国的疆域差不多完全位于南亚次大陆（印度），但这样一个其"成功"和"伟大"在很大程度上依赖于同外部世界联系的帝国如何能够仅仅被视为一个"印度历史现象"呢？然而，出现在当今世界上最闻名也最权威的《不列颠百科全书》中的这个看似自相矛盾的观点不过是反映了现代西方知识界对莫卧儿帝国的传统意象。事实上，从一开始，现代西方知识界对莫卧儿帝国的认识就充满了冲突和张力。这一事实也有力地提醒我们，要真正理解早期现代印度农业社会的国家和文明环境，就需要对莫卧儿帝国做一个详尽的知识考古。

---

① Muzaffar Alam, "The significance of Mughal rule", in "India", *Encyclopædia Britannica*, Ultimate Reference Suite. Chicago: Encyclopædia Britannica, 2020.

# 第一节　莫卧儿帝国的正统意象：中世纪国家的黄昏？

詹姆斯·米尔除了在《英属印度史》中对印度的传统农业社会做了经典的深描，也在同一部著作中对印度早期现代的莫卧儿帝国做了堪称经典的阐释。他认为这一时期的印度存在着两大种族：一种可称为"印度教种族"（Hindu race），另一种则可称为"穆罕默德教种族"（Mahomedan race）。他把前者看作印度的原住民，而把在人口上占少数的后者视为"后来的入侵者"①。在这样一种区别下，作为"印度斯坦最后一个穆罕默德教王朝"的莫卧儿人（Moguls）②的国家似乎可以被视为一个外来的军事征服帝国。然而，多少会让人感到意外的是，米尔认为我们不能把莫卧儿人建立的帝国当作一个外来的军事征服帝国，而应将其视为印度的"本土政府"。他说：

> 由于印度并不是被莫卧儿人当作一个独立的行省、仅仅根据其对另一个国家可能的益处来治理的——这是外来征服的真正含义——而是变成了莫卧儿政府唯一的驻地和唯一的疆域，这个政府因而发现它的利益是同印度的利益密切结合在一起的，就像一个专制政府的利益是有可能和它的人民的利益融为一体的一样，莫卧儿政府——无论从利益还是从由此产生的行为方面看——都不是一个外来的，而是一个本土的政府。③

---

① James Mill, *The History of British India* (Vol.1), London: Baldwin, Cradock and Joy, 1817, p.90.

② 外文文献中"莫卧儿"（Mogul / Moghul / Mughal）的称呼源于阿拉伯和波斯语中的"Mongol"（蒙古）一词，意在强调莫卧儿帝国（1526—1720）与蒙古帝国的历史渊源：莫卧儿帝国的创建者巴布尔（1483—1530）的父系祖先为14世纪创建了帖木儿帝国的跛子帖木儿（1336—1405）。"莫卧儿"这个名称直到19世纪才变得流行起来，而莫卧儿帝国的同时代人一般称该帝国为"帖木儿帝国"，莫卧儿人则自称"古尔卡尼"（Gurkani，意为"女婿"，意在表明莫卧儿王朝同成吉思汗家族的血缘关系）。不过，莫卧儿帝国在文化上却是波斯化的。

③ James Mill, *The History of British India* (Vol.1), p.628.

不仅如此，米尔还认为在这样一个外来的"本土政府"的治理下，印度人的"人文状况"得到了很大的提高。接下去，他写道：

> 当研究者考虑到这些情况，不用经过任何长时间的争辩，他们就会同意，印度的人文状况在从一个印度教的政府过渡到一个穆罕默德教政府后得到了改善，而且是极大的改善。在这一点上，不用去考虑细枝末节，我们业已看到的印度教政府治下的人文状况，譬如马拉塔人的、尼泊尔人的和海德尔·阿里之前迈索尔的，乃至特拉凡特朗的，都提供了十分令人信服的证据。穆罕默德教种族统治公认的缺点尽管很多很多，但绝不能同普遍存在于印度教徒政府中的那些缺点相提并论。①

在米尔看来，这一点之所以可能，是因为莫卧儿帝国代表了一种比"印度文明"更高级的异域文明："波斯文明"（Persian civilization）。可能与我们的一般想象不同，米尔认为在历史上，亚洲西部地区的各民族——波斯人、阿拉伯人、甚或突厥人——要比位于他们之外的东方各民族拥有更高的智力，较少染有粗野社会中的荒诞不经和弱点，"事实上，（他们）达到的文明程度要略高于地球上那个区域的所有其他民族"。而"在印度斯坦建立起他们的统治的穆罕默德教徒就主要来自那一广袤地域的东部各地，这些地方位于鼎盛时代的波斯帝国的疆界内"。"辽阔的波斯帝国的这些东方行省——巴克特里亚、河中（Transoxiana）及其周边地区，在那些在印度斯坦建立起穆罕默德教统治的民族形成的时代，所获致的文明生活明显高于而非逊于那个帝国的其他部分。巴尔克（Balk）的语言被看作是最优雅的波斯语方言；根据穆罕默德教徒的看法，当上帝对环绕在他的御座周围的小天使们柔声细语之时，这就是他所使用的语言……在成吉思汗的直接继承者们统治时期，巴尔克是那样伟大，以至于它被命名为'伊

---

① James Mill, *The History of British India*（Vol. 1），p. 628.

斯兰之都'（Kobbat al Islâm）。布哈拉（Bokhara）是东方最伟大的学术重镇之一。来自各地的学者们齐聚颇负盛名的布哈拉大学。"而在米尔看来，"不可否认的是，作为印度斯坦最后一个穆罕默德教王朝的莫卧儿人远在他们试图征服印度以前已经在河中地区和波斯停留了足够长的时间，从而获得了这两个地区的所有文明。波斯语是他们使用的语言，波斯的法律和波斯的宗教是他们倡导的法律和宗教，他们痴迷的是波斯文学。当他们在印度斯坦扎根时，他们是带着波斯艺术和知识的全部恩典而来的。"① 不仅如此，米尔甚至认为这些莫卧儿人在来到这些西方地区前就已经不完全是野蛮的了：

> 有充足的证据证明他们已经使用文字，他们拥有他们自己的字母。这些文字并不是中国人的那种晦涩难懂的文字，而是如同罗马人的文字那样精巧和简洁。他们接近亚洲最开化民族的心智的程度不仅从那种使他们能够实现征服的联合行动力量上，而且在他们管制他们后来进入的中国以及波斯和河中的政府的技能上得到了充分的证明。看来，那几个地区的政府并没有在任何方面比成吉思汗的直系后裔们的政府运转得更加娴熟。在他们开始征服时，莫卧儿人已经完全准备好在文明阶梯上更上一层楼，以至于无论是在中国还是在波斯，他们都极其迅速地融入了他们所碰到的那些更开化的民族。②

简言之，莫卧儿人在征服印度之前已经在中亚和西亚地区习得了一种与印度文明完全不同的异域文明。我们或许可以称之为"伊斯兰化的波斯文明"。就此而言，我们似乎可以说，如果我们像詹姆斯·米尔那样把莫卧儿帝国看作一个印度本土国家的话，那么，莫卧儿帝国显然就代表着印度文明历史的断裂，或者说"传统的转换"：从穆斯林时代之前的印度教传统转变为穆斯林—莫卧儿时代的伊斯兰—波

① James Mill, *The History of British India* (Vol. 1), pp. 625 – 627.
② James Mill, *The History of British India* (Vol. 1), p. 626.

斯传统。当然，这一点并不是米尔本人想要考察的问题。对米尔来说，重要的问题是：在穆斯林的异域文明的统治下，印度人（印度教徒）的文明是得到了提升，还是受到了损害？对于这个问题，米尔还在考察印度教文明时已经断言："与那些肯定印度人在臣服于外族前享有高度文明的人为了坚持他们的观点而提出的论据截然相反的是，无论哪里的印度人被发现未曾遭受外族的统治，他们的文明状态就显得——而且毫无例外——低于那些长久处在穆斯林王权统治下的印度人。"①

　　实际上，在米尔看来，莫卧儿帝国代表的波斯文明几乎在各方面都优越于它统治下的印度传统的本土文明。首先，就社会分层结构来说，米尔认为"在这个极其重要的方面，与印度教徒的状况相比，穆罕默德教徒的状况具有无与伦比的优越性。穆罕默德教徒之间没有种姓制度，而那种制度比任何其他从任性和自私的膨胀中产生出来的制度都更有害于人性的健康。在东方的穆罕默德教专制下，差不多和在共和国一样，所有人都得到平等的对待。没有贵族，没有特权阶级。在法律上，没有世袭财产，因为国王是他所有臣民的继承人。唯一造成差别的东西是官职，即行使部分政府权力的（权利）。就官职而言，没有垄断阶级。"其次，在法律方面，米尔一方面认为"同任何一种尽善尽美的高标准相比，由莫卧儿人引入印度的穆罕默德教法律确实是有缺憾的"，但另一方面又认为"如果是与任何一种现存的（法律）体系——如罗马法或英格兰法做比较，那么，你就会发现它的缺点并不像那些熟悉这些法系、却受到庸众喧嚣误导的人习惯性相信的那样显著。"特别是在民法领域，也就是当时西方社会倍加珍视的个人权利的保护领域，米尔认为穆罕默德教法同欧洲的法律体系大致处在同一水平上："在给予个人权利严格而精确的定义方面，三种法系——罗马的、英格兰的和穆罕默德教的——大体处在同一水平上。定义的完备性似乎就是一个十分先进的文明阶段所要求实现的法治的尽善尽美。"与欧洲传统的、口头的和不成文的民法相比，"穆

--------

① James Mill, *The History of British India* (Vol. 1), p. 461.

罕默德教法的形态，就像它们当中最好的一些摘编——如《赫达亚》（*Hedaya*）——向我们显示的，并没有那么粗陋和野蛮"。不过，米尔在肯定伊斯兰教法在民法方面接近欧洲法系时，却认为在刑法方面，伊斯兰教法更接近印度教法，而非欧洲的刑法。两者都采用了属于"野蛮时代"的"报复"（*retaliation*）原则，即所谓的"以眼还眼，以牙还牙"。此外，在宗教、礼仪、艺术和文学等领域，米尔认为莫卧儿帝国的波斯文明也差不多全面优越于印度文明。印度人似乎仅仅在部分文学领域中才有不错的表现，米尔不无讽刺地写道："印度文学中能够让印度文明的景仰者唤起人们一点敬意的仅有的分支是数学和诗歌。"①

然而，在至关重要的政治领域，米尔认为波斯文明和印度文明拥有相同的"政府形式"，即我们熟知的"东方专制主义"（Oriental despotism）。他说："在东方专制主义的简单性中，没有为（政府）形式的多样性留下很大空间。"虽然同属专制政体，米尔还是认为莫卧儿帝国的政体比印度人的政体先进："一些情形在极大程度上将穆罕默德教徒中间的政府形态同印度人中间的政府形态区别开来，而所有这些情形都是有利于前者的。"在他看来，与印度政体相比，莫卧儿政府制度似乎显得更加发达、正规和合理，而不像印度政府机构那样完全以个人统治为基础："在穆罕默德教君主的统治下，政府职能会常规性地配置给某些固定的常设职司——维吉尔（Vizir）、巴克什（Bukshee）以及大埃米尔（Ameer al Omrah）等等。在印度教君主统治下，所有事情似乎都是乱糟糟地混合在一起。君主借助一个由婆罗门组成的咨议会进行治理，而这些婆罗门行使政府权力并非根据确定的规则，而是都希望凭借诡计或声望获得超过他人的地位。在这种情况下，普遍的自然结局就是某个个人获得压倒性的影响，而把其他人仅仅作为工具来使用。这个人就凭借声望成为宰相，即马拉塔人所称的'佩什瓦'（peshwa）。在婆罗门咨议会不是一个常设机构的地方，

---

① James Mill, *The History of British India*（Vol. 1），pp. 628 – 629, 636, 637 – 638, 639, 647.

君主就挑选一位大臣，即他的全部权力的受托人。他行使他的哪些方面的权力无章可循，也不大受当前习俗的影响。"① 一言以蔽之，印度教政府完全以个人统治为基础，而没有合理的客观的国家制度的发展。②

不仅如此，在印度教政体中，米尔认为宗教完全没有提供一种制约个人统治的力量："现在，在印度教的政府体系下，祭司们的权力是如此完全地同君权结合在一起，以致君主的权力几乎完全转到祭司们手中。由于他们自己能够在很大程度上分享滥用君权的利益，他们就没有动机去制约（君主），反而会千方百计地支持（君主）。因而，对印度教君主统治下的恶政来说，我们无从发现任何来自宗教的反对的迹象。"穆罕默德教政体则与此有所不同，米尔写道："在穆罕默德教君主统治下，教会和国家的联合则不那么完全。的确，哈里发既是首席行政官，也是首席祭司。在其他情况下，在穆罕默德君主治下，祭司们只拥有很小的政治权力。除了在一些既成风俗的事务上——这些事务自身不会在整体上改善人民的状况，他们从来就没有足够的影响力，也明显没有意愿去保护人民免受君主权力的肆意侵害。在这方面，他们还是不同于印度的僧侣制度，而这种差别是重要的，亦即他们并没有同那些滥用君权的人结盟，没有向他们提供护佑。"用现代的社会科学术语来说，在印度教政体下，国家和宗教没有实现分离，而在穆罕默德教政体

①　James Mill, *The History of British India* (Vol. 1), pp. 629 - 630.

②　有必要指出的是，一谈到"专制主义"，我们或许会习惯性地把它混同于君主政体，甚至简单地将其视为现代极权主义政体的历史版本。其实，西方学术论域中的"专制主义"不仅同现代极权主义，而且同历史上的君主政体都有着根本的不同。早在《论法的精神》中，孟德斯鸠已经区分了三种政体：共和政体、君主政体和专制政体。他给这三种政体做了如下的定义："共和政体是全体人民或仅仅一部分人民握有最高权力的政体；君主政体是由单独一个人执政，不过遵照固定的和确立了的法律；专制政体既无法律又无规章，由单独一个人按照一己的意志与反复无常的性情领导一切。"（［法］孟德斯鸠：《论法的精神》上册，张雁深译，商务印书馆 1961 年版，第 9 页）在对印度教专制政体的诠释中，米尔显然延续了孟德斯鸠的诠释，强调这种政府形式的个人统治性质："和亚细亚模式一致，在印度人中，政府是君主制的（monarchical），而且除了宗教及其祭司这个通常的例外，也还是绝对性的。所有与个人意志不同的统治体系的观念，看来都不曾进入他们或他们的立法者的头脑。"［James Mill, *The History of British India* (Vol. 1), p. 175.］也就是说，与共和政体和君主政体都不同，专制主义排斥任何真正的客观的国家制度的发展。可以说，在盛行专制主义的地方，实际上并不存在真正的国家。我们经常忽略了"专制主义"的这一内涵。

下，宗教和国家已经表现为两个分立的社会领域。对于深受启蒙主义影响的米尔来说，这种区别当然是重要的，因为它意味着穆斯林政体更符合西欧的世俗主义潮流，因而莫卧儿帝国的伊斯兰文明也更接近"先进的"西方文明。不过，在重要的一点上，米尔却认为莫卧儿的政体延续了印度的传统，即赋税的领域："在很大程度上，穆罕默德教徒遵循了印度教徒本土政府建立起来的税收方略。税收的主要来源是君主从土地总产品中征收的那一部分。阿克巴皇帝由于史无前例地在那项主要事务上改进了征收细节而声名卓著。"①

　　这样，我们看到了，在米尔对莫卧儿帝国所作的经典诠释中，莫卧儿帝国虽然被看作一个印度本土国家，并且在某些重要的方面继承了印度本土传统，但总的来说，还是被看作一个与印度本土文明不同的异域文明：伊斯兰—波斯文明复合体。可能也正是因为如此，黑格尔在《历史哲学》中叙述印度文明的历史时并没有提到在当时的西方世界看来一定很重要也很熟悉的莫卧儿帝国的历史。不仅如此，与米尔没有刻意关注莫卧儿帝国的波斯文明属性和伊斯兰宗教认同之间的关系以及两者之间可能存在的张力（或许在米尔看来，这两者之间并没有什么分别和矛盾）形成鲜明对照的是，黑格尔在《历史哲学》中径直把波斯文明和伊斯兰教诠释成两种完全不同的历史传统。

　　在黑格尔看来，无论从种族归属上来说，还是从民族性格上来说，波斯文明都是东方世界中最接近西方文明的亚洲文明。他说："亚细亚洲分为两部——近亚细亚和远亚细亚，这两部分本质上是不同的。一方面，中国和印度——这两个远亚细亚大民族，已经讨论过了——属于严格的亚细亚种，就是蒙古利亚种，因此具有特殊的、和我们大不相同的性格；另一方面，近亚细亚各民族属于高加索种，那就是说，欧罗巴人种。他们和西方有关系，那些远亚细亚民族却是完全孤立的。因此，欧罗巴人从波斯入印度时，便看到一番惊人的对照。当他在波斯，他还多少有点故乡的感觉，他所接触的欧罗巴心性，人类的伦常和人类的热情；等到他跨过了印度河，在印度境内，

---

① James Mill, *The History of British India* (Vol. 1), pp. 630, 644.

他立即遇到最高度的矛盾，这种矛盾浸渍着社会上每一个形态。"①
黑格尔认为，波斯作为一种文明代表了历史帝国的传统：

> 波斯帝国是一个合于现代意义的帝国——与日耳曼以前的帝
> 国和拿破仑权威之下的大领域颇相仿佛；因为它是由多数邦国所
> 构成，各邦虽然没有独立自主，但是都保留着它们自己的特性、
> 风俗和法律。各项通行律令，对于它们一概都有拘束力，但是并
> 不损害它们的政治的和社会的特性，并且保护它们、维持它们，
> 因此构成全体的各国都有它自己宪法的形式。因为"光明"既然
> 烛照万物——给每个对象一种特殊的生机——所以波斯帝国的统
> 治伸张到了许多邦国，给了每个邦国特殊的性格。有些邦国甚至
> 有它们自己的国王；同时每一国都有它的明显的语言文字、军
> 备、生活方式和风俗礼制。这一切的参差不同都在"光明"公正
> 廉明的统治下和合无间地并存不悖。②

这种"历史帝国"的传统被认为断然有别于中国这样的"自然帝
国"的传统："从波斯帝国起，我们开始走上历史的联系。波斯人是第
一个历史的民族；波斯帝国是第一个逝去的帝国。中国和印度始终是静
止着，保持了一种自然的、草木的生存一直到现在，同时波斯却经历了
为历史状态所独有的那些发展和转变。中国和印度能够走进历史联系中
间，只因为它们自己的关系和我们研究的原故……发展的原则和波斯历
史一同开始。"③ 在黑格尔看来，这个波斯帝国的世界特别是其中的埃
及还构成了"东方世界"向"希腊世界"的过渡。真正的世界历史由
此发端。换言之，现代西方文明的源头可以追溯到波斯帝国时代的波斯
文明，虽然这个帝国作为一个历史帝国已经消逝了。

　　然而，在古代波斯帝国疆域内形成的伊斯兰教（和米尔一样，黑
格尔也根据其创始人的名字称其为"穆罕默德教"）却被黑格尔涂上

---

① ［德］黑格尔：《历史哲学》，王造时译，上海书店出版社1999年版，第178页。
② ［德］黑格尔：《历史哲学》，第193页。
③ ［德］黑格尔：《历史哲学》，第178—179页。

了完全不同的色彩。如果说在黑格尔的眼中波斯文明和现代西方文明结有一种肯定的关系，那么，在这位现代西方古典哲学家看来，伊斯兰教则同西方世界处在一种完全否定的历史关系中。在叙述"基督教日耳曼世界"（黑格尔对早期西方世界和文明的称呼）的形成时，黑格尔把它同大致在同一时期形成的东方的"穆罕默德教"置于完全对立的地位上。他说：

> 在一方面我们但见欧洲世界正在重新自己形成自己——各民族在那里作根深蒂固的生长，造成一个具有自由的现实的世界，在各方面都扩张和发达起来。我们但见这些民族对于他们的工作，一开始便将一切关系用一种特殊的方式来决定——他们用黯淡和狭窄的知觉，将一切在本性上原来是普通的正常的东西，分裂为无数的偶然的依赖性：使那应该是简单的原则和法律，变为一个错综复杂的联系。简单地说，西方既然开始躲避在机会、纠纷和特殊性的一种政治建筑里，世界上必然地有恰好相反对的方向出现，使精神表现的总体可以均衡。这便是东方的革命，毁灭了一切特殊性和依赖性，完全肃清了和纯粹化了心灵；使那个抽象的"唯一"成为绝对的对象，并且在同等程度上，成为纯粹的主观的意识——对于这个"唯一"，这个单独的现实目的的认识；使那无关系的成为生存的关系。①

在黑格尔看来，这种崇拜"唯一"（即伊斯兰教徒崇拜的真神"安拉"）并把这种崇拜当作唯一目的的宗教就是"穆罕默德教"：

> 对于"唯一"的崇拜就是穆罕默德教的唯一的、最后的目的，主观性就是以这种崇拜做它的专一职务，连带地企图要克服世俗性，使它隶属于"唯一"之下。这个"唯一"固然具有"精神"的特性；然而因为主观性容许它自己为对象所吸收，这

---

① ［德］黑格尔：《历史哲学》，第367页。

个"唯一"就被剥夺了一切具体的属性；所以主观性自己没有变为自己精神上的自由，同时它所尊崇的那个对象也没有变为具体的对象。不过穆罕默德教并不是印度那种，并不是"僧院派"那种沉溺于"绝对的东西"之中的。这里的主观性是生动的、无限制的——这是一种活动，它走进世俗的东西去否定它，并且用这种方式去影响和调解，为的是好使"唯一"的纯粹崇拜得以促进。穆罕默德教崇拜的对象是纯粹智力的；它不容许有阿拉的任何偶像或者表象。穆罕默德是一位预言家，但是仍然是人类——没有摆脱人类的种种弱点。穆罕默德教义的要点如次——就是在现实生存中，任何一切都不会变成固定的，相反地，任何一切都注定要在广大无边的世界里，在行动和生活中扩展自己，因此，"唯一"的崇拜是全体得以结合的唯一的联系。在这种扩展中，这种活动的精力中，一切限制、一切国家的畛域、阶层的区别，都要消失；任何特殊的种族、出生的门第、产业的占有，都被漠视无睹——只有人被看作是信徒。要崇奉"唯一"，要信仰"唯一"，要斋戒——要消除肉体上的特殊感觉——并且要施舍——这就是要解脱特有、私有的产业——这一切便是穆罕默德教教条的精义所在；至于最高功德便是要为信仰而死。凡是为穆罕默德教而战死的人，必然可以升入"天堂"。[①]

我们不难看出，黑格尔描述的这种"穆罕默德教"同他自己所描述的波斯文明的宗教——琐罗亚斯德教可以说是一脉相承，两者之间有着显著的相似性：在琐罗亚斯德教中，与"唯一"相对应的是"光明"，与唯一神安拉相对应的则是光明之神"奥马兹德"（Ormazd）。因而，并非偶然的是，这两种宗教孕育出了共同的国家形式：帝国。或许，我们可以说在欧洲中古时代和伊斯兰教的形成和传播一同建立起来的阿拉伯帝国其实就是欧洲古代波斯帝国的翻版。实际上，这两个帝国的内部政治结构也的确是高度一致的。

---

① ［德］黑格尔：《历史哲学》，第368—369页。

关于波斯帝国，黑格尔曾这样写道：

> 波斯民族——一个自由的山地上的游牧民族——虽然统治着比较富足、文明和肥沃的土地，在大体上却仍然保留着他们古老生活方式的根本特质。他们一只脚踏在祖宗的故土上，另一只脚踏在被他们攻取的外国。波斯国王在他的祖国里是许多朋友中的一位朋友，周围的人们仿佛都和他平等。一出了祖国，他便是最高的主宰，人人都是他的臣民，都得献纳贡物来表示服从。波斯人笃守着赠达宗教，敬奉虔诚，对于"奥马兹德"作最纯洁的崇拜。历代国王的坟墓都在波斯本土，国王有时到那里去访问故人，他们和他的生活关系简单到了极点。他带了礼物给这些亲老故旧，同时其他一切民族却不得不进奉礼品给他。①

对于穆罕默德教的阿拉伯帝国，黑格尔也做出了十分相似的描述：

> 谁信仰了穆罕默德教，谁就取得了和一切穆斯林完全平等的各项权利。谁不肯信仰伊斯兰教，在起初的时期内，是要遭到屠杀的，但是后来阿剌伯人对于被征服的人便比较宽容得多，假如他们不愿信奉伊斯兰教，他们只须每年纳付一笔人头税，就可以无事。
>
> ……
>
> 教主起初仍然把沙漠中阿剌伯人所特有的那种简单朴质的性质保持下来（教主阿布培克特别以简单朴质著名），这种性质不承认地位和教育上的分别。就是最卑贱的萨拉森人，最卑微的老丑妇人，都可以和教主分庭抗礼。没有反省的天真并不需要什么文化；同时每个人因为他的"精神"是自由的，都和统治者站在

---

① ［德］黑格尔：《历史哲学》，第194—195页。

平等的地位。①

由此，我们似乎可以得出一个结论：中古时代的伊斯兰文明和古代的波斯文明实际上拥有同一个传统，即军事征服帝国的传统。然而，黑格尔本人并不这样认为。正像前面已经提到的，在黑格尔的历史话语体系中，"穆罕默德教"乃是作为同一时代正在形成的西方文明世界的对立面发展起来的。与正在形成的"自由"而多元的西方基督教世界不同，穆罕默德教的宗教原则被规定为"宗教狂热"。黑格尔说："抽象观念支配着穆罕默德教徒的心胸。他们的目标是要建立一个抽象的崇拜，他们以最大的热忱，为完成这个目标而奋斗。这样的热忱可以称为'狂热'，这是对一个抽象的东西的狂热——对一种抽象的思想的狂热：这种抽象的思想对已经成立的现状处于否定的地位。狂热的本质是，和具体的东西仅结合了一种破坏的、毁灭的关系，但是穆罕默德教的宗教狂热同时又有达到最大崇高的能力——这是解脱了一切琐屑利益的一种崇高，并且结合了同宽大和勇武相连的种种德行。宗教和恐怖便是阿剌伯人的原则，就像自由和恐怖乃是罗伯斯庇尔的原则一样。"② 大概正是在这个意义上，历史上的穆斯林及其通过军事征服建立起来的国家被西方学者称为"宗教共同体"③。

我们知道，黑格尔生活在西欧的启蒙时代，他的思想和观念也必

---

① ［德］黑格尔：《历史哲学》，第369、371页。

② ［德］黑格尔：《历史哲学》，第369—370页。

③ 在《西方的没落》中，斯宾格勒把这样的宗教共同体称为"枚斋（Magian）民族"（"枚斋"意为魔术师或祭司，指古波斯拜火教僧侣）。在他看来，这种类型的民族既不同于希腊—罗马的"古典民族"，也不同于西方的"浮士德型民族"："一个枚斋类型的民族是同信仰者的团体，这群人都知道救世的正确道路，在精神上他们彼此之间是被这种信仰的金议原则所连结起来的。人们由于具有公民权而属于一个古典的民族，但由于履行神圣的行动而属于一个枚斋的民族……非信徒之于枚斋民族犹像异邦人之于古典民族一样——不跟他来往，不跟他发生婚姻关系——这种民族隔离很厉害……浮士德型的民族，虽则必然地同一种特定的信仰有关，但不与特定的忏悔有关；古典民族在类型上不排斥对不同祀拜的关系；但枚斋民族不多不少地只包括这一枚斋教会的或那一枚斋教会的观念所包括的。在精神上，古典民族是和城市相连系的，西方民族是和景色（landscape）相连系的，但阿拉伯民族既不知有祖国，也不知有国语。在外表上，它的特殊世界观只在每个这类民族诞生时立即发展的特有文字中表现出来。"对我们来说，重要的是要明白在世界历史（转下页）

然反映着启蒙主义的时代精神。而在启蒙主义的文化氛围中，"世俗主义"被普遍视为一项基本的社会原则，而"世俗化"也被普遍视为当时西欧社会正在实现的一个重大社会进步：经过宗教改革运动的洗礼，西欧社会正从中世纪基督教统治下的宗教社会转变为一个现代的世俗的国家社会。如果我们考虑到这一特殊的时代文化背景，那么，黑格尔将伊斯兰教的本质规定为"宗教狂热"的历史涵义就是十分清楚的了：如同中世纪的西欧基督教社会是一个前现代的宗教社会一样，东方的伊斯兰文明和国家同样是前现代和中世纪的（甚至是"黑暗的"，正像启蒙时代西欧社会的人们把他们历史上的"中世纪"称为"黑暗时代"所暗示出来的那样）；如同中世纪的西欧基督教社会正在被现代的世俗的国家社会所取代一样，东方的伊斯兰文明和国家在本质上也只是一种落后的历史传统的遗迹，它们也会不可避免地走向衰落和终结。如果说在詹姆斯·米尔的《英属印度史》中莫卧儿帝国及其所代表的波斯—伊斯兰文明复合体或多或少被建构为一种"高级"文明的话，那么这同一个文明和国家（特别是其中尚存的伊斯兰文明成分）在黑格尔的《历史哲学》中就被建构为一种因为其前现代的本性而必将衰落乃至消失的落后和野蛮的文明。实际上，伊斯兰文明的这一新历史意象也的确在后来被西方人运用到对莫卧儿帝国及其历史的诠释中。在这方面，曾在英属印度殖民地担任过行政官员的斯蒂芬·麦勒迪斯·爱德华兹（Stephen Meredyth Edwardes）和赫伯特·利奥纳德·奥富雷·加勒特（Herbert Leonard Offley Garrett）在20世纪30年代初合著的《莫卧儿帝国》（*Mughal Rule in India*）一书堪称代表之作。①

　　正像这本书的标题所表明的，该书的主题是研究莫卧儿王朝在印

---

（接上页）上，民族并非只有现代西方民族这一种类型（即所谓的"浮士德型民族"）。此外，对于枚斋民族，了解下述一点也是很重要的："枚斋国家是和正教信仰的概念分不开的。哈里发政权、民族和教会形成一个紧密的单位……国家和作为一个法人的正教团体是等同的。"（［德］奥斯瓦尔德·斯宾格勒：《西方的没落》上册，齐世荣等译，商务印书馆2001年版，第312、317页。）

　　① ［印］S. M. 爱德华兹、H. L. O. 加勒特：《莫卧儿帝国》，尚劝余译，青海人民出版社2009年版。

度的"统治"及其衰落。遵循詹姆斯·米尔的东方专制主义的学术理论和视野，该书作者把莫卧儿帝国的行政管理体制看作统治者个人的创造："16世纪和17世纪的莫卧儿行政管理的原则与体制基本上是阿克巴创造能力的产物，它们的成功取决于这位独裁君主的勤奋和天分，他必须将它们应用于一个广阔而又尚未完全征服的领土的管理中。"不过，与米尔认为莫卧儿帝国的行政体制较为优越不同，爱德华兹认为由阿克巴创建的莫卧儿帝国的行政制度"包含着最终导致其瓦解的某些内在弊端"："第一，它不容许有组织的发展，而是将实际成功过分依赖于统治者的个人能力和工作。只要皇帝的能力离该制度创始人所确立的标准不是差得很远，那么行政管理就还算有效率，基本上满足帝国的需要。但是，一旦莫卧儿王位的占据者退化为'庸主'，没有首创精神，沉溺于自我放纵，那么整个制度就会很快崩溃。第二，该制度没有诉诸民众感情，没有从古代传统中获取支持。对大多数印度人来说，它可能被看成是外国制度。虽然阿克巴在几个方面努力追随过去几个世纪里印度教统治者的政策，但是，公共服务部门上层几乎完全被来自波斯和印度边界以外国家的人所充斥的事实，必定使印度人脑海里形成了莫卧儿行政机构外国特征的印象。阿克巴天生具有神奇的远见，他发现了这一弱点，努力通过成功地支持最强大的印度教家族的利益来抵消这一弱点。但是，沙贾汗的错误政策和奥朗则布的狂热使阿克巴的计划毁于一旦，从而使政府失去了无论如何都会成为民众喜爱的替代物的唯一支持。第三，那些被任命来将政府的原则付诸实施的人的预期的生活水平太高和太奢侈，以至于他们不可能保持诚实和廉洁。节俭在公共服务部门中肯定不受鼓励，对全面腐败的唯一制约是皇帝不断而积极地进行管制。当这种管制像它最终必将发生的那样松懈了，帝国官员就变成了纯粹的寄生虫和压迫者，并由于他们的敲诈和弊政而导致广泛的贫穷和最终财政崩溃。这种奢侈和浪费的生活标准的最恶劣的影响，在帝国军队历史上表现得非常明显。阿克巴非凡的能力和军事本领使他能够建设一支远远胜过其他当代印度国家军队的军队，虽然在贾汗吉尔和沙贾汗统治下军队有所退化，但是它仍然保持着效率，直到奥朗则布统治中期。然而，在那之后，皇室王子的创造力被缺乏判断力的父母管制所毁灭，由此引起的皇室王子的无能和由于过度奢侈而造成的贵族及领袖的衰弱损害了帝国军队的效率，使得他们在勇敢而坚定的马拉塔人的挑战面前无能为力。"①

除了莫卧儿帝国行政体制的"弊端"，爱德华兹认为莫卧儿帝国的衰落中还有"政治原因"和"经济原因"。关于前者，这位英属印度殖民地行政官写道："加速帝国解体的政治因素源于奥朗则布对非穆斯林所显示出来的宗教偏执。"② 在他看来，一方面这造成了能干的"国外"什叶派穆斯林对莫卧儿帝国的疏离：

> 奥朗则布猜疑戒备的正统派做法，是导致什叶派穆斯林人口疏远的原因。阿克巴、贾汉吉尔和沙贾汉曾欢迎来自伊朗和呼罗珊的移民。他们属于伊斯兰教最有才干的种族，将他们纳入莫卧儿公共服务部门是行政管理的一个显著优势。但是，在像奥朗则布这样的正统逊尼派的眼中，他们被列为异端，不值得鼓励，最多值得勉强容忍。他的信件以及哈米杜—丁—汗记载的有关他的轶事表明，他对他们有强烈的偏见，他的态度反映了一般人的态度，一般人对他们更加反感。例如，拉合尔1712年爆发的一次骚乱，就是由于巴哈杜尔沙建议用单独的什叶派称号宣读"呼图白"引起的。这一教派偏执的政治后果非常不幸。什叶派实际上停止了在印度寻求安家和发展，国家在非常不利的关头失去了一个非常能干的职业阶级的效力。奥朗则布的愿望在于将宽容的阿克巴帝国转变成"逊尼派穆斯林国家"，在这个国家里，非正统伊斯兰教派于印度教徒和其他非信仰者一起只是勉强被容许存在，享受不到正统逊尼派人口的任何权利。正是为了这一目的，他废除了自从阿克巴统治时期起就一直作为官方财政年的阳历年，取而代之的是用于税收和

① ［印］S. M. 爱德华兹、H. L. O. 加勒特：《莫卧儿帝国》，第139、195、196页。
② ［印］S. M. 爱德华兹、H. L. O. 加勒特：《莫卧儿帝国》，第289页。

其他目的的"希拉吉"年。除了这个命令之外，他还颁布命令，废除了所有阳历年的节日，他认为阳历年是崇拜火的人的年，因此与穆斯林年历习俗不协调。这种做法引起了极大的不满，为政治解体扫清了障碍。①

另一方面，奥朗则布的宗教狂热也激起了"国内"印度教徒的反抗：

强行拆除印度教庙宇和在原址上修建清真寺，给皈依伊斯兰教者授予荣誉和有利职位，一旦有机会便逐渐用穆斯林取代印度教徒任高级统帅，严厉禁止印度教习俗，所有这些给印度教徒造成一个印象，认为他们在莫卧儿国家里没有永久的位置，他们的宗教实际上处于危险之中。这一信念立即为马拉塔起义提供了机会和理由。西瓦吉"拥有钢铁般的意志和与他的对手一样勇猛无畏和坚韧不拔的才能"，当他发现他的主人对他自己和他宗教的政策的本质后，便决心发动有组织的抵抗。奥朗则布由于其宗教偏执和不宽容而失去了阿克巴曾经获得的以及贾汉吉尔和沙贾汉曾经竭力获取的东西，即对印度教臣民的感情。皇帝对马拉塔人的军事行动很不成功，主要是由于他的印度教官员和诸侯与所有印度教徒一样对他们主人的专制暴政普遍不满，他们在他与西瓦吉及其继任者的战争中漠视或暗地里敌视他的事业。这一信念随着时间的推移而获得了力量。巴吉·拉奥一世在穆罕默德沙统治时期（1719—1748），把这一信念作为将马尔瓦的印度教酋长及斋浦尔和梅瓦尔的拉吉普特王公与马拉塔人联合起来的杠杆，来抵抗"达磨"压迫者。在奥朗则布去世后的31年间，莫卧儿帝国没有得到任何一个有军事价值的印度教部落的援助，而且实际上与锡克人、贾特人、邦德拉人、拉瑟尔人和西琐迪阿人处于战争状态。因此，莫卧儿帝国的迅速瓦解在很大程度上是由于直接

---

① ［印］S. M. 爱德华兹、H. L. O. 加勒特：《莫卧儿帝国》，第289—290页。

干涉印度教感情、信仰和习俗的错误政策，这一错误政策源于奥朗则布，并被他的软弱无能的继任者们继承。①

关于后者，爱德华兹强调说："帝国的经济制度到沙贾汉统治结束时几乎到了停止点，当奥朗则布去世时，全国崩溃已经确定无疑。"② 在他看来，正是莫卧儿帝国统治体制的内在缺陷和弊端造成对农民的过度剥削，引发农民大量逃亡和农业经济凋敝，从而破坏了莫卧儿帝国统治的经济和财政基础：

> 无疑，在帝国全盛时期，行政管理活动是分配国民收入的最重要的因素。但是，政府对生产者的税收太重以至于生产者难以维持生活，而在公正制度下本来可以由生产者享受的剩余产品却被当局用于奖励非生产性的能力和创新。用现代标准来衡量，阿克巴的财政机构非常严厉，但是并非不公允或扼杀创新和能力。在他继任者们统治下，他的安排逐渐瓦解；行政管理方法严重退化；对生产者的直接索求日益加重；而生产者获得的报酬大量减少，不再能足以激励生产劳动。沙贾汉统治时期，这一弊端引起了观察家的注意。"当时的所有作家"，威廉·福斯特爵士写道："都赞美他（沙贾汉）的朝廷辉煌壮丽，他的统治公正宽大，他的众望所归。与此同时，他们也没有隐瞒这种辉煌表象下暗藏着崩溃内核的事实。这种奢侈浪费对国家资源是一个沉重的负担；而官员的贪污受贿和地方省督的暴虐贪婪增加了人民的灾难，人民无法得到补偿。"在沙贾汉统治时期，估价标准提高了一半，土地税收也几乎增加了一半；"生产失去了价值，因为生产者的生活失去了价值"。必须强迫人们耕种土地，因为农民放弃了农业，从事其他形式的工作；政府官员只顾眼前利益而无视他们正在造成的破坏，他们给耕种者增加了无法忍受的负担，残酷严厉

---

① ［印］S. M. 爱德华兹、H. L. O. 加勒特：《莫卧儿帝国》，第290—291页。
② ［印］S. M. 爱德华兹、H. L. O. 加勒特：《莫卧儿帝国》，第293页。

地对待拖欠案件。①

不难看出，这最后一点意味着 18 世纪中叶莫卧儿帝国统治的衰落，同时也反映着这一时期印度的经济和社会衰败。实际上，这也正是该书作者在论述莫卧儿时代印度的经济与社会特征时着重突出的另一个主题。在描述莫卧儿印度的经济和社会体系时，爱德华兹强调了其"前现代"性质：一方面，"农业就像今天仍然是印度的主要产业一样曾经是莫卧儿印度的主要产业，同时也是莫卧儿帝国收入的主要来源……阿克巴统治时期农业体系和现代农业体系之间的主要差别在于，人工灌溉的相对缺乏，作为农村生活正常特征的农业奴隶的存在，国家需求量的比率更大，所有这些构成阿克巴统治时期的特征"；另一方面，"不管在阿克巴时期还是在他继任者时期，都没有现代意义的工业组织"②。

自然，与爱德华兹等人熟知的现代工业资本主义性质的经济社会相比，莫卧儿时代印度的经济社会体系是"前现代的"。不过，对我们的研究真正有意义的是，该书作者不是像职业历史学家那样在历史主义的视野下审视莫卧儿时代的经济和社会，而是从现代主义和资本主义的观点出发来观察和评价这一时期印度的经济社会体系。在爱德华兹看来，与现代工业资本主义经济和社会相比，莫卧儿印度的前现代经济社会是"非生产性的"。他引用同时代英属印度官员学者威廉·莫兰的研究写道：

　　对莫卧儿帝国经济状况的详尽研究……使得莫尔兰德（即莫兰——笔者按）得出如下总结论：阿克巴统治时期印度经济生活的主要征是生产不充足，分配不完善，由于缺乏提高生产或改进分配的动因，所以日益贫困时期的到来实际上成为不可避免。根本弊端是"行政机构的剥削，它在阿克巴时代和更早时期就支配

① ［印］S. M. 爱德华兹、H. L. O. 加勒特：《莫卧儿帝国》，第 292—293 页。
② ［印］S. M. 爱德华兹、H. L. O. 加勒特：《莫卧儿帝国》，第 205、206 页。

了印度民众，并扼杀了印度民众的活力"。生产者任凭惯于浪费、炫耀和奢侈的人摆布，这些人所处的地位使他们不能努力发展农业和工业民众的道德与物质福利，同时也使他们为了自己的利益而克扣生产者的大部分收入。随着英国和荷兰商人来到印度，这种情况必然发生某些变化，在贾汉吉尔、沙贾汉和奥朗则布统治时期，对商品的日益需求以及新产品和改进程序的采用，确实给莫卧儿帝国带来了一些利益，而新产品和改进程序的采用是由这些商人负责的。但是，人民大众的贫困和少量中产阶级不愿消费极大地阻碍了进口贸易的显著发展，因为人民大众被迫将"他们总收入的一半用来供养相对少数的经济寄生虫"，中产阶级的消费可能激起莫卧儿政府机构的贪婪掠夺，进口贸易基本限于用以吸引莫卧儿贵族突发奇想的商品上。另一方面，打开靛蓝、棉布和硝石等印度出口品新市场所带来的优势充其量只是部分的，荷兰人和英国人的贸易活动虽然很有价值，但是并没有带来社会总收入的普遍提高。①

这样一来，莫卧儿帝国的衰落就不仅仅在于它作为一个外来军事征服帝国所具有的特殊的统治体制和行政结构，甚至也不只是由于它的伊斯兰教信仰而具有的"宗教偏执"或"宗教狂热"，更重要的是它作为一个前现代经济社会所具有的内在趋势和历史命运。在现代民族主义史学的影响下，这种观点很容易转变为莫卧儿帝国构成了印度历史上的一个前现代时期的历史观念。事实上，当印度民族主义史学兴起后，关于莫卧儿帝国的这样一种历史观念就的确变成了现代印度民族主义史学中的一个基本观念：莫卧儿时代构成了印度历史上的中世纪，莫卧儿帝国代表了印度中世纪的文明和国家。

关于莫卧儿帝国的这样一种民族主义史学观念，在由印度史学家R. C. 马宗达、H. C. 赖乔杜里和卡利金卡尔·达塔合著的《高级印

① ［印］S. M. 爱德华兹、H. L. O. 加勒特：《莫卧儿帝国》，第216页。

度史》中得到了典型的呈现。① 由印度的民族主义历史学家们撰写的这部印度通史把印度历史划分为三个时代："古代印度""中世纪印度"和"近代印度"，而莫卧儿帝国连同之前的印度穆斯林政权（特别是德里苏丹国）一起被看作"中世纪印度"。在讨论社会结构问题时，莫卧儿时代的印度社会径直被看作是"封建的"："社会看来像个封建组织，国王居于最高地位。在地位上仅次于国王的是当官的贵族，他们享有特殊的荣誉和特权，这种荣誉和特权，庶民百姓是永远也享受不到的。这自然在生活水平方面产生了差别。前者过着富裕而舒适的生活，而后者的状况则相当可怜。"② 其实，我们知道，还在19世纪晚期，马克思在批注柯瓦列夫斯基的《公社土地占有制，其解体的原因、进程和结果》时就明确反对后者把德里苏丹国和莫卧儿帝国时期的社会看成封建的。他说："由于在印度有'采邑制'、'公职承包制'（后者根本不是**封建主义的**，罗马就是证明）和荫庇制，所以柯瓦列夫斯基就认为这是西欧意义上的**封建主义**。别的不说，柯瓦列夫斯基**忘记了农奴制**，这种制度并不存在于印度，而且它是一个基本因素。"③

　　不过，正是凭借"中世纪"或"封建主义"这类概念，印度的民族主义历史学家们得以把詹姆斯·米尔以来西方（当然，主要是英国）形成的关于莫卧儿帝国的并不协调一致的各种观点组合为一种统一的历史意象：它既拥有波斯文化的优雅，也拥有伊斯兰教的狂热；它既是一个外来征服帝国，也是一个印度本土政府；它既是一个相当高级的亚洲文明，也是一个十分野蛮的东方专制国家；它既给印度带来些许进步，也使印度陷入"黑暗"和衰落。莫卧儿帝国成为印度中世纪文明和国家的黄昏。于是，卡利金卡尔·达塔博士这样评价印

---

　　① 该书英文版初版于1946年，中文版系根据印度麦克米伦有限公司1978年英文第四版译出。

　　② ［印］R. C. 马宗达、H. C. 赖乔杜里、卡利金卡尔·达塔：《高级印度史》，张澍霖等译，商务印书馆1986年版，第612页。

　　③ 马克思：《马·柯瓦列夫斯基〈公社土地占有制，其解体的原因、进程和结果〉（第一册，1879年莫斯科版）一书摘要》，载《马克思恩格斯全集》第45卷，第283—284页。

度 "18 世纪的堕落"："总的说来，我们可以看到在 18 世纪社会生活方面可悲的堕落；从多方面的观点来看，18 世纪是印度历史上最黑暗的时期之一。一位现代著作家正确地评论道，到这个世纪末和下一个世纪初，'在社会习惯上、在政治上、在宗教和艺术领域里，我们都进入了一个因循守旧、传统衰败的境地，不再有我们的人性了。'"① 这种 "中世纪" 的历史意象构成了正统印度史学关于莫卧儿帝国的正统的历史观念。实际上，这种历史意象不也构成了我们关于莫卧儿帝国的一般历史观念吗？在我们的历史意象中，早期现代印度的莫卧儿帝国不就是同一时期中国的那个日趋没落的 "封建的" 清帝国吗？！

## 第二节　新印度史学中的莫卧儿帝国：早期现代国家的迷思

无疑，作为正统印度史学的最重要的代表作，《剑桥印度史》对莫卧儿帝国的叙述秉承的就是上述关于莫卧儿帝国的正统意象。大概也正因为如此，它也继承了 19 世纪初叶以来形成的莫卧儿帝国正统意象中的内在矛盾和缺憾。米尔顿·古奇在评论理查德·伯恩爵士编写的《剑桥印度史》第四卷《莫卧儿时期》（1937）时写道："该书标题具有一定的误导性。这不是一部印度的历史，而更像一部围绕着莫卧儿皇帝们编撰的政治和军事事件记录。对扑朔迷离的宫廷阴谋、无休无止的军事征伐和反征伐、枯燥乏味的围困以及集群攻击都做了长篇累牍的描述，但对民众的生活却鲜有提及。人们要寻找对印度农业、手工业、种姓制度、贸易方法和组织、商业生活、文学和教育的描述，将是徒劳的。诸如穆罕默德教征服对印度教的影响抑或印度种姓制度对穆斯林社会组织的影响之类的问题，依旧悬而未决。这只是一部军事纪事，而不是别的什么。"不用说，在古奇看来，这自然也是一部按照正统观念叙述的莫卧儿帝

---

① ［印］R. C. 马宗达、H. C. 赖乔杜里、卡利金卡尔·达塔：《高级印度史》，第615页。

国史。他说："对莫卧儿诸帝的评价是按照正统的方式进行的：巴布尔依旧是封建征服者，胡马雍是优柔寡断的不可信赖的美学家，阿克巴是最伟大的莫卧儿皇帝，而奥朗则布则是苦行僧，他的不宽容导致了帝国的衰落。"①

　　相较于米尔顿·古奇，E. D. 麦克拉根对《剑桥印度史》莫卧儿帝国卷的正统风格表现出了更多的理解和同情。他说："关于莫卧儿帝国的通史差不多必然会是一部'编年体'史书。我们所仰仗的那些印度历史学家，尽管他们在对事实的描述上各不相同，但几乎都不约而同地把他们的材料分解成一系列有趣却零散的片段。我们的历史学家们在这方面没有多少选择，只能萧规曹随。我们碰到的是一连串的人物、一连串的战争、阴谋和反叛；但是，我们只是偶尔才能在这一切史实背后找到某种'原因'或任何一种高级动机的踪影。（帝国的）官员、廷臣和将军们有时是一些能给人留下深刻印象的人，但总的来说，每个人都只是为了争取他自己的利益，别无所求。莫卧儿历史中真正令人感兴趣的地方在于这个王朝所产生的那些让人目不暇接的坚强有力的统治者，我怀疑世界上任何一个王室是否能够涌现出一组可与莫卧儿帝国的'六大雄主'（Big Six）相提并论的统治者——巴布尔、胡马雍、阿克巴、贾汗吉尔、沙·贾汗和奥朗则布。在呈现所有这些统治者的人格和成就方面，本卷的作者们可以说取得了引人注目的成功。"② 也就是说，在麦克拉根看来，莫卧儿帝国的历史事实上只能呈现为那种以帝王将相为中心的传统史学。

　　不过，在现代史学业已排挤和取代传统史学的 20 世纪中叶，这样的辩解似乎并不能消除现代史学家们的质疑和批评。在这方面，

————————

　　① Milton R. Gutsch, "Review of the Book *The Cambridge History of India*, Vol. Ⅳ: *The Mughul Period*, edited by Sir Richard Burn", in *The Journal of Modern History*, Vol. 10, No. 4（Dec., 1938）, pp. 558 – 559.

　　② E. D. Maclagan, "Review of the Book *The Cambridge History of India*, Vol. Ⅳ: *The Mughul Period*, edited by Sir Richard Burn", in *Journal of the Royal Asiatic Society of Great Britain and Ireland*, No. 1（Jan., 1939）, pp. 120 – 121.

甚至连《剑桥印度史》的主编之一 H. H. 多德韦尔都提出了尖锐的批评，认为《剑桥印度史》的这一卷没有达到"现代史学"的水准：

> 最近出版的这一卷《剑桥印度史》在我们的祖辈们理解的那种意义上形成了一部历史。它必然主要是以编年史家们的著作为基础的。不过，尽管现代史学家致力于根据一切可得的资料和内在的可能性来检验他们的命题，当前这一卷就像研究德里苏丹国历史的前一卷，大体上忽略了现代史学的方法。例如，它令人吃惊地不愿意为它的陈述引经据典。确定无疑的是，这不是因为无法援引典据和真正良好的典据。原因似乎更多地在于编者和作者们都没有认识到脚注的价值。没有谁可以理直气壮地说《剑桥印度史》是通俗史学。不过，如果我们假定编者和作者们希望服务的读者都是严肃的学者，那么就很难理解为什么他们未被告知应在哪里研究涉及的各类问题。在这方面，罗林森先生和哈维先生撰写的章节是引人注目的例外。但总的来说，这最新一卷的《剑桥印度史》看来低于正常的现代史学标准。①

与传统史学相比，现代史学作为一门正规的学术研究无疑提出了更严格的学术规范和更高的研究标准。但更重要的是，现代史学也拥有与传统史学根本不同的历史想象和取向：如果说传统史学把历史本身想象为一个连续的事件系列，从而更强调历史中的主观性和偶然性方面（如历史人物特殊的性格、喜好、道德状况以及特定的历史情景等），那么现代史学则倾向于把历史本身想象为一个合乎逻辑的发展过程，从而更强调历史的客观性和必然性方面，如历史的结构、过程

---

① H. H. Dodwell, "Review the Book *The Cambridge History of India*, Vol. IV: *The Mughul Period*, edited by Sir Richard Burn", in *The English Historical Review*, Vol. 53, No. 210（Apr., 1938）, pp. 299 – 300.

和一般趋势等。① 在多德韦尔看来，《剑桥印度史》的莫卧儿帝国卷的"史学风格"的确并不符合现代史学的这种新"时代品味"。他批评说："脚注的这种缺失只是一般态度（问题）的症候。我们认为目前这一卷的主要功能应该是将莫卧儿帝国的历史放在其与后继时期的联系中考察。我们没有发现这类尝试的任何迹象。我们知道应该把历史想象为某种成长和发展（过程）。目前这卷几乎完全没有这个意思。"②

　　与《剑桥印度史》在正统印度史学中的权威地位相比，《剑桥印度史》第四卷（《莫卧儿时期》）在其出版之初即遭遇的这种尴尬是特别引人注目的。或许，我们可以在一定程度上把这一卷《剑桥印度史》的窘境归结到当时莫卧儿帝国史的总体研究状况。但这显然不是问题的全部，甚至不是最重要的部分。从更深层次看，《剑桥印度史》第四卷的问题大概可以归结到它承袭的莫卧儿帝国的正统意象与现代史学的一般历史观念之间的矛盾。按照业已形成的关于莫卧儿帝国的正统意象，莫卧儿帝国的历史不过是从 7 世纪中叶开始的西亚和中亚伊斯兰世界持续不断地征服印度的全部中世纪历史的最后一章。它代表着印度历史上一个旧时代的终结，而不是一个新时代的开端。然而，大概正像多德韦尔的评论已经暗示出来的那样，现代史学却要求历史学家们从发展的观念出发将莫卧儿帝国的历史同它的"后继时期"（英国人到来之后的"现代时期"）而不是同它的前导时期联系

---

　　① 在《论美国的民主》一书中，托克维尔曾经区别了"贵族时代的历史学家"和"民主时代的历史学家"。他说："贵族时代的历史学家，通常都把一切史实同某些个人的独特意志和性格联系起来，喜欢将重大的革命归因于一些并不重要的偶然事件。他们能以卓越的见识找出一些最小的原因，但往往忽略一些比较重大的原因。"与之截然不同，"民主时代的历史学家""大部分人认为，个人对人类的命运几乎不发生影响，而少数公民也不能影响全民的命运。但是，他们却用一些普遍的重大原因去解释所有的特殊的微小事实。"在托克维尔看来，"这种对立的倾向，是完全可以理解的"。（［法］托克维尔：《论美国的民主》下册，董果良译，商务印书馆 2009 年版，第 609 页。）对我们这些职业历史学家来说，重要的则是要知道：并没有放之四海而皆准的普遍类型的历史学，历史学具有时代性。

　　② H. H. Dodwell, "Review the Book *The Cambridge History of India*, Vol. IV: *The Mughul Period*, edited by Sir Richard Burn", in *The English Historical Review*, Vol. 53, No. 210 (Apr., 1938), p. 300.

起来。换言之，莫卧儿帝国应该被看作英属印度历史的起点，当代印度的历史（当然，对多德韦尔来说，就是他生活的 20 世纪中叶的"印度帝国"的历史）至少要追溯到莫卧儿帝国时代。因而，要把叙述莫卧儿帝国历史的《剑桥印度史》第四卷从传统史学的窠臼中"拯救"出来，就需要从根本上改变莫卧儿帝国的正统意象。莫卧儿帝国不能再继续被看作一个前现代的国家，而须看作一个现代国家，至少也要被视为一个现代国家的雏形。

实际上，这样一种"范式转换"可能就是自多德韦尔对《剑桥印度史》的第四卷提出上述批评以来西方的印度史学界一直在努力完成的工作，并最终到 20 世纪 80 年代催生了以《新剑桥印度史》为代表的新印度史学。新印度史学不仅在断裂国家和剧场国家理论模式的基础上重构了印度传统农业社会的理论，还在"早期现代"概念的基础上重构了莫卧儿帝国的历史意象，重塑了我们关于莫卧儿帝国的历史观念：莫卧儿帝国不再像在正统印度史学中那样被看作一个中世纪晚期帝国，而是被诠释为一个所谓的"早期现代国家"。在这方面，作为《新剑桥印度史》副主编之一的美国杜克大学的约翰·理查兹教授（1938—2007）堪称当代最具代表性的印度史学家。如同伯顿·斯坦坚持用英国人类学家索撒尔提出的断裂国家理论来诠释印度的传统农业社会一样，约翰·理查兹也坚持用流行的"早期现代"概念来定位和诠释莫卧儿帝国。在《早期现代印度和世界历史》一文中，他特别强调了"早期现代"概念对当代莫卧儿帝国史研究的重要性：

从 15 世纪晚期到属于我们当前时代的 19 世纪早期（为方便起见，1500—1800），各人类社会共同受到了一些世界性变迁过程的影响。这些过程在范围和强度上都是史无前例的。和其他许多历史学家一起，我把这些世纪称为"早期现代"。我们将其与之前的中世纪和 19 和 20 世纪的现代区别开来。至于我们现在是否处于一个后现代时期，至少在我看来，这是一个臆想的问题。和许多学者相反，我不认为这种分期法受到了纯属欧洲中心主义考虑的驱使。"早期现代"只是一个试图用来把握人们的自我组织方式及其同他人和自然界互动方式所发生的迅猛变化这一现实的术语。对于南亚历史，我相信使用"早期现代"而不是"莫卧儿印度""中世纪晚期印度"或"前殖民时代晚期印度"等术语更能表达出16—18世纪的丰富意义。这样做将会缓和那种把印度看作例外的、独特的和奇异的，从而在某种程度上同世界历史脱节的偏见。我相信，为了更好地理解16、17和18世纪印度历史的比较独特的演变，我们必须把南亚文化、文明和社会置于这一背景下。①

在理查兹看来，至少有六个独特且互补的宏观过程赋予了早期现代世界以独特性：全球海上通道的建立、真正全球性世界经济的兴起、巨大而稳固的国家的成长、世界人口的增长、土地利用的集约化以及新技术（包括新世界作物的种植、火药和印刷术）的扩散。他认为这些过程共同塑造了一个既区别于中世纪，也区别于现代的早期现代世界，而莫卧儿时期的印度并没有被排除在早期现代世界之外。相反，它构成了早期现代世界的一个重要组成部分。② 因而，莫卧儿印度须置于这样一个早期现代世界的历史空间中来考察："我们必须对早期现代的南亚（而非莫卧儿印度）做出更好的综合性、多学科的历史研究。在这种研究中，学者们要在地方和地区史的特殊性和对南亚乃至世界的更广泛描述和分析之间平滑地转换。南亚是如此重要，容不得我们今后书写世界历史时将其作为东方古玩束之高阁。"③

---

① John Richards, "Early Modern India and World History", *Journal of World History*, Vol. 8, No. 2 (Fall, 1997), pp. 197 – 198.

② 对于可能出现的疑问——"对讨论的目的来说，如果我们承认这些关于早期现代世界历史的概括有效的话，它们适用于南亚吗？次大陆是否也具有早期现代性的这些特征？"，约翰·理查兹给出了十分明确的答复："是的，的确如此。至少在我看来是这样。"（John Richards, "Early Modern India and World History", *Journal of World History*, Vol. 8, No. 2 (Fall, 1997), pp. 204 – 205.）

③ John Richards, "Early Modern India and World History", *Journal of World History*, Vol. 8, No. 2 (Fall, 1997), p. 209.

值得注意的是，在关于莫卧儿印度的早期现代性理论中，约翰·理查兹突出了国家形成的重要性。在他看来，和世界上其他地区的早期现代国家一样，"在印度，自孔雀王朝以来，莫卧儿帝国第一次在几乎整个次大陆上施行了中央集权统治"。对于这一点，理查兹予以特别强调。他说："我用我一生的大量时光来证明在16世纪早期和18世纪早期之间，莫卧儿人征服和统治着一个生机勃勃的中央集权制国家。到1690年，莫卧儿皇帝已是差不多整个次大陆上公认的统治者。仅仅根据它从社会中征收赋税、维持政治稳定和垄断武力的能力，莫卧儿帝国就必须被认为是成功的。我也强调帝国体制的活力，它在1720年发生结构崩溃以前一直深化和增强着帝国制度。最终，莫卧儿帝国没能在建立真正的中央集权统治所需的重大结构变革中将武装的乡村武士贵族转变为准官吏。这是一项英国人将需要一整个甚至更多世纪才完成了的任务。尽管有这种失败，但我相信从规模、效率和财富方面说，莫卧儿帝国都超越了同时代的奥斯曼和萨法维帝国乃至欧洲的任何一个国家。正像最近安德烈·温克评论我的论文集时指出的那样，我毫不含糊地始终如一地坚持了这一观点。"①

对于约翰·理查兹为什么会如此重视莫卧儿帝国的中央集权国家性质，我们或许会感到些许困惑。在我们的历史和文化语境中，中央集权制国家的形成和（早期）现代性之间似乎并没有必然的联系。在我们国家的历史上，秦汉这样中央集权的官僚制帝国的形成还是同"传统中国"的确立联系在一起的。然而，在西方（西欧）的历史和文化语境中，中央集权制国家（或者说"官僚制国家"）却是和"现代性"联系在一起的。马克斯·韦伯在讨论现代理性国家的产生时就明确指出："正如自从中世纪以来，所谓的迈向资本主义的进步是经济现代化唯一的尺度一样，迈向官僚体制的官员制度的进步是国家现代化的同样是明确无误的尺度，君主制国家也好，民主制国家也好，

① John Richards, "Early Modern India and World History", *Journal of World History*, Vol. 8, No. 2 (Fall, 1997), pp. 201, 206.

概莫能外。"① 毫不奇怪，伊曼纽尔·沃勒斯坦在强调"现代世界经济体是而且只能是一个资本主义世界经济体"的同时，也指出了"强大的国家机器"在现代世界体系中的重要意义："世界经济体形成一种格局，国家结构在各个中心地区比较强，而在边缘地区相对弱些。哪些地区起哪些作用，在很多方面是偶然的。某些地区的国家机器要比另一些地区的强大得多，这是必然的。"② 因而，十分自然的是，理查兹在强调莫卧儿国家的中央集权性质的同时，也强调了其与早期现代性的联系：

　　在过去的三十年里，我经常碰到同行们说莫卧儿帝国没有或很少对地方社会、地方贵族（柴明达尔）和日常生活产生影响。研究南印度的历史学家们强调那个区域"断裂国家"的政治权力和权威的分权性质。研究马拉塔人的史学家们则把我们的注意力引向那个地区流行的地方精英对莫卧儿统治的抵抗和反叛。自始至终，我的观点一直是而且依旧是：莫卧儿时期史无前例的国家权力和政治统一的发展是早期现代——而非莫卧儿——印度的决定性特征，就像它是世界其他区域的决定性特征一样。③

　　另外，并非不重要的一点是，除了主张莫卧儿帝国具备早期现代性之外，约翰·理查兹还坚持认为印度的早期现代性不能像从前那样被看作是外部世界的舶来品。④ 他说："反对将南亚纳入早期现代世

　　① ［德］马克斯·韦伯：《经济与社会》下卷，林荣远译，商务印书馆1997年版，第736页。
　　② ［美］伊曼纽尔·沃勒斯坦：《现代世界体系》第1卷，尤来寅、路爱国等译，高等教育出版社1997年版，第464—465、470页。
　　③ John Richards, "Early Modern India and World History", *Journal of World History*, Vol. 8, No. 2 (Fall, 1997), pp. 206-207.
　　④ 我们可以想见，这种观点代表的乃是印度史学的殖民主义传统的正统观念：英国人的到来给印度带来了现代性。然而，匪夷所思的是，印度的民族主义史学也继承了这种殖民主义知识遗产。例如，在前述R. C. 马宗达、H. C. 赖乔杜里和卡利金卡尔·达塔等印度史学家合著的《高级印度史》中，"近代印度"的历史就被认为是同"欧洲人的到来"和"英国势力的兴起与增长"联系在一起的。

界历史的第二个理由在于早期的学者们高估了这一时期变革的外生力量（的重要性）。这个偏见损害了 1947 年以前——在某种程度上——和以后的欧洲中心主义学者们的南亚史著作。我不希望重拾一个消极、'传统和东方'的南亚只是由于来自欧洲的影响才走向'进步和现代化'的观念。我们不能重蹈这种陈旧路径的覆辙。在过去的半个世纪里，历史学家、宗教学者、艺术史学家、人类学家、文学家以及其他学者都通过艰苦细致的研究表明了南亚社会和文化的能量和活力。这些过程中有一些是外来的，另外一些可能就并非如此。关键在于这些是世界性的过程，它们和其他地区的那些过程拥有共同的属性，但也没有失去它们自己的独特的南亚特性。"① 也就是说，在理查兹看来，莫卧儿时代印度的早期现代性必须同时被看作是内生的，是印度自身历史演变的结果。因而，作为一个早期现代国家（而非外来军事征服帝国）的莫卧儿帝国的历史就能够建构为"印度"自身历史过程的一部分，从而与现代民族主义史学的一般历史想象相一致。这样一来，约翰·理查兹的莫卧儿帝国叙事就不可避免地陷入民族主义取向和全球主义取向的张力之中。

不过，不管怎样，理查兹的确就是按照这种新的早期现代模式来建立《新剑桥印度史》的莫卧儿帝国历史叙事的。在《莫卧儿帝国》（《新剑桥印度史》第 1 部分第 5 卷）的前言和导言中，他强调了作为一个早期现代国家的莫卧儿帝国所具有的中央集权国家性质："30 年的研究使我确信，莫卧儿中央集权的政权是一个现实，它对印度社会的影响是极其巨大的。这究竟是好是坏，则是另一个不同的问题"；"帝国不只是高悬在每个地区真实的社会生活上面的一张薄薄的帷幕。它是一个把次大陆联合起来的无孔不入的、中央集权的体系。帝国的军事力量维护着空前稳定的公共秩序。在其边界内的土地上，有组织暴力的规模和水平显著下降了。帝国对税收和贡赋的需要刺激了生产，鼓励了市场的成长。莫卧儿人的统一做法和无所不在影响了次大

---

① John Richards, "Early Modern India and World History", *Journal of World History*, Vol. 8, No. 2 (Fall, 1997), p. 205.

陆上所有地方和地区的社会。鲜有个人和共同体，如果有的话，未受到这个庞然大物的触动。"而在正文中，莫卧儿帝国则被极力描述为一个实行"专制主义中央集权制"的"新帝国"："阿克巴利用了印度伊斯兰国家的丰富的波斯行政传统和来自大草原的突厥—蒙古征服帝国的冷酷严峻、血统取向的组织传统。在这种背景下，这位皇帝塑造了一种以集权化、等级化和官僚化的职级为特征的严密结构。填充这些职位的是技术上合格的官员，他们按照标准化的规则和程序行事，编制了大量书面命令和记录。在这个体系的顶端，这位皇帝充当了一名精力充沛和信息灵通的首席执行官。"[1]

正是基于莫卧儿帝国的这种新的历史意象——一个中央集权的早期现代国家，约翰·理查兹极力反对莫卧儿帝国是一个衰落的中世纪晚期帝国的正统观点。在《莫卧儿印度的农业体系：1556—1707 年》（1963）一书中，印度史学家伊尔凡·哈比卜曾提出了著名的"扎吉达尔危机理论"，认为 18 世纪莫卧儿帝国的衰落和瓦解是由于扎吉尔达尔[2]征收的沉重赋税造成农民大量逃亡，破坏了农业生产，从而引发了柴明达尔领导的农民起义。[3] 因而，哈比卜的扎吉尔危机理论实质上就是莫卧儿印度经济社会的"衰落论"。对此，理查兹在《莫卧儿帝国》的结论部分做出了针锋相对、截然不同的陈述：

> 由柴明达尔和农民发动的针对帖木儿政权的广泛的暴力抵抗，可以简单地解释为一种对帝国权力削弱的预期反应。由于受到莫卧儿赋税的沉重压迫，地方柴明达尔和农民一有机会就会加入抵制中央集权政府征敛的运动。这种分析的困难在于，从 16 世纪 80 年代阿克巴改革到 1700 年左右的长期趋势表明，尽管可

① John Richards, *The Mughal Empire* (The New Cambridge History of India：Ⅰ·5)，New York：Cambridge University Press，1995，pp. xv，1，2，58.

② "扎吉达尔"是莫卧儿皇帝分封给附庸的"采邑"，拥有采邑的人叫"扎吉尔达尔"。

③ 参见 Irfan Habib, *The Agrarian System of Mughal India：1556 - 1707* (Second, revised edition)，New Delhi：Oxford University Press，1999，pp. 364 - 405.

以确定在一些个别时期存在着野蛮的压迫，但大多数柴明达尔和农民是富足的。除了遭受战争蹂躏的德干地区那样的例外，一般而言，农业生产看来经历了增长，而耕地面积也稳步扩大了。农业增长是对国家税收驱动的市场扩大和新的出口市场带来的需求冲动的直接反应。集镇（卡斯巴）和较大村庄构成的网络变得更加密集。在这些地方居住的是日益富有的商人和货币借贷者，如旁遮普的卡特利人。①

甚至到 18 世纪早期莫卧儿帝国确已开始瓦解时，理查兹尽管承认次大陆某些地区出现了经济衰落的迹象，但同时指出："在许多地区，经济仍在稳步增长。18 世纪早期帝国结构的破碎未必能够造成地区间帝国经济的完全解体。相反，那些已经显现的变革力量对新刺激做出了反应，而增长也还在继续。"这样，理查兹的早期现代国家理论对莫卧儿印度的经济社会史做出了与正统印度史学完全不同的描述，用发展论取代了以前的衰落论：莫卧儿印度的经济社会并没有出现长期衰落的趋势，而是经历了持续的发展。实际上，在理查兹看来，莫卧儿帝国晚期的扎吉尔危机恰恰是由于"帖木儿农业体系的巨大成功给农村社会带来的重大变迁"：它在孕育了一个新的穆斯林乡绅阶级的同时，也孕育了一个富足的、从而也更有反抗能力和意愿的地方柴明达尔阶级。②

这样，约翰·理查兹的莫卧儿帝国叙事就呈现出一种崭新的历史意象，一个生气勃勃的印度早期现代国家的历史意象。实际上，这样一种新莫卧儿帝国历史叙事构成了新印度史学的另一个决定性特征和基本要素。不过，我们也应该清醒地看到，新范式的出现并没有消解旧范式中的矛盾和张力。毋宁说，新范式的出现更加凸显了旧范式中业已存在的"谜题"：由来自中亚的莫卧儿人（突厥化的蒙古人）建立的莫卧儿帝国难道不是一个外来军事征服帝国吗？相较于印度教的

① John Richards, *The Mughal Empire*, pp. 294 – 295.
② John Richards: *The Mughal Empire*, pp. 295 – 297.

印度本土文明，一个深受波斯—伊斯兰高级文化和宗教浸染的帝国难道不是代表了一个异域文明吗？莫卧儿帝国的这两个基本特征（外来帝国和异域文明）如何与这个帝国的新的早期现代国家意象协调一致？显然，对新范式中的这些谜题，新印度史学家们需要"解谜"。

在为"剑桥国别简史丛书"撰写的《印度简史》（2002）中，芭芭拉·梅特卡夫和托马斯·梅特卡夫夫妇试图站在新印度史学的立场上对上述问题做出正面回应：①

关于印度过去的普通意象深受两种相互关联的错误观念的影响：一是认为婆罗门的古典文献是对一个实际存在的社会的描述，二是认为由于印度是"无时间性的"，殖民地时代甚或当代印度的村庄和种姓组织就是它的历史性过去的指示器。事实上，苏丹国和莫卧儿统治时期加速了业已存在的变迁模式。这些世纪见证了农业边疆的扩展、庞大的商业网络、渐进的技术革新以及政治和宗教制度的发展。这些变迁，而不是某种静态的社会，形成了殖民主义时代的前奏。一个人或许会补充说，穆斯林统治者也不符合强加在他们身上的漫画形象。例如，将他们说成"外来的"就具有误导性，因为在由那些最初的苏丹国确立起来的模式中，穆斯林和非穆斯林的政体和文化是在互动中演化的。将这个时期说成"穆斯林"统治时期，也是具有误导性的。这种说法夸

---

① 芭芭拉·梅特卡夫曾任美国密歇根大学（安娜堡分校）的历史学教授和南亚研究中心主任（2003—2009），主要研究领域为殖民地时期的南亚史以及印度和巴基斯坦的穆斯林史。她的著作包括《英印时期的伊斯兰复兴》（*Islamic Revival in British India：Deoband，1860 - 1900*，Princeton University Press，1982/2002）和《伊斯兰论争：论印度和巴基斯坦的穆斯林》（*Islamic Contestations：Essays on Muslims in India and Pakistan*，Oxford University Press，2004）。托马斯·梅特卡夫（1934—2019）则是美国加州大学（伯克利分校）的印度史教授，致力于殖民地时期印度和英帝国史的研究，曾撰写《新剑桥印度史》的第 3 部分第 4 卷《英印统治的意识形态》（1997）。值得一提的是，约翰·理查兹正是在托马斯·梅特卡夫的指导下完成其关于莫卧儿帝国的博士学位论文的，并于 1975 年以《戈尔康达的莫卧儿行政》（*Mughal Administration in Golconda*）为名出版，他也由此成为美国莫卧儿帝国史研究领域的领军人物之一。这个事实或许能够在一定程度上解释两人在莫卧儿帝国观点上的一致。

大了穆斯林统治的国家和非穆斯林统治的国家之间的差异。它也忽略了非穆斯林在穆斯林领导的政体中的参与。进一步来说，它可能还暗示存在着像大规模改宗之类的宗教活动，但这样的宗教活动并不存在。①

可以说，这段话很好地体现了作为新印度史学家的梅特卡夫夫妇的解释策略。这种解释策略或许可以形象地称为"早期现代性的大熔炉"理论：关于莫卧儿帝国"外来性"和"穆斯林性"的理论既被印度早期现代性这个"大熔炉"所消解，又被包含在印度早期现代性这个"大熔炉"中，从而上述关于莫卧儿帝国的两个传统问题都被界定为"伪问题"。对于这种解释策略来说，只有一个问题才是"真"问题，那就是："苏丹国和莫卧儿统治时期"的印度社会是否具有同时代西欧社会那样的现代性？梅特卡夫夫妇给出的答案是肯定的。在他们看来，穆斯林时代（既包括德里苏丹国时期，也包括后来的莫卧儿时期）的印度社会并不像正统印度史学所描述的那样是一个垂死的停滞的传统印度教社会，而是一个像同时代西方社会那样生机勃勃的不断发展进步着的社会。在西方启蒙主义话语体系中，"发展"和"进步"一直被视为现代社会的基本特征。因而，既然历史地看，莫卧儿帝国及其以前的印度社会是不断"变迁"的，那么，这一时期的印度社会就应该被认为具有某种"现代性"（否则印度社会就应该是停滞的，而这是所谓的传统社会的特征）。

不过，不难理解的是，要使这样一种解释策略取得成功，就必须淡化印度历史上包括莫卧儿帝国在内的伊斯兰国家同"本土"印度教政权之间的区别和差异，而强调两者之间的相似性和共同性。的确，在梅特卡夫夫妇的印度早期现代历史叙事中，这成为一个十分重要的论题。梅特卡夫夫妇在谈论莫卧儿帝国的先驱——德里苏丹国时写道：

---

① Barbara D. Metcalf and Thomas R. Metcalf, *A Concise History of India*, Cambridge：Cambridge University Press, 2002, pp. 3 – 4.

13 世纪晚期和 14 世纪，接连出现的突厥—阿富汗人政权——被集体称为"德里苏丹国"——主导了北印度的政治生活，它们定期侵袭南方。这些突厥人和阿富汗人就像他们两千年前的入侵者一样，最初是经由西北的山隘进入次大陆的。我们需要立即纠正一个司空见惯的错误，强调他们的王国与当时的其他印度政体究竟具有多少共同性。和其他这些国家（包括著名的拉吉普特人普里特维罗阇·乔汉的政权）一样，突厥人和阿富汗人首先寻求的是军事胜利，以便取得乡村的农业剩余。和他们一样，他们占有的是一个支离破碎的政治权威，有权攫取分配给他们的附庸的某一地区田赋的一部分作为某种形式的报偿。同样，和他们一样，德里苏丹们为个人功名提供了通道，首要的是通过军功。任何简单地以统治者的宗教为基础的分期法都忽视了这些基本的相似性。突厥人和阿富汗人是入侵者，但他们是按照他们的敌人熟悉的方式行动的。这些"突厥人"——对这些统治者的传统称呼——被融入了一些大家耳熟能详的范畴，如"耶槃那"（*yavana*，爱奥尼亚人）——一个用来描述一千年前跟随亚历山大大帝侵入印度的希腊人的名词，或"蔑戾车"（*mlecca*，野蛮人）——一个用来称呼位于定居的印度文明地区之外的人的名词，而不管这些人是来自遥远的异域，还是附近的丛林。①

总之，这些外来的伊斯兰国家不能被诠释为一种独特的穆斯林类型："这些王朝的核心军事和经济制度这样看来就不是纯正'伊斯兰教的'。"对此，梅特卡夫夫妇给出的理由是：尽管穆斯林王朝在次大陆上主宰政治生活长达近 5 个世纪，尽管"东方主义"观点和后来的印度教民族主义都认为印度教信仰和制度在这些世纪里备受压迫，但"毗湿奴和湿婆崇拜的新模式以及与此有关的社会组织制度正是在这个时期出现的。伊斯兰教的思想和实践，特别是在苏菲虔敬主义的框架下，同样被改变了。这些制度是'穆斯林的'，在于它们是穆斯

---

① Barbara D. Metcalf and Thomas R. Metcalf, *A Concise History of India*, p. 4.

林领导的，它们庇护包括有学识的和神圣的穆斯林领袖在内的宗教人物，对其存在的辩护采用了伊斯兰教的语词。但是，忠诚——而非宗教隶属——决定了参与，而穆斯林以外的精英对苏丹国和莫卧儿政权的运转发挥了核心作用。不存在大规模的、更不用说强制性的改宗计划了"。同样，在梅特卡夫夫妇看来，这些只是表面上是伊斯兰教的政体也不能看作是外来的，因为尽管"这些王朝是由位于当前南亚政治边界以外的人们建立的，而移民们也把印度看作'机遇之地'。但是文化区（cultural areas）超越了现在的边界，那些位于中亚圈内的人或东西方之间的海上贸易网络都确实同这些地区而不是假想的'民族'团体有着更多的共同性。在一个现代国家和护照制度存在之前的时代，'外国'意味着什么呢？在任何一个特定的地方，这些拥有不同渊源的人需要多久才能被看作是'本地的'（natural），特别是当本地的符号系统和制度本身——正像人们可能主张的那样——在同那些往昔的外来人的互动中不断变迁时？印度教徒和穆斯林开始把他们自己看作独立的宗教共同体甚至两个民族的事实是印度现代史上的一个核心事实。不过，至关重要的一点是要理解，尽管名称具有延续性，但过去的共同体和今日的共同体之间存在着多大的差距啊！前现代政体塑造的上等阶级身份囊括了来自不同区域和宗教的个人。本章中的每个实例都是对一群盟友和附庸所效忠的某个特定贵族的刻画。每件制品都展示了这名贵族维护军事力量、为他控制的社会规定秩序以及扮演他从其身上获取役务和资源的附庸们的首领的权利。"由此，梅特卡夫夫妇得出的结论是："对于具有自我意识的'水平'（horizontal）共同体——印度教徒和穆斯林——的对照性意象，就像关于前殖民地时期的印度是一块自足村庄、僵化的种姓等级和全然停滞的土地的意象一样，是把殖民地社会的特征解读成了前殖民地时代的特征。"所以，和约翰·理查兹一样，他们同样认为莫卧儿时代的印度最好描述为"早期现代"印度："如果那个时期不是像由来已久的那样被描述为'中世纪'印度或'穆斯林'印度的一部分（这些术语浸透着与世隔绝和异国他乡的色调），而是用现在很多历史学家都喜欢使用的一个术语——'早期现代'来描述，那么，莫卧儿制度的灵活性和开放性也就同时得到了彰显。这样一种描述显示出大约从 1500 年开始，整个欧亚大陆上——而非仅仅在欧洲——发生了一系列转型。而在欧洲，用'早期现代'来称呼 16 至 18 世纪已是一种标准做法。"①

　　自然，通过将莫卧儿印度界定为"早期现代"印度，莫卧儿帝国就被赋予了特别重要的历史意义：它代表了印度历史的一次根本断裂，代表了印度历史上的一个重大转变时期，构成了一个新的历史时代的开端。用梅特卡夫夫妇的话说就是，"莫卧儿时期由此成为一个影响深远的政治、经济和社会重塑期"②。老实说，新印度史学家们根据"早期现代"模式塑造的莫卧儿帝国的新历史意象在当代印度史编纂中有着十分广泛的影响，以致一些在其他方面并不特别支持新印度史学基本观点的历史学家却在莫卧儿帝国问题上采取了与新印度史学同样的立场和观点。在这方面，当代德国印度史学家赫尔曼·库尔克和迪特玛尔·罗特蒙特合著的《印度史》（初版于 1982 年）为我们提供了一个有趣的实例。

　　在《碎片化和片段化，抑或一体化？——对印度历史上印度封建主义和断裂国家概念的反思》（1982）一文中，库尔克曾对伯顿·斯坦用断裂国家概念来诠释中世纪早期南印度印度教国家的实际结构提出批评和质疑。他援引他对中世纪奥里萨印度教国家的研究成果，一方面批评斯坦对"实际政治控制"和"礼仪主权"做了过分严格地区分，另一方面也质疑中世纪印度教王国所谓的"刚性段片化"（rigid segmentation）的程度是否就像斯坦在研究南印度历史上的断裂国家时所宣称的那样。相较于伯顿·斯坦对断裂国家概念中"礼仪主权"和"片段化"要素的强调，库尔克则更倾向于强调印度中世纪印度教王国中实际政治主权的发展和所谓的"一体化"（integration）倾向。他说："断裂国家概念对中世纪印度教王国的结构分析的启迪价值是不能否认的。然而，在这里，我也对将其不加改动地应用于整个印度历史提出了反对意见。首先，它通过礼仪主权这个概念强调

---

① Barbara D. Metcalf and Thomas R. Metcalf, *A Concise History of India*, pp. 4, 26 – 27.

② Barbara D. Metcalf and Thomas R. Metcalf, *A Concise History of India*, p. 25.

'帝国'（imperial）层面同地方层面之间的距离。其次，中世纪印度教王国的各类片段或单位也被相当严格地区隔开来。在我们当前的讨论中，由于它们发挥的垂直和水平一体化功能，区域传统（regional traditions）起到了重要作用。它们填平了'高等'和'低等'阶级之间的鸿沟，从而将'礼仪主权'的功能转变为'礼仪政策'（ritual policy）。在水平层面上，区域传统有助于区域王国内片段的一体化。因而，奥里萨的例子表明中世纪印度教王国的结构发展不应只从分散化/碎片化和片段化的角度审视，也应该从一体化的角度来审视。"①

与库尔克对斯坦的断裂国家理论模式的质疑和批评相比，库尔克在和他的海德堡大学同事迪特玛尔·罗特蒙特合著的《印度史》中却对莫卧儿帝国完全采纳了新印度史学家们的历史观念。在"导言"中，库尔克和罗特蒙特声称"根据占主导地位的政治结构而非根据个别统治者的宗教或种族属性，将印度历史区分为古代、中世纪和现代三个时期"。在这两位德国印度史学家看来，古代时期是印度历史上的帝国时代，包括了自公元前7世纪恒河平原上小王国开始形成直至笈多帝国（约320—500）崩溃的整个时期。这个时期在经历了国家形成的早期阶段（印度历史上的小王国和大王国时代）后，在恒河平原的核心地区先后出现了两大著名的古代帝国：阿育王的孔雀帝国（公元前262—前233）和后来的笈多帝国。有趣的是，在库尔克和罗特蒙特的眼中，这一时期实际上是印度本土的军事征服帝国时期："居于古代印度史中心的是'转轮王'（chakravartin），即力图征服全世界的统治者。当然，他的局限在于他对这个世界的认识和他的军事潜力。理想的转轮王将他的注意力转向清除或消弭外部威胁，而非加强帝国的内部控制。"之后，印度历史进入所谓的"中世纪"：这是古代印度征服帝国崩溃后众多地区王国兴起和争霸的时代，从戒日王时期（606—647）一直持续到1526年莫卧儿帝国的建立。传统上，这被看作印度历史上的政治分裂时期。但在这里，这一时期却被看作

---

① Hermann Kulke, "Fragmentation and Segmentation Versus Integration? Reflections on the Concepts of Indian Feudalism and the Segmentary State in Indian History", *Studies in History*, Vol. Ⅳ, No. 2, 1982, p. 262.

印度历史上国家形成的一个重要时期。中央集权制开始在这一时期的地区国家中发展起来："这类同心圆国家之间的激烈竞争刺激了政治渗透的发展，而政治渗透在古代无远弗届的大帝国内部却是转瞬即逝的。"最后就是印度的现代时期，"印度历史的现代时期开始于莫卧儿帝国。这个帝国的幅员可以和古代的印度帝国比肩，但在内部结构上却与它们截然不同。它是一个高度中央集权的国家，以对田赋和军事机器的广泛控制为基础，从而使其能够与同时代的欧洲国家相匹敌。"① 显然，尽管库尔克和罗特蒙特没有直接提及"早期现代"概念，但他们对莫卧儿帝国的观念同前述约翰·理查兹和梅特卡夫夫妇的莫卧儿帝国观念如出一辙。当然，这种相似性不可能归结为理查兹和梅特卡夫夫妇的印度史著作的直接影响。毋宁说，这一事实更多地反映了20世纪60年代中叶以来国际史学界在莫卧儿帝国史研究上的一个相当普遍的新趋向。

然而，如果我们仔细地审视一下库尔克和罗特蒙特在《印度史》正文中对莫卧儿帝国所做的深描，那么，我们或许会发现，他们两人呈现的莫卧儿帝国的"现代性"形象似乎并不像他们在《导言》中所说的那样肯定和明确无误。在《导言》中，莫卧儿帝国被明确界定为一个"高度中央集权的国家"，但是在正文中，作者又不得不承认莫卧儿帝国中央集权制度的特殊性和局限性：人们试图将阿克巴的国家"描述成一个家产制和官僚制的国家。但是从其结构看，它远比家产制国家复杂，后者被看成统治者家业的扩展。另一方面，'官僚制'这个术语也可能会使人产生误解，因为大莫卧儿皇帝并不依赖于一个文职官僚机构，而是依赖于一个系统组织起来的军事精英集团……在许多方面，这些精英延续了前面描述过的军事封建主义传统，但又有如下差异：这些帝国军官是政府等级体系的一部分，而且可以根据分配给他们的职责进行调动。'官僚'这个术语的通常意义是指为那些以舞剑而非弄墨自豪的帝国军官工作的'文官'"。在这里，库尔克和罗特蒙特显然十分清

---

① ［德］赫尔曼·库尔克、迪特玛尔·罗特蒙特：《印度史》，王立新、周红江译，中国青年出版社2008年版，第9—10页。

楚"中央集权的"莫卧儿帝国的官僚制度同现代官僚制度的"区别"：莫卧儿帝国官僚体系的核心是军事精英，而现代官僚体系的核心则是一个文官集团。同样，在关于莫卧儿帝国是一个现代的"火药帝国"还是一个传统的"骑兵帝国"的问题上，我们从库尔克和罗特蒙特的《印度史》中看到的依旧是一个模棱两可的解说："关于炮兵和骑兵在莫卧儿战争中的相对重要性，迄今一直存在着争论：莫卧儿人确实建立了一个'火药帝国'，还是仅仅和他们的先辈们一样，统领着一个'骑兵国家'？一方面，他们当然延续了骑兵国家的传统，并通过曼萨卜制度使得这种国家更有效率；而另一方面，他们则将自己的核心力量建立在对野战炮的控制上。这些大炮不仅总是伴随着莫卧儿军队出现在最遥远的战场，还陈列在大莫卧儿皇帝的营帐中，以此显示皇帝拥有无与伦比的火力。"① 诚然，正像库尔克和罗特蒙特看到的那样，现代军事技术（枪炮）对莫卧儿帝国的成功至关重要，但诡异的是，这个帝国核心的军事官僚制度——曼萨卜达尔制度的基石却是"骑兵"！这种以骑兵为基础的曼萨卜达尔制度同这个帝国的扎吉尔（军事采邑）制度一起看来只是再现了早在莫卧儿时代以前很久印度就已存在的"军事封建制"。这似乎又把我们带回到了莫卧儿帝国的正统历史意象。

　　无疑，这给新印度史学中莫卧儿帝国的新形象蒙上了一层阴影。使这一画面变得更加灰暗的是新印度史学的杰出代表伯顿·斯坦在他的最后一部著作《印度史》中对莫卧儿帝国的诠释。虽然伯顿·斯坦通过将断裂国家概念引入印度中世纪史研究为新印度史学的形成做出了开拓性贡献，但他在对莫卧儿帝国的诠释上却没有遵循前述新印度史学的范式。还在第一章讨论新印度史学中印度传统农业社会的图景时，我们业已指出斯坦把早期现代的莫卧儿帝国看成一个"分化的"现代国家形成之前的"家长制武士国家"。的确，尽管在斯坦的《印度史》中对莫卧儿帝国的叙述被按照新印度史学的分期法置于"早期现代印度"的标题下，但斯坦并没有像理查兹和梅特卡夫夫妇

① ［德］赫尔曼·库尔克、迪特玛尔·罗特蒙特：《印度史》，第239、241、242页。

那样努力把莫卧儿帝国描述成一个早期现代国家。① 相反，他似乎更多地强调了莫卧儿帝国的前现代性质。在至关重要的国家形成方面，他对比了西亚和印度的不同历史际遇："在西亚，奴隶士兵建立起国家体制，这些体制适时官僚化了；然而，在印度，尽管采邑（service landholding）对穆斯林政体来说是重要的，官僚化却没有发展起来。在 16 世纪，中央集权的行政控制加强了，但土地一旦落入有权有势的兵士和文官手中，就极易转变为他们个人的世袭财产。这样，授予政府官吏的俸地——这类俸地直到囊括了北印度大部分耕地和印度半岛的部分土地以前一直是增长的——就脱离了国家控制。"斯坦将这种状况归咎于印度自身的历史"传统"："在与伊斯兰世界的碰撞中，传统的荷重和历史的惰性依旧存在于印度人的风格和他们的前穆斯林时代的进程中。确实，前穆斯林时代的价值观和制度并没有被这种碰撞打碎。相反，它们在穆斯林帝国中硬化成为甚至更加保守和僵化的前穆斯林文化的晶体和飞地。"也就是说，莫卧儿帝国时代的印度依旧是一个笼罩在传统阴影下的印度，而不是一个沐浴在早期现代阳光下的印度。在斯坦看来，所谓的莫卧儿的"新时代"其实是"脆弱的"。他认为在奥朗则布统治的后半叶，莫卧儿帝国的行政架构崩溃了，并引发了严重的政治后果："阿克巴的体系在将战争矛头指向德干的马拉塔人后变得臃肿和头重脚轻，而奥朗则布的战役也引发了其他后果……到 17 世纪最后二十五年，已经没有多少耕地可分配给那些在德干为皇帝效劳的新官吏了。在每个地方，老的和新的莫卧儿臣子都加重了对农民生产者的盘剥。苛征暴敛在一定程度上造成了锡克和贾特农民的反叛，而这些叛乱就发生在莫卧儿印度的心脏地带。"② 显然，这又回到了正统印度史学对莫卧儿帝国衰落和瓦解的诠释：扎

---

① 伯顿·斯坦于 1996 年 4 月去世。在他去世时，他的《印度史》手稿尚未完成。除了他的遗孀多萝西·斯坦，著名的新印度史学家大卫·沃什布鲁克和桑贾伊·苏布拉马尼亚姆（Sanjay Subrahmanyam）共同负责了遗稿的整理和出版工作。这一事实或许有助于说明这种奇异情况的出现。

② Burton Stein, *A History of India*, Malden：Blackwell Publishing, 1998, pp. 160, 161, 199.

吉尔危机理论。

结果，在伯顿·斯坦的眼中，"早期现代印度"实际上不过是一个特别成功的中世纪晚期帝国——虽说成功，但并没有现代性可言：

> 这样，合乎逻辑的结论就是，他们的突然衰落表明莫卧儿人没有开启一个"新时代"，也没有为未来的印度指明某种方向。他们显然只是印度中世纪的顶点：一个各种政体都力图实现更高程度的中央集权（只取得了有限成功），以便能够利用城市化的货币经济和国际贸易所蕴含的国家建设潜力的时期。舍尔·沙的阿富汗人政权比其他政权更大更快地推进了中央集权，而他的革新也被莫卧儿人的政权吸收，后者所能召集的军事力量稍微超过了阿富汗人。莫卧儿人的军事优势并没有像阿富汗人那样受到部族组织的限制，自由征召到莫卧儿军队中的精兵良将既来自遥远的非洲和波斯，也来自次大陆的非穆斯林人中间。当世界其他旧政权正在经历欧洲的历史学家们记录（且轻易假定是世界范围）的"17世纪危机"时，这个原因连同阿克巴建立的行政框架为莫卧儿政权提供了保持强大地位的手段。莫卧儿人完善了中世纪晚期的制度，将印度的下一场政治、社会和经济危机推迟到18世纪。那时，新的解决方案将被设计出来，并一直保持到殖民主义时代。①

这样看来，新印度史学所努力塑造的早期现代国家形象与其说是一个确凿无疑的事实，还不如说是一个尚待进一步证实的迷思。

## 第三节　走向历史空间理论：对莫卧儿<br>帝国的新诠释

正像我们已经看到的，无论是正统印度史学关于莫卧儿帝国的中

---

① Burton Stein, *A History of India*, pp. 199–200.

世纪晚期帝国意象，还是新印度史学关于莫卧儿帝国的早期现代国家意象，都充满着矛盾和歧异。的确，这两种史学在很多方面都是对立的。不过，在一个重要的方面，这两种印度史学却有着不容忽视的共同点：历史学家们都致力于为他们所看到、所理解的"当代印度"建立一种历史诠释学。对 E. J. 拉普森和文森特·史密斯这样的正统印度史学家来说，"当代印度"就是存在于 20 世纪初叶、由英国殖民者在南亚次大陆（也曾一度包括东南亚的缅甸和西亚的亚丁）建立起来的一个政治实体（尽管作为殖民地依附于当时的宗主国英国）："印度帝国"（Indian Empire）。而对于戈登·约翰逊、C. A. 贝利和约翰·理查兹这样的新印度史学家来说，"当代印度"自然就是我们当前看到的那个 1947 年 8 月摆脱殖民统治后一直存续至今的"印度共和国"（起初是作为英帝国内部的自治领，从 1950 年 1 月 26 日起成为一个完全独立的共和国）。无论正统印度史学和新印度史学有多大差别，它们终归是要叙述一个特定的历史实体——"印度"的历史。"印度"和某种"印度性"构成了这两种印度史学共同的研究对象。显然，这是按照启蒙时代以来主导了西方世界的民族主义史学观念建构起来的历史客体。它把"印度"想象为一个独立的有着自身独特历史和特性的民族体或文明体。这种史学就是斯宾格勒在《西方的没落》一书中所批评的那种西方"浪漫主义"史学：

> 在整个 19 世纪中，历史的科学描述被一种概念损害了，这种概念来自浪漫主义，或至少受了浪漫主义的一定影响——这是一种从心理热情的意义来理解的"民族"概念。如果早先在什么地方出现过一种新的宗教、新的装饰、新的建筑物，或者新的文字，那么，由此发生的摆在研究者面前的问题就是——是哪一个民族产生这种现象的？问题的这种提法是西方精神及其现代形式所特有的；但是这种提法是完全不正确的，所以它对事情的经过所做出的描写必然是错误的。作为人在历史上借以起作用的绝对基本形式的"民族"、原始的家、原始的居住区、各民族的迁徙——这一切都是 1789 年"Nation"（民族）和 1813 年的

"Volk"（民族）所表达的动人心弦的观念的反映，这两个词分析到最后都来自英格兰的清教徒的自恃精神（self-assuredness）。但是这种观念所包含的强烈的热情把它保卫得很好，使它没有遭受批评。甚至敏锐的研究者也毫无机智（unwittingly）地用它来把大量完全不同的东西包罗在一起，结果，"民族"变成了一种确定的、假定已被很好地理解的、全部历史都是由其创造的单位量。在今天，对我们说来，世界史的意义就是诸民族的历史——对希腊人和中国人说来，这不是不辨自明的，它也没有这种意义。其他一切东西，文化、语言、才华、宗教都是民族所创造的。国家是民族的形式。①

就是按照这样一种民族主义史学的思维模式，莫卧儿帝国的历史在正统印度史学和新印度史学中都被看成"印度"历史的一个有机组成部分。结果，我们当前所了解的莫卧儿帝国的历史就是这样一种印度历史视野下的莫卧儿帝国史。过去的正统印度史学家和现在的新印度史学家都没有反思给莫卧儿帝国套上一件"印度"的民族史学外套是否合适。幸好，由 I. H. 库雷希主编的三卷本《巴基斯坦简史》为我们在印度史视野之外审视莫卧儿帝国的历史提供了一个有益的借鉴。在库雷希看来，不只是莫卧儿帝国的历史，就是整个巴基斯坦的历史事实上都可以摆脱"印度史"视野的束缚。在第一卷"主编者的话"中，他写道：

也许有人会问：真的能写出一部巴基斯坦的历史来吗？能把它充分从印度史中分离出来而使其自成体系吗？答案是：就某些时期而言，巴基斯坦的历史几乎是可以完全独立叙述的，而在另一些时期，则由于构成巴基斯坦的那些地方是那么强烈地卷入了整个地区的历史漩涡之中，以致发生在巴基斯坦的事

---

① ［德］奥斯瓦尔德·斯宾格勒：《西方的没落：世界历史的透视》上册，齐世荣等译，商务印书馆 2001 年版，第 229 页。

件只具有地方性的意义，而这种意义离开了更大范围的更重大的事件，也就不可能充分理解。有时，对我国历史起支配作用的是那些发生在次大陆以外，尤其是发生在中亚细亚和伊朗高原的事件。

就印度而言，该国的事件不总是我国历史中的一个主导因素。在很长的时期里主宰印度历史命运的却是我们。这个事实需要予以承认；只要承认了这个事实，即使最重大的事件发生在巴基斯坦疆域以外，也就不会有人对本书的书名表示惊异了。①

简言之，在库雷希看来，巴基斯坦的历史不仅不是印度历史的一部分，而且应当在通常的民族国家的地域框架之外来诠释，只能作为"更大范围"的历史的组成部分来叙述。

同样，A. H. 达尼在《巴基斯坦简史》第 1 卷中论述"巴基斯坦历史的地理因素"时，就努力把"巴基斯坦"和"印度"区分开来。他认为两者具有根本不同的"生活态度"："'印度'固然得名于印度河水系，但印度人的宗教则起源于恒河水系。地理的和人的因素产生了各种不同的生活态度。恒河型的生活态度是次大陆性的，而印度河型的（即巴基斯坦的——笔者按）则超越了本地区，受到欧亚地带各民族的主要活动的影响，同时帕德马河—梅格纳河三角洲在精神上则同东南亚的强烈季风地区较为接近。穆斯林给巴基斯坦的这两个地区带来了一种新的理想，把这个次大陆的历史同世界历史的主流联系起来，从而使这里的历史产生了一个判然的转变。"进而，他认为巴基斯坦的穆斯林和印度人拥有迥然相异的"地理概念"，他们以更广阔的世界历史视野把自己界定为"欧亚大陆迁徙民族的一部分"："穆斯林的概念源于他们曾是欧亚大陆迁徙民族的一部分，这种概念在历史上一直支配着他们的

---

① ［巴］A. H. 达尼：《巴基斯坦简史》第 1 卷，四川大学外语系翻译组译，四川人民出版社 1974 年版，第 1—2 页。

政治和国策。世界旅行者如伊本·巴图塔①，地理学家如亚古特，都在伊斯兰教的历史上起过特殊的作用。渴望扩大自己的地理知识乃是穆斯林历史学家的特有品质。穆斯林来到以后，他们首次解放了使次大陆从印度河到帕德马河—梅格纳河三角洲统一起来的那些力量；他们开创了一个新时代，把当地历史同亚洲经常迁徙的民族的历史永远联系起来。穆斯林的国家活动不局限在北方喜马拉雅山和南方海洋之间的战场上，同时也卷入了中亚细亚的许多事件。"与之相反，在达尼看来，"印度人的地理概念在视野上是受局限的，即局限于他们自己的国土范围以内。我们只是在他们的宇宙论的著述里，才看到一段记载，谈到围绕弥楼山的四大洲（dvipa），但这个概念纯属幻想。只有关于赡部洲的概念是真实的；赡部洲是给次大陆起的名称，见于孔雀王朝的统治者阿育王的历史记载上。在正统的印度历史文献里，次大陆常常被称为婆罗多国（Bharatavarsha），由此而得出婆罗多（Bharata）这个现代的印度名称。《毗湿奴往世书》（Vishnu Purana）给次大陆下了这样的定义：'在大洋之北与雪山之南的地方名婆罗多，婆罗多的后裔生聚于此。'许多作家，如印度著名的政治学家考提利亚说过，位于喜马拉雅山和海洋之间的这块土地乃是'转轮王之地'（皇帝的国土）。梵语典籍提出告诫：一个君王的最高职责就是宣布他对这块地方享有宗主权。举例来说，关于神话英雄腊古的'征服世界'（Dig-Vijaya），迦梨陀娑赋予了诗意的遐想，即使在这样的遐想中，他仍然把英雄的活动范围限制在次大陆以内。印度人的这种视野上的局限性产生了一种跟穆斯林根本不同的心理状态。"②通过这样的对照，达尼彻底把巴基斯坦同印度区分开来。巴基斯坦的历史不再被看成印度历史的一部分，甚至也不是作为一个地域性民族国家的巴基斯坦的历史，而是被视为一个超越了南亚次大陆的更大的伊斯兰世界历史的一部分：

---

① 又译"伊本·白图泰"，著名的14世纪摩洛哥穆斯林旅行家，曾远游印度和中国等地。他的游历记录在《伊本·白图泰游记》（The Rihla）中，该书在1985年由北京大学马金鹏教授译为中文出版。
② ［巴］A. H. 达尼：《巴基斯坦简史》第1卷，第4—8页。

在（南亚）这些外来民族中，占压倒优势的是穆斯林；他们使本地区各民族直接同亚洲的主要历史潮流发生接触，并生动活泼地保持着他们自己特有的文化，即使他们分散在这一广大地区的各个不同地方，共同的文化基本特点仍然把他们联系在一起，同时又使他们区别于住在同一地方的其他民族。穆斯林的这种历史文化的同一性是给我们留下来的一份巨大遗产，巴基斯坦的穆斯林的团结一致正是牢牢植根在这一文化遗产之中的。①

实际上，Sh. A. 拉希德在《巴基斯坦简史》第 3 卷中编撰莫卧儿帝国的历史时采用的就是这样一种"超"民族国家的视域。在第二章论述"16 世纪世界形势"时，他首先将莫卧儿帝国的建立界定为这个世纪的一个重大的世界性历史事件："通称为莫卧儿人的察合台突厥人，征服了印度—巴基斯坦次大陆，建立了辽阔繁荣的帝国。这个帝国时盛时衰，持续了三百年之久。就局部而言，这在次大陆穆斯林社会历史中是极重要的大事；就世界历史而言，也是如此。16 世纪是伟大人物和重大政治事件的一个世纪——是全世界'政治力量重新组合'的时代，是宗教上激荡不安的时代，是人们在广大规模上对文化、经济、意识形态重新估价的时代。"在拉希德看来，这个时代最重要的特征之一当然就是"穆斯林世界"的兴起，其标志则是三个疆域广袤的伊斯兰帝国在亚非欧三大洲的同时崛起："该世纪内，穆斯林世界有三大帝国兴起。这三大帝国互相关连，构成了整个穆斯林世界最活跃、最明确、最紧密的一个环节。奥斯曼土耳其创业于西亚，后侵入东欧；萨法维人占据伊朗高原的大部分；而察合台突厥人则袭取了巴基斯坦和印度，建立了莫卧儿帝国。"拉希德认为，"这三个穆斯林帝国为伊斯兰文明'在国际上的传播'提供了新形式、新内容以及新的生气和活力"。因而，在这里，莫卧儿帝国的历史就不再被看成是一个封闭的历史文明"印度"的过去历史的延续，而

① ［巴］A. H. 达尼：《巴基斯坦简史》第 1 卷，第 8—9 页。

是被诠释为一个其源头和中心都位于南亚次大陆之外的独特的宗教文明——"伊斯兰文明"在早期现代全球性扩张和传播的历史的一个有机环节。在这样一种视域下，对同时代的印度自身来说，"莫卧儿统治的重大意义"显然就在于它像从前的德里苏丹国一样再次打破了其征服和统治下的印度的传统的"印度性"（次大陆特性），将其纳入一个开放的跨区域国际网络："莫卧儿人对次大陆的征服，重新建立了次大陆的国际性质。自从德里苏丹国衰亡以后，次大陆实际上是同外界长期隔绝的。这种孤立状态现在被打破了，次大陆再一次在世界各国中占有重要而光荣的地位。"① 换言之，莫卧儿印度和莫卧儿帝国一样都须置于"穆斯林世界"或"伊斯兰文明"的整体历史视域下来审视。莫卧儿印度的历史变成了早期现代伊斯兰世界或文明的历史的一部分。

然而，对于这样一种穆斯林的历史视野来说，更重要的一点似乎是，莫卧儿帝国并没有因为信奉伊斯兰教的莫卧儿人"定居于"印度而印度化，而是保持了其独特的伊斯兰特性和穆斯林认同。事实上，这一点正是拉希德在阐释"莫卧儿时代的穆斯林社会"时努力强调的"史实"。在他看来，"穆斯林之所以能免于消灭和同化，是由于他们对伊斯兰教的教义、对自己的独特性和同穆斯林世界的联系抱有坚定的信念，忠于伊斯兰教以及属于全世界穆斯林社会的这一观念，保证了穆斯林各种思想和行为的共同准则得以通行无阻。这就使本地文化势力的影响受到了限制。在印度这样的环境中，伊斯兰社会总是自觉地、也是自豪地认为自己是世界穆斯林社会的一部分。它一直珍爱伊斯兰文化的丰富遗产。结果就产生了三方面的忠诚——忠诚于伊斯兰教、忠诚于穆斯林'母亲'（ummah）② 和忠诚于为了在印度教环境中保持伊斯兰社会的整体性而燃烧起来的热情。穆斯林以次

① ［巴］Sh. A. 拉希德：《巴基斯坦简史》第3卷，四川大学外语系翻译组译，四川人民出版社1975年版，第15、16、301页。
② 中译本译者将"乌玛"（ummah）译为"母亲"是错误的。这个阿拉伯语词的本意为"民族"，现在一般译为"共同体"。"乌玛"是穆罕默德以来伊斯兰教信仰中一个重要的传统观念：世界上所有的穆斯林应不分民族和地域结成一个统一的"穆斯林共同体"。

大陆为家；而且，跟后来的英国人不同，他们完全同他们安家的这块地方融合为一。但是，穆斯林顽强地拒绝采纳次大陆的哲学和生活方式。他们一直保持了同穆斯林世界的联系。只是到了接近 17 世纪末叶时，由于政治、经济和军事变化的结果，从中亚细亚这个'伟大人库'的人口流入才逐步缓慢下来而终于停止了。"结果就是，"这种新血液的不断输入，以及同伊斯兰世界的经常接触，使得居住在印度的穆斯林孕育着一种珍贵的兴奋心情，即感到自己是'在空间和时间上超越印度之外的更广大世界'的一部分。"①

　　在对莫卧儿帝国的这样一种阐释中，有两点是特别值得我们关注的：第一，莫卧儿帝国被界定为一个地域范围更为辽阔的历史实体"穆斯林世界"的组成部分；第二，莫卧儿帝国被界定为一种与"印度"的传统和文化相区别、但又共存共生的另一种不同的传统和文化。这样一种从巴基斯坦的"民族主义"立场所做的莫卧儿帝国阐释实际上把我们带到了关于莫卧儿帝国的"历史空间"（historical space）理论。② 不过，遗憾的是，这个概念迄今还没有得到很好的阐释。虽然从古代起"空间"问题就开始进入哲学家们的意识，但直到 19 世纪前后，"空间"才随着现代几何学的发展而成为科学的研究对象。在现代数学中，"空间"被界定为一种特殊的数学对象：一个附加了某些结构的"集合"——有时也被称为"世界"（universe）。这样被定义出来的"数学空间"已经与我们的直观空间或我们对空

---

① ［巴］Sh. A. 拉希德：《巴基斯坦简史》第 3 卷，第 306—307 页。
② 新印度史学的代表人物之一大卫·勒登在《南亚农业史》（《新编剑桥印度史》第 4 部分第 4 卷）中已经多次使用"历史空间"这一术语。例如，在第一章谈论印度的地理景观（landscapes）时，勒登写道："高地和低地、干旱地区和湿润地区之间所有的区分、互动和交错都发生在历史空间中，发生在不断变化、时时改变着地理面貌的社会力量状况中。"在第二章谈论中世纪印度农业疆域的形成时，勒登又写道："南亚事实上是一个从蒙古穿越中亚、叙利亚和埃及、延伸到马格里布和萨赫勒地区的广袤的历史空间的组成部分。其中，畜牧业占有十分突出的地位。"最后，他还在这一章提到公元 11 世纪阿富汗和中亚的骑士们侵入了温迪亚山脉以南"业已存续多个世纪的征服殖民的历史空间"。（Ludden, David: An Agrarian History of South Asia, Cambridge: Cambridge University Press, 1999, pp. 49, 66, 91.）在所有这些地方，勒登的"历史空间"概念都意指某一历史性的因而是变化的地理区域。不过，对本书来说，对"历史空间"的这样一种理解显得有点过于简单了。

间的表象大相径庭（在我们的表象中，空间就是与物质相对立的"虚空"）。然而，正是现代数学赋予空间的这种特殊意义成为现代经验科学研究中得到普遍承认的空间概念，因为唯有这种意义上的"空间"才能成为经验科学的研究对象。例如，在以爱因斯坦的广义相对论为代表的现代物理学（区别于牛顿的经典物理学）中，我们所处的实际的"物理空间"或"自然空间"就被转换为一种特殊的数学空间：爱因斯坦所谓的"空时"（spacetime）实际上被表达为一种称为"伪黎曼流形"的数学空间。在人文社会科学领域，"空间"概念的分析价值也日益得到重视。在这方面，法国的马克思主义哲学家和社会学家亨利·勒菲弗（Henri Lefebvre，1901—1991）做出了最突出的贡献。在1973年出版的《资本主义的生存》（*La survie du capitalisme*）一书中，勒菲弗提出了"社会空间"（social space）的概念："社会空间就是生产关系的再生产（叠加在生产手段的再生产之上）的处所；同时，它也是适用于某种形式的规划（土地开发）——亦即增长逻辑——的场合和工具。"① 而在次年出版的《空间的生产》（*La production de l'espace*）中，勒菲弗拓展了这个概念的内涵。在他看来，每个社会和每种生产方式都会"生产"出某种特定的空间和属于它自己的空间，因而"（社会）空间就是一种（社会）产品……这样生产出来的空间也充当了思想和行动的工具……除了作为一种生产手段，它也是一种控制手段，因而也是统治和权力的手段"。有趣的是，勒菲弗在《空间的生产》中也提到了"历史空间"这一术语："绝对空间，本质上是宗教和政治性的，是血缘、土地和语言纽带的产物，但从中发展起来了一种相对化的、历史的空间。绝对空间在这个过程中并没有消失，毋宁说它作为历史空间的基石和再现空间（representational spaces）——宗教、巫术和政治的象征——的基础保存了下来……历史的力量彻底粉碎了自然性，而且在其废墟上建立起积累空间（所有财富和资源的积累：知识、技术、货币、贵重物品、艺术品

---

① Henri Lefebvre, *The Survival of Capitalism：Reproduction of the Relations of Production*, London：Allison and Busby, Trans. Frank Bryant, 1976, p. 17.

和象征）……一个'主体'主导着这一时期：西方历史上的城镇及其控制下的农村。就是在这一时期，生产活动（劳动）和维系着社会生活的再生产过程也不再是同一的了；不过，在与那个过程变得日益分离时，劳动走向抽象化，由此产生了抽象的社会劳动——和抽象空间。"① 在这里，"历史空间"（实际上就是欧洲中世纪的社会空间）被解读为社会空间发展的中间阶段，介于欧洲古代城邦社会的绝对空间（自然空间）和现代资本主义社会的抽象空间之间。

　　无疑，勒菲弗的"历史空间"被赋予了一种相当狭窄的意义，仅仅作为一种特殊形态的社会空间与绝对空间和抽象空间并列。然而，我们这里所理解的"历史空间"概念则具有很大的不同，它具有更普遍的意义。我们在历史学的视域下把"历史空间"定义为一种独特的历史客体，因而也是一种独特的历史研究对象。这种意义上的"历史空间"不是同勒菲弗所定义的绝对空间或抽象空间相并列，而是同现代史学家们建构起来的其他历史客体和对象相并列："社会""国家""民族""文化"和"文明"等。正是凭借这样一些概念和范畴，现代史学家们得以建构起不同形态的历史：社会的历史、国家的历史、民族的历史、文化或文明的历史。现在，我们可以在同等的意义上说，历史学家们也可以借助"历史空间"这个概念来建构和阐释另一种形态的历史。除了我们已经习以为常的社会史、民族史或文明史，我们还可以编撰"历史空间"的历史。作为一种更为宏大和具象的历史客体和研究对象，历史空间并不会把传统的史学概念和范畴——"社会""国家""民族""文化"或"文明"等逐出现代史学的领域。它只是为我们提供了审视历史的新范式。在这种新范式中，原来的概念和范畴仍有其价值和意义，但是它们的价值和意义被新范式改变了，"下降"为新范式的基础构成要素。换言之，新范式会重塑旧的概念和范畴的价值和意义。当然，要真正理解这一点，我们首先需要解析一下"历史空间"概念自身的参照框架。

--------

　　① Henri Lefebvre, *The Production of Space*, Oxford：Blackwell Publishing, Trans. Donald Nicholson-Smith, 1991, pp. 26, 48, 49.

　　如前所述，现代科学研究中的"空间"概念都是从数学空间引申而来的。现代数学把空间理解为一个具有某些结构的集合或世界。在这一点上，历史学也不例外：历史空间首先是一个历史的"世界"。自然，历史的世界并不会存在于虚空当中，它一定建立在一个物理世界（或者说"区域"）的基础之上。因而，历史空间一定是一个地理区域或"自然空间"的历史空间。这反映了历史空间固有的空间属性：在历史空间中，历史和空间总是密切结合在一起的。就此而言，法国年鉴学派代表人物费尔南·布罗代尔的《地中海与菲利普二世时代的地中海世界》一书提供了一个经典的实例。显然，正像该书书名所表明的那样，如果我们把"菲利普二世时代的地中海世界"看作一个历史空间的个案的话，那么，这个历史空间是与一个自然的地理区域——"地中海"密切联系在一起的。实际上，在布罗代尔看来，地中海的"环境"对这个历史空间的长时段历史有着决定性的影响。地中海世界的历史在某种意义上就是地中海这个地理区域的历史。不过，我们并不能因此把历史空间看成只是"历史地理"的另一种表达方式。历史空间作为一个具象的历史客体涵盖了"历史"自身的所有层次和面向（不要忘记，在数学中，空间的本质就是集合，因而我们也可以说，历史空间就是历史的"集合"）。相形之下，历史地理就只是历史自身的一个面向。与历史地理相比，历史空间这个"集合"则包含着各种历史的"元素"。在《地中海与菲利普二世时代的地中海世界》一书中，我们可以看到，除了地中海这个"环境"元素，布罗代尔所描述的"菲利普二世时代的地中海世界"这个历史空间还包括了"经济""帝国""社会""文明""战争"和"政治"等诸多历史元素。相对于这些历史元素，历史空间构成了它们发挥作用或影响的共同的场域。作为活动场域，每一个具体的历史空间都是有"边界"的。在布罗代尔看来，撒哈拉沙漠、欧洲和大西洋就构成了他所要探究的那个历史空间——"菲利普二世时代的地中海世界"的边界。而且，这样的边界还不是固定不变的。例如，在谈论地中海世界的欧洲边界时，布罗代尔写道：

这些深入内陆，经常进入完全陌生的地区——例如俄罗斯的各个地区——的路线，只是或多或少受地中海影响的欧洲的骨架。通过这些动脉的无数分支，地中海只在距离海岸不远的地方扩展影响。那里才真正浸透了地中海的影响。这是一个得天独厚、但又变化不定的地区。只要想到宗教、文化、经济等方面的情况，就足以明白这个地区的面积有伸缩性。取自经济史的一个例子可以使我们的思想明确起来。我们刚才谈到马赛和所有位于地中海沿岸的商港。在一定的距离之外，它们就把接力棒交给其他城市。在西欧和中欧，一条连接这些内地中继站的轴线，从里昂出发，朝日内瓦、巴塞尔、乌尔姆、奥格斯堡、维也纳、克拉科夫和利沃夫的方向延伸。引人注目的是，以上列举的城市兼具南方和北方的性质。它们的目光和生活同时转向北方的地中海（指波罗的海和北海等——译者按）和整个广阔的内海（指地中海——译者按）。人们不能否认，这条中轴线是欧洲联合体的一条疤痕，一条重要的接缝。既然如此，难道人们能够否认最终将与地中海相抗衡的欧洲就是从这些混合型城市以北发端的吗？这是向宗教改革运动开放的、由一些咄咄逼人的新兴国家组成的欧洲。这些国家的蓬勃兴起将以自己的方式标志我们称之为现代的开始。①

实际上，我们完全可以把"历史空间"看作一个由历史（时间）和空间（地域）两条坐标轴构成的参考框架。和物理世界中的时空框架一样，这个参考框架中的时间轴和空间轴也不是独立存在的，而是有着密切的辩证关系：沿历史轴线的移动既能引起空间边界的位移，也能引起空间内部结构的变迁。同样，沿空间轴线的位移也会引起历史轴线的变动。一般说来，历史空间边界——无论是历史边界，

---

① ［法］费尔南·布罗代尔：《地中海与菲利普二世时代的地中海世界》第 1 卷，唐家龙、曾培耿译，商务印书馆 2018 年版，第 314—315 页。

还是空间边界——的变迁都是由这两条轴线的交会和互动决定的。在上述布罗代尔的实例中，地中海世界的"欧洲"空间边界显然是由发生在这个世界内部的各种历史状况（在布罗代尔看来，最重要的当然是经济）决定的。另一方面，也正像布罗代尔自己表明的，我们或许可以称之为地中海世界的一条历史边界的"现代的开始"也是由新的历史空间（布罗代尔所谓的"向宗教改革运动开放的、由一些咄咄逼人的新兴国家组成的欧洲"）的兴起造成的。历史空间的历史边界和空间边界的变动不居表明，历史空间根本不同于布罗代尔所描述的那种作为历史时间"长时段"的、近乎静止不变的"地理时间"，它是一个由其时间轴和空间轴之间的互动决定的动态变化的历史实体。就我们这里所探讨的主题而言，一个具有决定意义的历史事实在于：在整个早期现代时期，以南亚次大陆为中心的环印度洋地区存在着一个可与"菲利普二世时代的地中海世界"相比拟的历史空间。这就是安德烈·温克所称的"印度—伊斯兰世界"。

从1990年起，美国威斯康星大学的历史学教授安德烈·温克就开始陆续出版他雄心勃勃筹划的五卷本丛书《泛印度：印度—伊斯兰世界的形成》（截至2022年已出版前三卷），试图分析公元7世纪以来阿拉伯人所谓的"泛印度"（al-Hind）区域（由印度本部和印度化的外围区域构成的广大地区）在伊斯兰化过程中所发生的重要历史变迁。温克认为，在7—11世纪期间，伊斯兰教的扩张对泛印度区域产生了重大商业影响。在印度次大陆的外围国家中，流动资源、密集的掠夺和贸易活动以及社会和政治方面的流动性和开放性产生了强大的活力，而这样的活力在人口密集的定居农业中心区域是付诸阙如的。权力转移和大规模财富流动发生在泛印度外围的诸多中心之间。这些中心位于由伊斯兰—汉藏边疆（一直延伸到东南亚）构成的流动财富世界和中心区定居农业世界（以卡瑙季一带的婆罗门神庙印度教为其缩影）之间的中间地带。一个环绕在印度洋四周的"世界经济"——以印度为中心，以中东和中国为其活跃的两翼——的成长和发展，是这一广袤的区域由伊斯兰教的广泛传播所促成的持续的经济、社会和文化整合的结果。同时，温克还认为这一时期泛印度区域形成了两种组织模式：一种是外围边疆国家的长途贸易和流动财富，另一种是中心地带的定居农业。这两种不同的社会、经济和政治组织在11—13世纪期间成功地融为一体，而印度也成为世界贸易的中枢。在这后一时期，中东的重要性衰落了，中亚统一在蒙古人的铁蹄下，伊斯兰教则已深入印度次大陆腹地。北印度的农业平原并未被蒙古人摧毁，他们仅仅染指过缺乏充足的优质牧场的泛印度西部边陲。这里的统治者是突厥裔穆斯林，他们凭借少量职业军队逐渐征服了这一地区。这一过程并未伴随着任何大规模的游牧民族入侵。征服的结果就是在强制货币化和政治疆域扩张的双重推动下出现的定居农业经济复兴。伊斯兰教的征服和贸易为14、15世纪新的"印度—伊斯兰社会"（Indo-Islamic society）的形成奠定了基础：在这种新类型的社会形态中，边疆社会和定居农业社会的组织形式成功地融为一体。结果就是，当世界历史开始进入早期现代时（也就是1500年前后），印度和印度洋上已经在过去的两个世纪里形成了一个既不同于中东，也不同于中国的独特的"印度—伊斯兰世界"："一个缺少稳定的参数、四处发生地理变迁、城市体处于萌芽和不稳定状态、出身游牧民族的精英高度多变和流动、海外商人远涉重洋而生计任凭季风摆布的农民极易受到饥荒和疾病侵袭的世界。"①

在《泛印度：印度—伊斯兰世界的形成》的第三卷《14和15世纪的印度—伊斯兰社会》中，温克对这个在莫卧儿帝国之前就已形成的印度—伊斯兰世界的内部结构进行了详细的阐释。在他看来，"众多大河系统的存在是这整个区域最重要的地理特征。从早期时代起，河流冲积平原和三角洲就为主要的印度洋文明提供了农业环境。这些河流深入内陆，将陆地和海洋连接为一个高度分化而又紧密相连的交换政治经济体"。这样的区域包括东非的赞比西河、斯瓦希里海岸、埃塞俄比亚和厄立特里亚、底格里斯—幼发拉底河平原、旁遮普、恒河—亚穆纳河河间地、孟加拉三角洲、印度半岛、伊洛瓦底江流域、

---

① André Wink, *Al-Hind*：*The Making of Indo-Islamic World*, Vol. III：*Indo-Islamic Society, 14th – 15th Centuries*, Leiden：Brill, 2004, p. 244.

湄南河、洞里萨湖、湄公河以及印度尼西亚。温克认为，印度洋地区河流的另一个重要特征不是卡尔·魏特夫所说的"治水社会"，而是水文的不稳定性："与河流不稳定相关的环境变迁、冲积平原的水土流失、地震和三角洲的形成随处可见。由于这个原因，印度洋成为一个环境破碎的人类定居地，到处是消失的河流、消亡的文明和尘封的城市。国家的治水努力从来都没能改变这个基本的地理因素。""在这种背景下"，温克说："中世纪的印度洋城市特别脆弱，缺乏延续性，相对来说也没有从浓厚的农业背景中分化出来。'脆弱的乡土城市'（Labile ruralism）是将印度洋同地中海和欧洲区别开来的另一个历史地理学事实。"因而，"无论人们怎样评价地中海和欧洲的城市及其历史作用，印度城市本身确定无疑地没有成为持续、累积性社会变迁的重镇"。温克认为，中世纪晚期印度历史变迁的主要动力来自"河流平原定居社会的边疆：那个从北非延伸到中亚和印度次大陆的干旱地带的荒漠和草原以及印度洋自身的海洋世界"。他将这两种地理空间分别称为"游牧边疆"和"海洋边疆"，认为两者都促进了整个区域内的人员和货物运动，而且具有强大的资源动员潜力。他说："它们共同构成了'流动财富的边疆'，构成了游牧生活、掠夺和长途贸易以及贵金属的边疆。干旱地带的游牧人口与海滨和岛屿上的海洋人口都避开了'定居社会的领土网格和等级体制'，因而被看作是非法的"①。

在温克看来，"印度洋确实同人们更加熟悉的地中海世界形成了鲜明对照"。从我们的观点看，这意味着早期现代前夕的印度洋世界也由此构成了一个不同于布罗代尔笔下的"地中海世界"的历史空间。这个环印度洋地区的历史空间的决定性结构特征是它的内部流动性和开放性：这是一个流动而开放的历史空间。相反，无论是欧洲和中国历史上的定居农业社会（通常又被称为"农民社会"），还是建立在这种定居农业社会基础之上的地域国家，本质上只是一种固定和

---

① André Wink, *Al-Hind : The Making of Indo-Islamic World*, Vol. Ⅲ : *Indo-Islamic Society, 14th – 15th Centuries*, pp. 1, 2, 76.

封闭的历史空间。这种历史空间的最显著特征是农业—乡村人口的定居生活和明确的国家边界的存在。其中最重要的经济财富是"固定的"土地而不是"流动的"货币，而其社会政治结构则表现为一个从地方到省府、再到中央首都的单中心垂直等级体系。与我们熟悉的这种"传统的"历史空间形成对照的是，温克所描述的这个印度洋世界作为一个流动和开放的历史空间则表现为一个水平的多中心交流网络："中世纪城市""边疆"和"沿海社会"等。人员和财富在这个历史空间中的不同"位置"的频繁流动将其同历史上的真正的农业王国或帝国区别开来。诚然，温克笔下的这个世界区域包括了印度洋周围各大河流平原的农业区域。而且，在温克看来，这类"中心"区域还形成了一种不同于外围的边疆社会的"定居社会"。不过，显而易见的是，这类"定居"农业社会的存在并没有从根本上改变印度洋世界的空间结构。它们至多只是作为一种独特的地域—社会元素存在于一个流动而开放的历史空间中。它们并没有像历史上的中国和欧洲农业社会那样孕育出真正稳固的地域国家。实际上，当温克在谈论这个历史空间中最重要的"国家"元素——"后游牧帝国"（post-nomadic empire）时，他并没有将其诠释为传统意义上的农业帝国。正像我们已经指出的，他认为后游牧帝国是流动的边疆社会和定居的农业社会融合的结果。一方面，温克指出，"游牧民从未能够在印度的季风气候下建立帝国。或许，越过兴都库什山脉建立政权的塞人、贵霜人、嚈哒人和突厥人最好被定义为'后游牧'民族：（他们）起源于草原，但不再将游牧作为其首要的甚或次要的职业"；另一方面，他又指出，"后游牧帝国……是边疆和定居社会融合的产物。它们与印度次大陆的生态条件有着明确的联系。正像已经表明的，由于位于干旱地带的东南端，印度次大陆是介于荒漠和草原游牧世界和印度洋上湿润的赤道地带（这里雨林包围中的河流平原盛行集约农业）之间的一个过渡地带。尽管不能维系印度之外干旱地带的那种大范围游牧生活，次大陆内部干旱地带的伸展还是具有重要的意义。它们保证了次大陆与干旱地带游牧世界的密切联系，分享了它的一些特征，但又保持了一定距离。历史地说，其结果就是游牧民族的征服和殖民，但不是游牧化（nomadization）"①。

毋庸置疑，早期现代（约1500—1800）的印度洋世界由于新航路的开辟和欧洲殖民主义国家的到来而发生了很大的变化。欧洲的葡萄牙人、荷兰人和英国人在很大程度上排挤和取代了原来穆斯林在印度洋上的地位，同时他们还通过自己的航海和商业活动把印度洋世界同欧洲、新大陆和远东更密切地联系起来，从而使原来相对孤立的印度洋世界日益转变为一个正在形成的新的全球性历史空间的组成部分。尽管如此，欧洲人的到来在整个莫卧儿帝国时代并没有根本改变印度洋世界的结构。正像肯尼斯·麦克弗森指出的那样，"1498年，葡萄牙人直接进入印度洋进行海上贸易，到17世纪，其他欧洲人也参加了。然而，在18世纪之前，欧洲贸易还是主要结合在印度洋的传统网络中，仍以欧洲人和当地商人合作，以运输传统货物为基础。到18世纪，欧洲人的海上贸易超越了当地的海上贸易，奠定了欧洲殖民帝国的基石。但直到19世纪，从西方来的货物而不再是货币，从东方来的也不再是陶瓷和丝织物，方才开始影响印度洋地区的人民和经济，破坏了其古代经济的平衡和自给自足"②。这意味着早期现代时期的印度洋世界和"中世纪晚期"的印度洋世界本质上还是同一种历史空间。在《印度洋史》（The Indian Ocean）一书中，迈克尔·皮尔逊就把1800年以前的印度洋历史归入同一个历史时期。他说："这里有两个假设。首先，它包括早期欧洲人来到这里之后的第一个三百年中给这片海洋带来的任何质变，而这是我没有发现的……其次，我宣称能够在这几千年当中找到一些广泛的延续性。然而，这并不是说这是不变的和传奇的东方，在那里时间停滞不前，直到北欧人前来接手。"在皮尔逊看来，只是"现代工业和资本主义、欧洲的大变化"才造成了印度洋历史的根本断裂："这些重要的外在的经济和技术变化在1800年前后对这片海洋的影响标志着一个体系性的或

---

① André Wink, Al-Hind: The Making of the Indo-Islamic World（Vol. Ⅲ: Indo-Islamic Society, 14th–15th Centuries）, pp. 6, 119, 151, 152.

② ［澳］肯尼斯·麦克弗森：《印度洋史》，耿引曾等译，商务印书馆2015年版，第211—212页。

质的变化，并且引出了我的第二个广阔的历史时期。正是在 19 世纪早期，我在第一章中勾勒的许多深层的结构因素变得更加不具有重要性，季风、洋流、陆地屏障都被蒸汽轮船和蒸汽火车所克服，这些都助长了英国的力量和资本；印度洋世界被嵌入一个真正的全球经济中，被当作贸易的对立面的生产也首次被影响到。这种朝向全球整合的趋势一直延续到今天。"① 由此，我们看来有充足的理由说：正像莫卧儿帝国时代的印度洋世界是 14 和 15 世纪印度洋世界的延续一样，莫卧儿帝国本身也可以看作是这一被温克称为"印度—伊斯兰世界"的历史空间中的后游牧帝国的延续。在新近出版的一部概述性著作中，温克本人就认为"大莫卧儿皇帝们将印度—伊斯兰文化推到了辉煌的顶点"，而"大莫卧儿皇帝们帝国事业成功的关键……并不在于火药武器，而在于他们在伴随着早期现代世界贸易扩张以及美国和日本白银通过海上贸易大量涌入而来的经济增长和货币化的背景下，成功地充当了一个骑在马背上、大体上属于后游牧类型的贵族群体的领导"②。

根据莫卧儿帝国的这种历史空间理论，莫卧儿帝国自然不能像正统印度史学那样假定为一个亘古存在的历史实体——"印度"或"印度文明"的产物，而是一个从公元 7 世纪以来在伊斯兰教的传播和扩张下逐步形成的印度洋世界这一历史空间的"社会产品"。因而，莫卧儿帝国的政体同次大陆上传统的印度教王国有着根本的不同。③ 在《巴基斯坦简史》第 3 卷中，拉希德就强调了莫卧儿政体的伊斯兰性质。他虽然承认"莫卧儿政府的中枢是君主"，但同时也强调了莫卧儿统治

① ［澳］迈克尔·皮尔逊：《印度洋史》，朱明译，东方出版中心 2018 年版，《引言》，第 15—16 页。

② André Wink, *The Making of the Indo-Islamic World：C. 700 – 1800 CE*, Cambridge：Cambridge University Press, 2020, pp. 4 – 5.

③ 在《东南亚的印度化国家》中，法国学者 G. 赛代斯曾这样定义"印度化过程"："印度化过程在本质上应当理解为一种系统的文化传播过程。这种文化建立于印度的王权观念上，其特征表现在婆罗门教和佛教的崇拜、《往世书》里的神话和遵守《法论》等方面，并且用梵文作为表达工具。这就是为什么有时我们不用'印度化'，而用'梵文化'这个词的原因。"（［法］G. 赛代斯：《东南亚的印度化国家》，蔡华、杨保筠译，商务印书馆 2018 年版，第 34 页。）

下君主制度的伊斯兰法律和政治背景，从而将其同西方学者所谓的"东方专制主义"政体区别开来："《沙里阿》（伊斯兰教法——笔者按）是神圣的，至上的，这一基本原则从未被摈弃过。君主是服从《沙里阿》的，不是凌驾于其上的。西方的观念，认为法律就是君主的意志，在穆斯林政治中是不存在的。《沙里阿》既然以《可兰经》和《圣训》为根据，所以它的指导原则和基本原理就不容变动。这些原则和原理的诠释和应用不是操在君主的手里，而是属于学者和法学家的职权范围。君主不是立法者。虽然为了利于施政他在颁布法令方面拥有一定的权力，但这些法令乃至于行政命令都不能违背《沙里阿》，而且必须增进公共福利。就行政而言，穆斯林社会也很少允许任何人对《沙里阿》有所违犯。因此，当君主制在伊斯兰世界出现时，它的职能仍然在受着《沙里阿》的规定和限制。这些限制通过'乌拉马'的不断监督得到了保证，而'乌拉马'在公众心目中是具有极大的影响的。凡在伊斯兰法律问题上违反穆斯林公共舆论的君主，几乎必然会遭到公开的反抗。"针对阿克巴时期阿布勒·法兹勒对真正的君主主义（他的理论相当于同时期西欧的绝对君主制理论）的鼓吹，拉希德一方面指出"神赐王权和神授某一个人以特权的概念，完全是一种非伊斯兰的概念"，另一方面指出"在阿克巴以后，旧的理论和体系又恢复了，君主也不再试图规避《沙里阿》了。事实上，阿克巴的政策引起了那么强烈的反感，以致贾汉吉尔继位时不得不答应取消阿克巴所加于正统伊斯兰教的种种限制。"① 归根结底，在拉希德看来，莫卧儿帝国的君主政体建立在穆斯林社会原则的基础之上。

受启蒙运动以来西方世俗社会观念和中国自身历史经验的影响，我们习惯于按照现代人们的社会学观念把宗教仅仅想象为一个与经济、政治和法律并列的特殊的社会生活领域，而不是将其想象为一种可能的总体社会框架和形态。然而，在一神论宗教的历史上，无论是犹太教，还是基督教和伊斯兰教，它们都曾经成为社会建构的基石和

① ［巴］Sh. A. 拉希德：《巴基斯坦简史》第 3 卷，第 276—278、280—282 页。

工具，创造出不同于现代世俗社会的"宗教社会"。在现代世俗社会里，非宗教的理性和国家是社会结构的中心，而在宗教社会里，宗教信仰（教条）和宗教组织是社会结构的中心：整个社会凭借作为最高权威的宗教及其律法而建立起来。我们自己历史的特殊性在于我们没有经历过这样的宗教社会，这无疑会增加我们理解这种社会形态的难度。然而，对生活在前述一神论宗教文明中的人们来说，宗教和社会之间的同构性不仅不是难以想象的，甚至是一个基本的常识。这反映在他们所持的宗教观念上。例如，法国社会学家涂尔干在《宗教生活的基本形式》一书的导言中就对"宗教"下了这样的定义："宗教明显是社会性的。"① 在该书的结论部分，涂尔干又进一步说："如果说宗教产生了社会所有最本质的方面，那是因为社会的观念正是宗教的灵魂。"② 在历史上，伊斯兰教和其他一神论宗教一样，就并非只是某一社会中人们的宗教信仰，而是通过其制度和文化模式构成了一种理想社会。沙利亚（伊斯兰教法本身）、乌里玛（伊斯兰神学家和教法学家）和乌玛（穆斯林共同体）观念构成了这种伊斯兰社会的三大支柱，它们共同构成了穆斯林社会公共领域的制度结构。在这种制度结构中，艾森斯塔特十分强调乌里玛的核心重要性。他认为："无论他们的组织多么势单力薄，乌里玛（ulama）的确是原始伊斯兰图景的保护人，乌玛（umma）标准化维度的支持者，沙里亚（shari'a）的监护人和阐释者"，而且正是"乌里玛的中心地位（尽管组织性的自主处于最低限度，却具有相对较高的象征身份），将穆斯林政权与南亚、东南亚或早期近东其他传统的世袭政权区别开来……甚至在奥斯曼帝国，乌理玛很大程度上也是自主的，表现在它们是根据与众不同的（尽管是高度非正式的）吸收新成员的标准构成的，而且至少原则上独立于统治者。正是这些宗教领袖，创造了主要的网络，将各种种族的、地缘政治学的群体，部落，定居的农民，以及城市群体集聚到了一种宗教的（经常也是社会文明的）庇护之下，进

---

① ［法］爱弥尔·涂尔干：《宗教生活的基本形式》，渠东、汲喆译，上海人民出版社2006 年版，第 8 页。

② ［法］爱弥尔·涂尔干：《宗教生活的基本形式》，第 399 页。

而在他们中创造出否则不可能得以产生的相互影响和互动。并且，通过不同的、经常是跨国的网络进行活动的乌理玛，的确是形成伊斯兰社会公共领域独特性的至关重要因素。"① 与现代时期的国家社会（state society）不同，这样一种以独立的宗教领袖——乌里玛（他们坚持沙利亚的最高权威）为核心的公共领域的存在将穆斯林"社会"同穆斯林"国家"区别开来。历史上传统的东方专制主义意象中的穆斯林世俗国家（马克斯·韦伯称其为"苏丹政体"）实际上对穆斯林社会的渗透和影响十分有限。对此，艾森斯塔特写道：

> 正是公共领域的构成和接近统治者的决策之间的这种分离，导致了将穆斯林社会的统治者错误地理解为东方专制君主。这一形象是错误的，因为事实上，这些统治者的决策范围是相对有限的。即使统治者在和他们最接近的官员的关系中，乃至面对任何个别的臣民时，可能以一种专制的方式行事；然而，在超出税收和维护公共秩序之外的内部事务中，他们是受限制的，而且不只是因为技术上的限制。他们的权力也是有限的，因为与欧洲的经验不同，在所有穆斯林社会、主要是逊尼派伊斯兰社会中，与穆斯林统治者作为伊斯兰超越图景之化身的原始形象相反，统治权（政治学）没有构成支持道德秩序的一种关键的意识形态成分，尽管从前因后果来看，统治权构成了实施伊斯兰教教法的一个必要条件。②

在艾森斯塔特看来，"自主自律、充满活力的公共领域与政治领域（或者更准确地说，与统治权领域）的这种分离，与欧洲、特别是西欧和中欧的类似分离大相径庭。这种分离构成了穆斯林文明与众不同的特征之一。它也区别于其他非穆斯林亚洲文明中产生的公共领

---

① ［以］S. N. 艾森斯塔特：《反思现代性》，旷新年、王爱松译，生活·读书·新知三联书店 2006 年版，第 347—349 页。
② ［以］S. N. 艾森斯塔特：《反思现代性》，第 353 页。

域与政治统治权领域之间的关系"①。自然，这种"分离"并不是说像莫卧儿帝国这样的"穆斯林国家"独立于"穆斯林社会"之外，而是意味着作为"政治领域"或"统治权领域"的伊斯兰国家本质上不是现代社会中的主权国家：正像亨利·梅恩认为的那样，莫卧儿帝国更像是古代亚洲帝国——犹太文献中的亚述帝国和巴比伦帝国，希腊文献中的米底帝国和波斯帝国——那样的"征税帝国"，而不是像罗马帝国那样的"立法性帝国"②。就此而言，莫卧儿帝国的"统治"只是延续了古代波斯帝国的军事征服传统。

　　这样看来，莫卧儿帝国虽说是一个"在印度"的帝国，但并不是一个"印度的"帝国：既不是中世纪晚期印度帝国，也不是早期现代印度帝国，而只是一个更大的印度洋世界历史空间的"产品"。因而，它同印度本土的乡村社会可能的确是相对隔离的。在《印度简史》中，梅特卡夫夫妇曾饶有趣味地提到了一个生活在奥朗则布晚期时代的印度教卡亚斯塔种姓传记作家。这位传记作家名叫比姆森（Bhimsen），是一位拉吉普特贵族的审计官和稽查长。他认为莫卧儿帝国的控制存在着三条至关重要的社会"断层线"（fault lines）：柴明达尔、边缘地区的土王和莫卧儿省督。其中最重要的是柴明达尔，"这些柴明达尔是拥有地方根基的人，经常就是族长和酋长，他们具有地方知识，控制着农民耕作者"。换言之，柴明达尔是莫卧儿帝国和印度乡土社会之间的中间人，相当于中国历史上的乡绅阶级。梅特卡夫夫妇说："在繁荣的 17 世纪，随着其财富的增长，他们积累了权力，而且他们还从莫卧儿政权得到承认，有时甚至还获得官职。在奥朗则布死后……柴明达尔在整个印度北部和中部群起反抗帝国的权

---

　　① ［以］S. N. 艾森斯塔特：《反思现代性》，第 354 页。
　　② 在《早期制度史讲义》中，梅恩（即"梅因"）明确地将莫卧儿帝国视为古代亚洲征税帝国的延续："在印度，莫卧儿人和马拉他人追随着早期的历代征服者，横扫各个村社；但是在将他们并入名义上的帝国之后，他们没有强加除纳税或贡品之外的其他任何永久性义务。如果他们有一两次试图强迫被征服者改变宗教信仰，顶多也是村社的寺庙和礼仪发生了改变，并未触及世俗制度。"（［英］亨利·梅因：《早期制度史讲义》，冯克利、吴其亮译，复旦大学出版社 2012 年版，第 190 页。）

威。"① 可谓成也萧何，败也萧何，这个乡村阶级的效忠与否决定着莫卧儿帝国的荣辱，因为正是通过他们，莫卧儿帝国才获得了印度乡土社会提供的现金形式的田赋（土地税）资源的支持。在这个意义上，莫卧儿帝国似乎也可以看作早期现代亚洲的一个"农业帝国"。但实际上，从经济社会结构看，莫卧儿帝国本身乃立足于一个流动的城市和市场网络："它更像一张由帝国城镇、道路和市场构成的网络。它沉重地压迫并改变着社会，尽管只是在某些点上。这种体系有赖于莫卧儿国家以现金形式从全部农产品中榨取高达40%份额的能力。一定存在着一个复杂的货币和产品市场使之成为可能，而那些承认皇帝主权的人们也一定在小镇和集市上拥有影响力。"②

确实，和同时代的另一个伊斯兰帝国——奥斯曼帝国一样，莫卧儿帝国的经济基础是一个跨区域的国际性贸易网络及其中的现金流动。对此，法洛奇写道："奥斯曼帝国和印度的莫卧儿王朝都属于'火药帝国'的范畴。但是，它们还有一个更重要的共同特点：它们都是征收现金赋税的帝国，因此如果没有国内外贸易，它们就不能生存。"③ 鉴于南亚次大陆本身长久以来极其有限的贵金属产量，这一点对莫卧儿帝国来说特别真实。早期现代欧洲和美洲金银的大量流入促成了印度经济的商品化和货币化，使莫卧儿帝国能够在无需深入印度农村社会和"乡村化"的背景下以现金田赋的形式利用印度丰富的农业资源。对此，皮尔逊曾写道："18世纪初，欧洲人对孟加拉的纺织品有需求，从而为这个产业多增加了10万个工作岗位。金银供应方面的大量增加也对印度洋的经济产生了一些影响。例如，这意味着雄心勃勃的统治者，尤其是莫卧儿的印度，现在可以对他们国家的生产以及土地收入进行征税了，是以现金的形式而不是物品的形式：

---

① Barbara D. Metcalf and Thomas R. Metcalf, *A Concise History of India*, p. 29.

② C. A. Bayly, *Rulers, Townsmen and Bazaars: North Indian Society in the Age of British Expansion 1770 – 1870* (Third Edition), Oxford: Oxford University Press, 1998, p. 12.

③ Suraiya Faroqhi, "The Fieldglass and the Magnifying Lens: Studies of Ottoman Crafts and Craftsmen", *The Journal of European Economic History*, Vol. 20, No. 1, 1991, p. 41.

因此，印度的乡村开始货币化，市场化扩展到许多遥远的乡村。"①
结果就是，莫卧儿帝国本质上成为一个城市帝国，它的根基是像拉合
尔、德里、阿格拉和江布尔那样的帝国城市，而印度穆斯林就聚居在
这样的大城市和其他较小的市镇中，他们同生活在乡村中的印度教徒
被区隔为不同的社会空间。

　　因而，我们不能将莫卧儿帝国与同时代的中华帝国等量齐观。
与城市中心模式的莫卧儿帝国不同，自秦汉以来，大一统的中华帝
国就一直建立在定居农业社会的基础上，它通过金观涛所谓的"宗
法一体化结构"深深地嵌入本土乡村社会，恰如梁启超所说，"中
国国家，积乡而成"②。金观涛认为，虽然中国历史上中央集权制帝
国的"大一统官僚机构是社会管理系统的主干，它以郡县城市作为
自己的基地。为了保持社会上层组织之稳定，必须维持作为首都、
省会、府县衙门所在地的大小郡县城市的繁荣"，但是"城市仅仅
是一体化官僚组织所在地，实现对广大农村基层社会管理的乡绅自
治和家族组织的主体——缙绅地主和儒生，则大多数住在农村。一
体化组织的种种制度是以农村为重心的。广大中下层儒生在乡间过
着耕读生活，科举制以读书人的籍贯乡里为配额选拔单位，乡村不
仅是士大夫阶层生活和精神关注的中心，也是培养这个担负社会组
织功能阶层的温床。为了实现一体化上层官僚组织的管理功能向农
村基层的延伸，广大儒生必须住在乡间，成为中下层组织之骨干"。
因而可以说，整个社会是以乡村（而不是城市）为中心组织起来
的，金观涛称这种状况为"中国社会组织（动员）的乡村中心"。
不仅如此，在这样一种社会结构模式中，"中国传统社会结构的三
个层次"——上层的"大一统官僚机构"、中层的"乡绅自治"和
基层的"宗法家族组织"——还通过"儒家意识形态"实现了高度
一体化，而非像莫卧儿帝国那样，伊斯兰教的国家和印度教的社会

---

① ［澳］迈克尔·皮尔逊：《印度洋史》，第 223—224 页。
② 梁启超：《中国文化史》，商务印书馆 2012 年版，第 99 页。

之间存在明显的意识形态割裂。① 在金观涛看来，"清朝中前期在这方面表现极为出色。国家的农业税一直保持在相当低的水平，地主经济高度繁荣。清政府通过调节赋役、蠲免钱粮、摊丁入亩政策和法令，有效地控制了地价几涨几落，尽可能抑制土地兼并。太平盛世时期，郡县城市和商业相当发达，但城市人口一直受到控制，清初城市人口只占 6%—7%，据施坚雅（G. William Skinner）估计，两百年后即 1843 年长江中下游城市人口仍只占 7.4%。社会一直保持着乡村中心。"②

这样，与莫卧儿帝国不同，同时代的清帝国看起来更像一个真正的农业帝国：不仅是一个依靠农业经济资源——田赋生存的帝国，还是一个同本土乡村社会高度一体化的帝国。它由此成为一个封闭而内向的疆域国家，从而得以继承秦汉以来中国大一统帝国拥有的疆域版图观念。流传至今的宋代《禹迹图》就生动地展现了传统中国明确的疆域国家观念。进入早期现代以后，中国的明清帝国同印度一样受到早期现代世界的深刻影响，但是这一时期的中国始终保持了地域国家的观念。绘制于康熙朝的《皇舆全览图》再次呈现了中国的空间意象：和所有现代国家的疆界地图一样，它呈现的是一种封闭的空间意象。在这方面，莫卧儿帝国与中国表现出截然相反的特征。对此，约翰·理查兹在《莫卧儿帝国》中做了一个有趣的对照：

> 欧洲人能够在莫卧儿印度畅行无阻，是因为国家和社会明显地对此漠不关心。在同一时期的中国，所有外国人都受到帝国官员的严密控制。日本在德川时期从日本列岛驱逐了所有欧洲人。只有一小撮荷兰商人获得了在出岛（Dakshima）的一小块飞地，

---

① 对此，金观涛写道："在中国封建社会中，国家官僚机构、乡绅自治、宗法家族三种组织层次，均认同儒家意识形态，因此，我们称之为'宗法一体化结构'（或'传统一体化结构'），它是中国传统社会特有的整合方式。"（金观涛、刘青峰：《开放中的变迁：再论中国社会超稳定结构》，法律出版社 2011 年版，第 11 页。）

② 金观涛、刘青峰：《开放中的变迁：再论中国社会的超稳定结构》，第 13、14、15 页。

他们可以在那里经商。相反，莫卧儿印度对外国造访者完全开放。与其说是国家，不如说是社会对闯入印度格子状社会的人设置了障碍。当他们交纳关税后，所有外国人都可以自由地在印度各地旅行和任意停留。这导致了一个在次大陆各主要城镇定居的欧洲人网络的形成。①

莫卧儿帝国的这种开放显然是因为莫卧儿帝国本身不是真正的地域国家，因而也就缺少与地域国家相联系的领土主权和疆界版图观念。这与中国清王朝在马戛尔尼使团访华事件中表现出来的强烈的领土主权意识是多么不同啊！与历史上真正的农业帝国的地域统治相比，莫卧儿帝国更像是杰弗里·帕克眼中的巡游帝国。在《全球危机》一书中谈到莫卧儿帝国时，帕克认为莫卧儿帝国的疆域是由"莫卧儿皇帝的年度巡游半径"决定的。他在书中这样写道："莫卧儿帝国皇帝每年都在马不停蹄地巡游，但他们总是会在每年季风来临之前回到他们的首都。这将旅行时间限制到了九个月，而且王室平均每天的行程只有 5 英里左右。如此一来，皇帝的有效巡游半径就是 800 英里左右。值得一提的是，这个半径包括喀布尔（莫卧儿帝国成功保有了这座城市），但不包括坎大哈和巴尔赫（莫卧儿帝国在那里的多次作战都以失败告终）。"②饶有趣味的是，帕克还在书中引用了著名的莫卧儿皇帝奥朗则布对他的后继者应该"尽可能多地四处巡视"的告诫：

对皇帝和流水而言，停滞不动都很糟糕；
死水必将腐坏发臭，王权也将动荡无着。
君王在巡游中才得享荣耀、安乐与敬仰；
在幸福中苟安的欲望将让他们不再可靠。③

① ［美］约翰·F. 理查兹：《新编剑桥印度史：莫卧儿帝国》，第 278 页。
② ［英］杰弗里·帕克：《全球危机：十七世纪的战争、气候变化与大灾难》下册，王兢译，社会科学文献出版社 2021 年版，第 752 页。
③ ［英］杰弗里·帕克：《全球危机：十七世纪的战争、气候变化与大灾难》下册，第 751 页。

　　莫卧儿帝国就这样把自己建立在皇帝"巡游"（实际上就是不断的军事征服）的基础之上，而不是建立在由一个中央集权的全国性官僚系统实行的地域统治的基础之上。

　　就此而言，历史空间视域下的莫卧儿帝国本身和早期现代印度洋世界一样，只是一种开放而流动的社会空间。这和部落社会理论视域下早期现代印度农业社会所呈现出来的社会空间意象是一致的。这样看来，我们现在考察的早期现代时期的印度社会和国家最好被理解为一个开放而流动的历史空间。因而，温克很有理由认为他研究的前现代"印度不是一个有着清晰划定的边界的民族国家，而是一个从阿富汗和莫克兰海岸跨越次大陆直至马来—印度尼西亚群岛的、有着开放边疆的主要世界区域"①。

---

　　① André Wink，*The Making of the Indo-Islamic World*：*C. 700 – 1800 CE*，Cambridge：Cambridge University Press，2020，p. 1.

# 第三章

# 印度历史空间的转变：现代性和
# 传统性的建构

　　我们看到了，新印度史学和正统印度史学对早期现代印度农业社会和国家的诠释是截然相反的：前者把早期现代的印度农业社会诠释为当代人类学家眼中的断裂国家或剧场国家社会，从而在很大程度上突出了印度传统农业社会的部落社会图景，但与此同时它又把早期现代的印度农业国家——莫卧儿帝国诠释为一个早期现代国家；后者则把早期现代的印度农业社会诠释为中国和西欧历史上的那种"传统的"定居农业社会或农民社会，而把同一时期的莫卧儿帝国诠释为一个前现代的中世纪晚期帝国。它们构成了关于早期现代印度农业社会和国家的两种不同的理论范式。

　　无疑，新印度史学的诠释代表了当代历史学家们对早期现代印度农业社会和国家的"实情"的最新认知。问题是，相对于新印度史学，正统印度史学对同一时期印度农业社会和国家的诠释难道就只是过去的西方历史学家们对印度文明和历史的有意无意地误读甚或虚构吗？他们对早期现代印度历史空间的建构是如何形成的呢？显然，如果我们不能像当代西方学界的新印度史学家们（如托马斯·梅特卡夫）那样把正统印度史学简单地斥为英国殖民主义统治的意识形态虚构，那么，我们就必须对上述问题做出适当的学理分析。这不仅有助于我们客观地理解和评价正统印度史学，也有助于我们更深入地理解新印度史学。

在笔者看来，正统印度史学的建构是同 18 世纪中叶以来世界历史空间的结构转变和印度现代历史空间的形成密切相关的。这个过程不仅塑造了现代时期（1800 年以后）西方乃至"印度"自己的历史学家们对印度文明和历史的知识建构，也促成了后莫卧儿时代印度农业社会和国家的历史转变。实际上，我们现在熟知的印度"传统"农业社会和国家的正统图景就是这种历史转变的结果。

## 第一节　工业革命与世界历史空间的现代转变：全球化和民族化

如前所述，像约翰·理查兹那样的新印度史学家们承认 1500—1800 年的世界历史构成了一个独特的历史时期：早期现代。这个历史时期既区别于 1500 年以前的"中世纪"，也区别于 1800 年之后的"现代"，而莫卧儿时期的印度同世界其他地区和国家一样都属于这个共同的早期现代世界。也正是因为如此，莫卧儿时期的印度社会和国家可以置于"早期现代性"的视域下来审视。就此而言，我们可以说，无论是在全球层次，还是在南亚区域层次，"早期现代"都代表了世界历史总进程中的一个重要时期。1500 年前后划时代的地理大发现、新航路的开辟、"哥伦布交流"、西欧商业革命和商业资本主义的兴起都意味着一个新的日益由西方主导的世界历史空间的出现。①

---

① 不过，早期现代世界并不像过去欧洲中心主义者想象的那样以西方为中心。为了纠正根深蒂固的欧洲中心主义偏见，在这里，我们或许还可以添加上伊斯兰教的世界性扩张这一长期遭到学术界忽视的因素。除了"西方的兴起"，伊斯兰教文明的世界性扩张也是早期现代世界的一个显著特征。当西欧的各商业资本主义民族从事全球性海上扩张的时候，伊斯兰文明也在沿着亚欧大陆南部边缘进行陆上扩张，几乎在同一时期建立了三个早期现代伊斯兰帝国——小亚细亚的奥斯曼土耳其帝国、伊朗的萨法维波斯帝国以及南亚的莫卧儿帝国。实际上，还在 1500 年以前，伊斯兰教已经向东传布到东南亚各地，整个环印度洋周围区域形成了一个连续的伊斯兰世界。此外，同时代俄罗斯文明的形成和扩张以及中国文明在明清时代的空前繁荣和扩展都表明早期现代世界是一个远比欧洲中心主义者的历史想象更加多元和均衡的世界。

然而，不仅如此，"早期现代"还构成了世界历史中的一个关键的转变时期，这个新的世界历史空间进而孕育出自己的"时代创新"。西蒙·库兹涅茨在《现代经济增长》中认为不同的时代创新划定了不同的"经济时代"。在他看来，早期现代其实就是"西欧商业资本主义时代"："它从15世纪末一直延续到18世纪后半叶，跨越两个半世纪以上，这个时代是以西欧向新世界开辟通路为标志的。这一突破导致了有用知识体系的巨大增长和利用，而突破本身又是与航海、造船、武器制造有关的科学和技术进步的结果，并对本国的生产和政治组织有进步作用。但是人们可能会很容易只注视地理上的革命，并争辩说：以那时的技术水平竟使得小而落后的欧洲社会为了挖掘这场革命带来的增长潜力花去了250年的时间。后来这场革命为欧洲人带来了源源不断的贵金属，新的农产品和其他新产品，并为在西欧以外的其他地区定居提供了可能。这个时期所以被称为'商业的资本主义'大概是为了强调那些在这场时代创新中处于有利地位的国家里，海外贸易对经济增长的决定作用。"而商业资本主义时代之后"现时期的时代创新"是"科学的应用"："标志着现今这个经济时代的重大创新是科学被广泛地运用于经济生产领域的问题，我们可以把这段漫长时期称作'科学的时代'——尽管这个称谓或许过于宽泛，因为科学的不断应用将进一步导致一些革命性的重大突破。"库兹涅茨认为这一时期始于我们所谓的"早期现代"的晚期，即18世纪中叶。对于将科学时代的起点定于19世纪后半叶的流行观点，库兹涅茨坚持认为："关于当今这个科学时代的初始日期的可靠性或精确性缺乏了解是有代表性的。不过，即使如此，在目前，似乎将这段时期定于从18世纪中期开始更为恰当，因为使蒸汽动力方面的发明创造得以产生的智力和文化环境同时也带来了现代科学的萌芽，并导致其更加广泛的运用。"① 而使这一点成为可能的正是从这同一时期开始的英国工业革命：

① ［美］西蒙·库兹涅茨：《现代经济增长》，戴睿、易诚译，北京经济学院出版社1991年版，第2、7—9页。

我们可以非常肯定地说，自从 19 世纪后半叶开始，发达国家经济增长的主要源泉一直是科学技术，如电力、内燃机、电子、原子能以及生物领域的技术革新。但是，如果追溯得更早一些，人们会说，与工业革命相联系的三类重大技术发明——棉纺织业、铸铁、蒸汽机方面的发明——之中，对后来的增长具有最根本的、最重要影响的是蒸汽机；正是由于工业革命的成功，使生铁铸造法和铁条铸造法在纯粹经验的科学基础奠定之前，有了效益上的保证。不过，瓦特在蒸汽机方面的一些革命变革基本上代表了对科学研究和科学方法的应用——从当时科学实验室中早已配备的各种蒸汽膨胀实验台到关于能量转换的典型科学分析。从这种意义上说，蒸汽机是最早的基于科学的重大发明，它在现代经济增长的第一个世纪中的大部分时间里起过支配作用。[1]

的确，肇始于早期现代末叶的英国工业革命开启了一个新的历史时代，它使得 1800 年以后的世界在根本上不同于 1800 年之前的世界。从此以后，工业革命连同在早期现代已经发展起来的资本主义一起把我们带入了一个可称为"现代"（modern）的世界历史空间。如果说 1800 年以前的世界尽管经历了商业资本主义的重大发展，但从总体上说依旧处在农业文明时代的话，那么，1800 年以后的世界由于工业革命的日益深入和扩展而进入了工业文明时代。工业主义和资本主义一起成为这个时代的两大轴心和标志。[2] 实际上，尽管我们当

---

[1] ［美］西蒙·库兹涅茨：《现代经济增长》，第 8 页。

[2] 库兹涅茨并不同意给我们现在这个时代贴上"工业资本主义"的标签。他说："在最近的一些工业化国家（如由单一政党控制的苏联）出现之前，通常把当今经济时代称作'工业资本主义'时代。'工业的'是指增长的动力源泉在很大程度上存在于经济中的非农业部门——即工业部门本身；'资本主义'是指制度结构很大程度上是私人性质的——生产资料的私人所有，以及劳动者法律上的自由。这个术语不仅欠妥，而且很容易引起误解。它欠妥是因为它是基于过短时期中过少国家所构成的样本的实践经验。马克思主义的文献更是如此。说它容易引起误解是因为这一术语包含了这一层意思，即农业方面技术和制度上的变动没有非农业部门的这些变动意义重大，而且也不象非农业部门那样能够独立自主地完成这些变革。事实上，农业部门的变革绝对重要，而且与新兴工业部门中技术和制度的变动一样，显然是来自同一源泉。这个术语所以引起误解，还在于工业化过程（转下页）

前生活的世界与 1800 年前后的世界相比已经有了翻天覆地的变化，但很难说我们现在已经超越了这个历史时代。我们大概依旧生活在这样一个现代的世界历史空间中。①

与早期现代世界相比，现代世界的一个基本特征表现在工业革命

---

（接上页）绝不止限于私营经济，在非经济的指挥控制下，工业化也是可能的——除非你将极权主义国家看作完全不同、自成一体的一类单独分析。"（［美］西蒙·库兹涅茨：《现代经济增长》，第 7 页。）然而，站在后冷战时代的历史基点上，我们可以凭借后见之明比较容易地认识到"工业资本主义"这个标签大概并不像库兹涅茨所认为的那样"欠妥"，而是对我们所生活的这个现代世界的最好描述之一。迄今为止，我们依旧生活在一个工业化和资本主义经济主导的世界历史空间中。实际上，在笔者看来，库兹涅茨对"工业化"和"资本主义"的理解并不确切：工业化首先应该理解为大机器工业（现代制造业）的兴起（这本身就包含着科学的运用和理性主义态度），而不是产业部门结构的某种转变；而资本主义也不能仅仅从生产资料所有制的角度来理解，毋宁正像马克思本人曾经认为的那样，资本主义本质上是我们现代生活的"经济形式"。至今，我们还没有摆脱这种特殊的经济形式，正像我们还没有摆脱货币一样。资本主义的经济范畴（如利息、利润和成本等）一直在支配着我们的经济生活。

① 在这里，我们或许应该提及汤因比的"后现代"概念。在《历史研究》第八和第九卷（1963）中，英国历史学家汤因比把西方文明的历史划分为四个阶段：黑暗时代（675—1075）、中世纪（1075—1475）、现代时期（1475—1875）和后现代时期（1875— ）。"按照这种说法，西方文明大约从 1875 年起就已经进入了一个汤因比称之为'后现代时期'的新的转型时期，这是一个剧烈变动的时代，充满了战争、社会骚乱和革命，与现时代形成了断裂。汤因比把这个时代描述为一个无政府主义的、彻底相对主义的时代，而把此前的现代时期描述为以社会稳定、理性主义和进步为特征的中产阶级的资产阶级时代——这是资产阶级的中产阶级对一个明显充满着危机、战争和不断革命的时代的典型理解方式。与此相对照，后现代是一个以理性主义和启蒙精神之崩溃为特征的'动乱时代'（Time of Troubles）。"（［美］道格拉斯·凯尔纳、斯蒂文·贝斯特：《后现代理论》，张志斌译，中央编译出版社 2004 年版，第 7—8 页。）诚然，随着以电力和内燃机的广泛应用为基础的第二次工业革命的推进和资本主义从自由竞争向（国家）垄断的转变，1875 年以后的现代工业社会和国家进入了一个更加成熟和发达的阶段。但这种转变似乎并没有改变现代世界历史空间的性质，它依旧是工业主义和资本主义。有趣的是，美国著名社会学家丹尼尔·贝尔在 20 世纪 70 年代初期曾预言："在今后 30 年至 50 年间，我们将看到我称之为'后工业社会'的出现……作为一种社会形态，它将是 21 世纪美国、日本、苏联和西欧社会结构的一个主要特征。"（［美］丹尼尔·贝尔：《后工业社会的来临》，高銛等译，新华出版社 1997 年版，《序》，第 20—21 页。）他认为，在后工业社会中，"信息和知识"将取代工业社会中的"生产和机器"成为社会的中轴。然而，2008 年金融危机以来的美国历史却向我们清楚地表明一个经历了"去工业化"的后工业化国家会面临怎样的经济、社会和政治困境。接替奥巴马政府上台的特朗普政府把"再工业化"作为实现"美国再次伟大"的不二法门，这个事实同样清楚地表明当代最先进的"后"工业国家也还没有摆脱现代工业资本主义的魔咒。

或工业化的全球化效应上：现代世界在工业资本主义的推动下形成了一个真正全球范围的世界体系。无疑，在地理大发现和新航路开辟之后，大航海时代的早期现代世界已经由遍布全球的海洋航线和洲际贸易活动连接为一个整体，早期现代世界已经具有了"全球性"。而在此以前，历史上各个文明和地区的人民所想象的"世界"其实只是区域性世界。这些区域性世界只是我们这个星球上彼此分离的不同"部分"而已：古代希腊—罗马人想象的世界是环地中海区域，近代以前我们中国人想象的世界（天下）则是中国及其周边区域。尽管如此，早期现代世界的全球化无论在广度，还是在深度上，都无法同现代世界的全球化相提并论。在伊曼纽尔·沃勒斯坦看来，还在16世纪，欧洲在资本主义农业的基础上已经形成了一个现代世界经济体。然而，这个"欧洲世界经济体"的地理界限远小于"全球"，世界上的很多地区还处在这个现代世界经济体的"外部领域"。对此，沃勒斯坦写道：

> 我们说16世纪存在一个欧洲世界经济体，指出其边界小于整个地球。然而小多少呢？我们不能简单地把与"欧洲"进行贸易的世界任何部分都包括进来。在1600年葡萄牙人与中非的莫诺莫塔帕（Monomotapa）王国和日本进行贸易。然而，要论证那时莫诺莫塔帕或日本是欧洲的世界经济体的一部分确实困难。但是我们认为巴西（或者至少巴西的沿海地区）和亚速尔群岛是欧洲世界经济体的组成部分。那时欧洲和波斯之间存在着穿越俄国的过境贸易。而我们还是认为波斯肯定在这个世界经济体之外，甚至俄国也是如此。俄国在其外，而波兰却在期内。匈牙利在其内，而奥斯曼帝国却在外面。①

在这里，沃勒斯坦明确提到中非、日本、波斯、俄国和奥斯曼帝国都位于欧洲世界经济体的外部领域。实际上，按照他的观点，这一

---

① ［美］伊曼纽尔·沃勒斯坦：《现代世界体系》第1卷，第399页。

时期的印度（莫卧儿帝国）同样位于这个早期的现代世界经济体的外部领域。直到 19 世纪初，在英国工业革命的推动下，上述这些地区才"融入"（incorporation）① 以西欧（特别是英国）为中心的现代世界体系。对此，沃勒斯坦写道："在 1733— 1817 年前后的新一轮经济扩张（和通货膨胀）的过程中，欧洲世界经济体突破了它在'延长的' 16 世纪创造的边界，开始把广大的新地区融入它的有效的劳动分工体系之中。这一过程是通过将 16 世纪以来已经成为欧洲世界经济体外部领域的地区，融入经济体开始的——其中最特别，也是最重要的，是将印度次大陆、奥斯曼帝国、俄罗斯帝国和西非融入了进来。"② 应该强调指出的是，这一"融入"过程（亦即沃勒斯坦所谓的现代资本主义世界体系迅速扩张为一个真正全球性的世界体系的过程）事实上是同英国工业革命的推进和深化联系在一起的，而沃勒斯坦所谓的"1733—1817 年前后的新一轮经济扩张"也应该被视为英国工业革命孕育出的新经济形态——现代工业资本主义经济的伴生物。③ 而且，这一过程也并不只是 18 世纪中叶至 19 世纪中叶英国工

---

① 这个术语似乎译为"合并"或"并入"更为合适，因为沃勒斯坦在这里提到的这些外部领域并不是主动"融入"现代世界经济体的，而是被动地由西欧的中心国家"合并"或"并入"现代世界体系的。沃勒斯坦本人写道："融入资本主义世界经济体，绝不是由于被融入地区的主动而开始的。这一过程是由于世界经济体扩展其边界的需要而发生的，那种需要是世界经济体自身内部压力的结果所致。"（［美］伊曼纽尔·沃勒斯坦：《现代世界体系》第 3 卷，孙立田等译，高等教育出版社 2000 年版，第 181 页。）大概也正因为如此，这个时期是以殖民主义和帝国主义为其特征的。并非巧合的是，英国对印度次大陆的殖民征服和统治就是从这个时期开始的。

② ［美］伊曼纽尔·沃勒斯坦：《现代世界体系》第 3 卷，第 181 页。

③ "经济扩张"是现代工业资本主义经济的基本特征，它同传统农业经济的停滞和"稳定"形成鲜明对照。马克思在《资本论》中已经从"资本积累"的角度说明过现代工业资本主义经济的这一基本特征，但在笔者看来，我们必须明白：仅仅资本主义本身并不能造成持续的经济扩张，只有当资本主义同时建立在工业化基础之上时，持续的经济扩张才会成为现实。资本主义为现代经济扩张提供了经济动机，但只有工业化本身才为现代经济扩张提供了适宜的稳固的物质基础。此外，我们还须认识到，现代经济扩张并不仅仅表现在资本积累和经济总量的持续增长上，它同时还表现在对新的经济地区和人口的不断"吸纳"上。换言之，现代工业资本主义经济体必须为自己创造一个不断扩大的经济空间，其最终结果只能是一个以整个地球为其空间范围的现代世界体系的形成。

业革命时期的独具特征，而是延续至今的整个现代时期的一般特征。由此，沃勒斯坦得以说："这些地区是在 18 世纪后半期到 19 世纪前半期开始，被融入世界经济体当中的。如我们所知，这一过程后来加速了，在 19 世纪末 20 世纪初，整个地球，甚至那些从来没有成为过资本主义世界经济体外部领域的地区，最终也被卷入了进来。"① 的确，只有在工业资本主义的经济扩张时代，世界历史空间才有可能成为一个真正全球范围的统一的现代世界体系，而非像在早期现代那样，地球上的各个区域性世界仅仅通过全球性的海上贸易网络"联系"起来。②

随着 19 世纪以降世界历史空间的现代转变，我们审视印度的角度也不得不发生相应的转变。在早期现代，我们可以像安德烈·温克那样把印度看作一个以印度洋为中心和纽带的"印度——伊斯兰世界"的组成部分，但是当印度日益被整合进一个全球性的现代世界体系时，我们显然就只能从全球的视域来审视这个次大陆了。因为恰如皮尔逊在撰写印度洋历史时所指出的那样，从 1800 年左右开始，印度洋上所发生的故事其实都只是一个全球故事的局部桥段而已。他说认为印度和印度洋世界被整合进一个全球性的现代世界体系的过程"对世界的影响的强度远远超过了海洋，以至于现在无法书写印度洋的历史（a history of the Indian Ocean）。所有的印度洋的历史如今都是这片海洋中的历史，也是一个更大的甚至全球性的故

---

① ［美］伊曼纽尔·沃勒斯坦：《现代世界体系》第 3 卷，第 181 页。

② 实际上，沃勒斯坦认为，英国工业革命本身也不能像已经成为老生常谈的"不列颠例外论"所主张的那样，可以被看作 18 世纪中叶以来英国自身发展及其内在优越性的结果和证明。在他看来，英国工业革命本质上是由这一时期现代世界体系的结构性变动造成的。他说："我同意内夫的观点，'工业革命'以及几乎必然与之相关的所谓大不列颠'第一次业革命'的概念，确实让人产生很大的错觉。无论是把工业革命的时间加以延伸，还是把它归纳为包括两个阶段的过程，以及做出缓慢的量的积累和质的突变的区分，所有这一切拼凑在一起，也拯救不了这个概念，因为它是从这样一个前提出发的：英国处于'优势地位'的原因，在于它是具有某些独一无二特质的一个星座，而我们需要确定的却是一个星座所处的方位，那些方位理所当然只能处在一个世界经济体的结构框架之内。在实践过程中发展的是世界经济体，而不是它内部的某些组成部分。"（［美］伊曼纽尔·沃勒斯坦：《现代世界体系》第 3 卷，第 24 页。）

事的一部分"①。

　　对于此后的"全球性的故事"来说，如果没有一个全球性的主角，显然是不可想象的，就像我们很难想象会有没有哈姆雷特的《王子复仇记》一样。在现代世界历史空间中，这种全球性的角色就是"全球帝国"（global empire）。全球帝国的存续构成了现代世界体系的一个持久的关键的结构性特征。当然，我们知道，这种看法同沃勒斯坦本人对现代世界体系的诠释不是没有冲突的。在沃勒斯坦看来，现代世界体系"不是一个帝国，尽管它像一个大帝国那样幅员辽阔，并带有其某些特征。它却是不同的，又是崭新的。这是世界上前所未有的一种社会体系，而且这正是现代世界体系与众不同的特点"。不仅如此，他还认为现代世界体系与从前的世界体系（或世界经济体）的区别就在于前者没有发展成一个帝国："以前也存在过世界经济体。但它们总是转化成帝国，例如中国、波斯、罗马。现代世界经济体本来也可能发展到同一方向——的确，它也曾偶尔似乎显示出要如此发展的样子。但由于现代资本主义的技巧和现代科学技术（据我们所知，这两者之间有某种联系），使这个世界经济体得以繁荣、增殖和扩展，而没有出现一个统一的政治结构。"在沃勒斯坦看来，现代世界体系同历史上的帝国存在着根本的差异。不同于历史上的官僚帝国，现代世界体系被认为"不是一个政治实体，而是经济实体……它是一个'世界'体系，并非由于它囊括了整个世界，而是由于它大于任何从法律上定义的政治单位。它还是一个'世界经济体'，因为这个体系各部分之间的基本联系是经济的，尽管这种联系在某种程度上是由文化联系而加强的，并且终于（我们将会见到）由政治安排

----

　　① ［澳］迈克尔·皮尔逊：《印度洋史》，《引言》，第16页。在这里，皮尔逊借鉴了佩里格林·霍登（Peregrine Horden）和尼古拉斯·珀赛尔（Nicholas Purchell）在《污浊的海：地中海史研究》（*The Corrupting Sea：A Study of Mediterranean History*，Vol. Ⅰ，Oxford：Blackwell，2000）一书中对"地中海中的历史"（history in the Mediterranean）和"地中海的历史"（history of the Mediterranean）的区分：有一个"地中海中的历史，偶尔如此，并非整个地中海，或许可以更好地被看作基督教或伊斯兰教的更大的历史中的一部分；还有一个地中海的历史，理解它，对地点的确定感和整个地中海范围的比较探索都是非常关键的。"（引自［澳］迈克尔·皮尔逊《印度洋史》，《引言》，第12—13页。）

甚至联盟结构而加强的"。沃勒斯坦告诉我们，"政治帝国是经济统治的原始手段"，而现代世界体系的"资本主义所做的是提供另一种更加有利可图的攫取剩余的来源（至少从长远看是如此）"。更有甚者，沃勒斯坦认为现代世界体系的活力和存续恰恰在于它成功地排斥了全球帝国——沃勒斯坦称之为"世界帝国"——的发展："在现代以前，各个世界经济体是极度不稳定的结构，不是转变成各种帝国就是解体了。有一个世界经济体已经存在了500年而仍没有转变为一个世界帝国，这就是现代世界体系的独特性——这种独特性就是其力量的秘密所在"，"这种独特性就是被称作资本主义的经济组织的政治方面。资本主义能够一直兴旺，正是因为这个世界经济体范围之内存在的不是一个，而是多个政治体系"①。

　　总之，在沃勒斯坦的现代世界体系概念图式中，全球帝国只是前现代时期的历史遗迹和可资对照的世界体系的另一种理想类型。因而，全球帝国决不能看作现代世界体系的结构要素，更不用说被看作现代世界体系的核心政治结构了。那么，现代世界体系中的政治结构是什么呢？在沃勒斯坦看来，这个问题的答案实际上是"民族国家"（nation state）："尽管在一个帝国中，政治结构趋向于把文化同职业联系起来，但在世界经济体中，政治结构趋向于把文化同空间位置联系起来。原因就是：在一个世界经济体中，各集团能够得到的第一个政治施压点就是本地的（民族的）国家结构。文化的同质化通常适合关键集团的利益，而压力累积的结果就是文化—民族认同的创造。"沃勒斯坦认为这个过程在现代世界经济体的中心地区表现得尤为明显："在世界经济体的优势地区，即我们所谓的'核心国家'（core-states），这种情况特别真实。在这样的国家，一个同民族文化联结在一起的强国家机器的创建——一种经常被称为'一体化'（integration）的现象——既充当了保护世界体系中业已出现的差别的机制，也构成了维持这些差别的意识形态面

――――――――

① ［美］伊曼纽尔·沃勒斯坦：《现代世界体系》第1卷，第12—13、461—462页。

具和托词。"①

不仅如此，沃勒斯坦还进一步认为我们熟知的"民族国家"乃是现代世界体系的创生物：不是民族国家创造了现代世界体系，而是现代世界体系创造了民族国家。在《族群性的构建：种族主义、民族主义和族裔性》一文中，他明确写道："民族（nation）源自世界体系的政治结构。今天作为联合国成员的所有国家（states）都是现代世界体系的创造。在一两个世纪以前，它们中的大多数要么还没有名字，要么还不是行政单位。就那些其名字和连续的行政实体可以在大致同一地理位置上追溯到 1450 年以前时期的屈指可数的几个国家而言，其数量比我们想象的还要少：法国、俄国、葡萄牙、丹麦、瑞典、瑞士、摩洛哥、日本、中国、伊朗和埃塞俄比亚或许是最少争议的几个实例——我们依旧可以认为，即便这些国家也都只是随着当前世界体系的出现才形成现代主权国家的。另有一些现代国家在用一个名称描述某个地域方面也只拥有不甚连贯的历史——如希腊、印度和埃及。当我们考察诸如土耳其、德意志、意大利和叙利亚之类的名称时，我们看到的是更加单薄的（历史）沉淀。事实是，如果我们从 1450 年的基点上展望那时存在的许多实体——如勃艮第人的尼德兰、神圣罗马帝国和莫卧儿帝国，我们将发现其中的每一个实例都会有不止一个，而是至少三个主权国家可以主张从这些实体获得了某种政治、文化和空间遗产。"②

至于印度，在另一篇名为"印度存在吗？"的论文中，沃勒斯坦表达了同样的观点："印度是现代世界体系的发明。资本主义世界经济的运行是以一个由国际体系联结起来且由其合法化的主权国家这样的政治上层建筑的存续为前提的。既然这种结构并不是一直存在的，它就必须被建立起来。在一些方面，它的建立过程是一个

①　Immanuel Wallerstein, *The Modern World-System I: Capitalist Agriculture and the Origins of the European World-Economy in the Sixteenth Century*, Berkeley: University of California Press, 2011, p. 349.

②　Immaneul Wallerstein, "The Construction of Peoplehood: Racism, Nationalism, Ethnicity", *The Essential Wallestern*, New York, The New Press, 2000, pp. 303 – 304.

连续的过程。这种结构首先仅在地球上的一个部分被建立起来，主要是在欧洲，差不多是在 1497—1648 年间。然后，它时不时地扩张，把一个越来越大的地理区域吸纳进来。这个过程——我们可以称为新地域'并入'资本主义世界经济体的过程——包含了重塑正在并入地域的政治边界和结构和在那里创建'主权国家，国际体系的成员'或至少我们大概可以看作'准主权国家'的殖民地……在这样一种视域内，我们可以说印度的'主权国家'部分地是英国人在 1750—1850 年期间创建的。不过，它并不是英国人单独创建的。其他'大国'（如法国）也与此有关，因为它们承认它是一个法律现实，而且他们还没有强大到足以改变已经形成的边界线。但最重要的是，这一时期居住在印度次大陆上的人们在很大程度上参与了'印度'的创建。在此过程中，拥有不同军事和社会实力、具有不同政治目标的旧政治结构以各种方式进行了抵抗和合作。英国人面对的并不是一张白板，而是他们要与之战斗的活的结构。实际的历史是复杂的。关键是要知道结果只是这种具有各种复杂特殊性的历史的结果。关键还要知道边界方面的结果完全不是预先注定的，而是不管结局如何，它终将变成我们知道的印度这个实体。假如尼泊尔在那一时期被吸收进'印度'，那么，我们今天对尼泊尔人民/民族/文化的谈论将不会比谈论海德拉巴人民/民族/文化更多。"一言以蔽之，在沃勒斯坦的眼中，我们当前所面对和了解的"印度"并不是一个古已有之的历史和文明实体的延续，它只是现代世界体系在现代时期的一个"发明"。就此而言，我们当前关于印度是一个具有文化连续性的文明古国的历史意象不过是最近历史发展造成的一种幻象罢了。用沃勒斯坦自己的话说，就是："印度的前现代历史是现代印度的一个发明。"① 大概正是基于这样的思绪，沃勒斯坦对未来印度做出了如下的展望：

---

① Immaneul Wallerstein, "Does India Exist?", *The Essential Wallestern*, New York, The New Press, 2000, pp. 311 –312.

印度现在存在，但没有人知道 200 年后它是否还会存在。或许，印度将分裂为五个独立的国家。或许，印度将重新吸纳巴基斯坦和孟加拉国。或许，国际体系内的整个主权国家体系将消失不见。这些事件中的任何一个，如果它们发生的话，将会改写过去的历史。印度可能会成为一个短暂的和不重要的概念。或者，它作为一个持久"文明"的地位也可能得到大大增强。[1]

实际上，沃勒斯坦关于现代世界政治结构的民族国家观一直是现代国际关系和国际政治理论中的一个普通常识和基本假定：现代国际关系和国际政治的基石是各主权的民族国家和它们之间的权力博弈。[2]尽管这种观念同当代国际关系和国际政治的现实已经出现了巨大的偏离，但它似乎仍支配着人们对现代世界体系的政治想象。对此，在早已成为现代国际政治学经典著作的《民族间政治》一书中，汉斯·摩根索不无道理地写道：

在国际层面，毫不夸张地说，国际关系的理想结构——它体现在政治制度、外交程序和法律安排上——已经倾向于同国际政治的现实扞格不入，甚至在很大程度上漠不相干。尽管前者假设所有民族"主权平等"，后者的特征却是各民族的极端不平等：其中两个被称为超级大国，因为它们手里掌握着前所未有的全面毁灭力量，而其中许多国家被称为"迷你国家"，因为它们的力量即便同传统民族国家相比也是微不足道的。正是国际政治的现实同用来解释和控制前者的观念、制度和程序的这种反差和矛盾，导致了国际关系中——至少在大国层次以下——近于混乱的

---

① Immaneul Wallerstein, "Does India Exist?", *The Essential Wallestern*, New York, The New Press, 2000, pp. 313 – 314.

② 在对"民族国家"的定义中，马克斯·韦伯的定义可能是从这种概念出发所能给出的最有代表性的定义了："民族国家无非是民族权力的世俗组织。"（［德］马克斯·韦伯：《民族国家与经济政策》，甘阳译，生活·读书·新知三联书店 1997 年版，第 93 页。）它典型地反映了现代西方世界对现代国际关系和国际政治本质的理解。

无法无天状态。国际恐怖主义和各国政府对它做出的不同反应、外国政府对黎巴嫩内战的干预、美国在东南亚的军事行动以及苏联对东欧的军事干涉，都不能根据传统的概念、制度和程序得到解释或辩护。

所有这些局势都有一个共同特点。相互依赖的事实需要一个将这一事实考虑进去的政治秩序，而在现实中，可追溯到 19 世纪的法律和制度上层建筑却假定了众多自给自足、无法渗透的主权民族国家的存在。一个过时的法律和制度秩序的这些残余不仅阻碍了国际关系根据力量不均衡和利益相互依赖的事实进行的合理转变，而且它们还使得在这样一种不无瑕疵的体系框架内采取较为合理的政策变得难以捉摸，如果不是不可能的话。①

不过，对于摩根索的这种见解，我们必须补充说：现代国际政治的观念和现实的分离并不是 20 世纪后半叶随着两极世界格局的形成才出现的。毋宁说，现代国际关系和国际政治自其形成时起就包含了这种分离。在观念上，人们把现代国际体系想象成主权的民族国家间的互动体系，但在现实上，正如我们前面已经提到的那样，现代世界体系总是包含了一个全球帝国的理想和现实。② 在《民族间政治》

---

① Hans Morgenthau, *Politics Among Nations*: *The Struggle for Power and Peace* (Sixth Edition), Beijing: Peking University Press, revised by Kenneth Thompson, 2005, p. 8.

② 显然，笔者在这里所谓的"全球帝国"并不是沃勒斯坦所说的那种意义上的"世界帝国"：存在于前工业资本主义时代的"历史官僚帝国"（艾森斯塔特的术语）。它也不是摩根索在《民族间政治》中提到的那种"世界帝国"：一个将对外扩张政策的目标确定为支配整个政治世界的"无限帝国主义"（unlimited imperialism, Hans Morgenthau, *Politics Among Nations*, p. 69）。我们所说的现代全球帝国的根本特征不是无限制的领土兼并和统治，追求建立大一统国家，而是在现代世界经济或主权国家间体系中的"霸权地位"或"首要地位"。关键之点是其对整个现代世界体系的支配。在这个意义上，它的内涵与沃勒斯坦所谓的"中心国家"或莫德尔斯基所谓的"世界领导国"的意义十分接近。不同的是，"中心国家"和"世界领导国"概念强调的是在现代民族国家体系中的地位，而全球帝国则是民族国家之外现代世界体系的另一种基本的结构要素。如果说全球资本主义是现代世界体系的基本经济特征，那么，全球帝国就是全球资本主义的政治对应物。历史地说，英帝国是现代世界体系进入工业化时代之后的第一个全球帝国。没有全球帝国的存续，全球资本主义即便能够存在，也会是不稳固的。

中，摩根索区别了 20 世纪的"民族普世主义"（nationalistic universalism）和 19 世纪的民族主义，把全球帝国的理想看作 20 世纪民族普世主义的特征，这是不确实的。① 在这里，美国华盛顿大学国际政治学教授乔治·莫德尔斯基的"世界政治长周期理论"可能更符合现代世界体系的历史实情。在《世界政治的长周期》一书中，莫德尔斯基认为，自公元 1500 年以来，世界政治体系呈现出周期运动和持续进化的特征。每个周期大约为 100—120 年，包括前后相继的四个阶段性运动：全球战争（global war）、世界强国（world power）、权威丧失（delegitimation）和权力分散（deconcentration）。直到最近，国际政治体系经历了五个周期，分别为葡萄牙周期（1494—1580）、荷兰周期（1580—1688）、英国周期 I（1688—1792）、英国周期 II（1792—1914）和美国周期（1914 年至今）。世界政治的每个长周期都经历了全球战争的周期性爆发和世界领导国（相当于我们所说的全球帝国）的盛衰更替。② 因而，对于现代世界体系来说，问题并不在于存在不存在全球帝国，而仅仅在于现代世界体系中的全球帝国（莫德尔斯基称之为"世界强国"或"世界领导国"）是如何实现周期性更替以及在这个过程中世界政治体系是如何进化的。

　　的确，正像众所周知的那样，英国在工业革命开启之前已经通过

---

① 对此，摩根索写道："用相同的名字来称呼鼓舞着 19 世纪受压迫和相互竞争的各民族的精神和驱使着 20 世纪晚期的超级大国陷入殊死搏斗的精神，模糊了将我们的时代同前一个时代区别开来的根本性变迁。今天的民族主义——实际上是民族普世主义——只在一件事情上与 19 世纪的民族主义是共同的：民族是政治忠诚和行动的终极参照点。但相似性也就到此为止了。对 19 世纪的民族主义来说，民族是政治行动的终极目标，政治发展的终点，而其他（国家的）民族主义也有着类似的和同样合理的目标。对 20 世纪晚期的民族普世主义来说，民族只是一项普遍使命的起点，它的终极目标涵盖了政治世界的全部范围。民族主义要求的只是一个民族，一个国家，别无他求，而我们时代的民族普世主义却要求给予一个民族和一个国家将其自己的价值观和行动准则强加给所有其他民族的权利。"（Hans Morgenthau, *Politics Among Nations*, p. 351.）在笔者看来，这不是不同时期不同类型的民族主义的区别，而是同一种民族主义在不同历史时期的区别。在世界政治的竞技场上，哪个民族国家不愿意成为大国乃至全球帝国呢？我们应该区别行动主体的愿望和条件，即时目标和未来目标。
② 国内学者对这个理论的简要评析，参见陈晓晨《国际政治长周期与体系进化——莫德尔斯基长周期理论再解读》，《现代国际关系》2004 年第 12 期。

17 世纪后半叶的三次英荷战争和 1756—1763 年同法国的七年战争（就其战场范围和卷入国家的数量而言，这场战争堪称第一次世界大战之前的一场全球战争。英法两国的战争博弈不仅发生在欧洲，也发生在北美、中美洲、西非海岸、印度和菲律宾群岛等地，而卷入的国家除了英国和法国，还包括当时欧洲大陆上的主要国家，如普鲁士、萨克森、奥地利、葡萄牙、西班牙、瑞典和俄罗斯等国）击败其主要的殖民地竞争对手获得霸权地位，而工业革命不过进一步巩固了英国的世界领导国地位而已。到 1800 年前后，工业化的英国不仅成为世界工厂，而且成为现代工业资本主义世界中的第一个全球性帝国。从此，印度和印度洋的历史就变成了英帝国史的一部分，印度在世界历史空间中的地位也由此发生了根本性的转变。在早期现代，印度还被看作是印度洋世界的中心。对此，贡德·弗兰克在《白银资本》中写道：

> 印度洋世界的地理和经济中心是印度次大陆本身。在莫卧儿人征服之前，它的许多地区相当发达，已经在世界纺织业中独占鳌头。虽然人们通常认为，莫卧儿帝国在财政上依赖于农业及其税收，但是莫卧儿人的征服使印度实现了进一步的统一、城市化和商业化。事实上，到 17 世纪末，莫卧儿的主要城市阿格拉、德里与拉合尔都有大约 50 万人口，有些商业中心城市也有 20 万以上的人口。这大大高于 19 世纪印度城市化的程度，也使欧洲人控制的仅有 3 万人口的亚洲飞地，如葡属马六甲与荷属巴达维亚相形见绌。①

然而，对于 1750 年以后的印度和印度洋世界，迈克尔·皮尔逊则给出了另一幅截然不同的描述：

---

① ［德］贡德·弗兰克：《白银资本：重视经济全球化中的东方》，刘北成译，中央编译出版社 2001 年版，第 129 页。与弗兰克一样，皮尔逊也认为在 1800 年以前，"在许多重大问题上，印度次大陆都是这片海洋的支点，所有其他的地区都是围着它转的"。（［澳］迈克尔·皮尔逊：《印度洋史》，《引言》，第 13 页。）

从大约 18 世纪中期起，一个长期的过程开始了，在接下来
100 多年的时间里，印度洋和生活在该地区的人们的历史发生了
戏剧性的转变。在这个相对较短的时间内，来自印度洋以外的人
们接管了印度洋周边的大部分陆地，而印度洋本身开始被一个海
上强国所主导。管理政策和技术进步结合起来，总是以海军力量
作为后盾，削弱了有着千年之久的本土的海洋活动。

在这里讨论的外国力量当然是指英国（Britain，而非"英格
兰"，因为苏格兰是重要的参与者）。即使到 1700 年，英国东印
度公司在印度洋事务中都还是作为一个相对较弱的参与者，它由
于日益受到国家的支持，体现国家的力量得以引人注目地发展。
这是一个被国内经济的巨变所引导并从中获利的国家，这个进程
仍然被历史学家称作工业革命。在生产技术上的质变在世界历史
上第一次开辟了起先是由英国引导的工业化欧洲与世界其他地区
的一个显著的鸿沟，实质上，正是在经济和技术手段上的巨大进
步，才使英国对印度洋建立了史无前例的控制。①

在《印度洋史》中，麦克弗森则径直把这一过程与现代殖民帝国
的创建联系起来，只不过在他看来，这个过程开始得比我们了解的工
业革命本身更早一些："18 世纪，印度洋发生了商业革命，导致英国
（包括东印度公司和英国私商）控制了印度洋的主要贸易航线及其对
外海上联系。此外，与荷兰在印度尼西亚群岛一样，英国在南亚的印
度洋沿岸建立了一个巨大的疆域性帝国。"② 我们知道，从 1757 年普
拉西战役开始，到 1848 年兼并旁遮普，英国通过东印度公司在近一

---

① ［澳］迈克尔·皮尔逊：《印度洋史》，第 257—258 页。
② ［澳］肯尼斯·麦克弗森：《印度洋史》，第 165—166 页。他把英国殖民帝国的建
立归功于从 17 世纪后期就已开始的"商业革命"，但他也同时承认工业资本主义对帝国建
立的重要意义："18 世纪，伴随着一场商业革命，英国的经济统治开始了……正是紧接着英
国的商业胜利，欧洲的工业资本主义才开始把印度洋的经济变成欧洲支配的资本主义全球
经济的附庸。"（［澳］肯尼斯·麦克弗森：《印度洋史》，第 174 页。）

个世纪的时间里继莫卧儿帝国之后在南亚次大陆建立起另一个全印性帝国。然而，这个帝国并不是莫卧儿帝国在现代时期的再现。它不仅不是莫卧儿帝国那样的"后游牧帝国"，甚至也不能被看作莫卧儿帝国那样的印度帝国，虽然它在后来被人们相当正式地称为"印度帝国"（Indian Empire/Empire of India）。这是因为，英帝国本质上是一个全球帝国，不论这个南亚的"印度帝国"本身在整个英帝国内占有怎样重要的地位，它也只是整个"日不落"大英帝国的一部分，而且作为殖民地，还是其从属的部分。

究其本质，英国人在工业资本主义时代建立的全球帝国是苏加塔·鲍斯在《面面观：全球帝国时代的印度洋》一书中所谓的"殖民帝国"（colonial empire）。在鲍斯看来，现代殖民帝国同"前殖民帝国"在政治结构上存在着根本差异。或许让我们感到吊诡的是，鲍斯认为像英帝国这样的现代殖民帝国也是按照民族国家的模式来建构的。他说："在结构和意识形态两方面，前殖民帝国和殖民帝国之间都存在着根本差异——这些差异经常被屡见不鲜的对帝国和民族的简单化对比而弄得模糊不清。如果有什么区别的话，那就是，现代殖民帝国在其中央集权结构和单一主权意识形态方面都严重依赖欧洲的民族国家模型，而且它们把这些作为毒遗产遗留给了后殖民主义时代的民族国家。与此形成对照的是，典型的前殖民帝国仅拥有松散的、层叠的政治结构，和下级首领共享层级性和共有性主权。前殖民帝国的程式不同于殖民主义类型的帝国程式，它设想的是整合（incorporation）而非降伏（subordination）较低级的主权。这个区别远不只是一个礼仪或政治语义学问题。"① 更有甚者，鲍斯事实上还认为英国通过殖民统治把现代民族国家的形式给予了它的殖民地：

19 世纪中叶奥斯曼领地上再次出现的中央集权化冲动并没有

---

① Sugata Bose, *A Hundred Horizons: the Indian Ocean in the Age of Global Empire*, Cambridge: Harvard University Press, 2006, pp. 69 – 70.

完全放弃那种使伊斯坦布尔得以成为一个组织略显松散的"银河式政体"中心的比较古老的主权观念。中央集权化和西化可能就是 1839—1876 年期间坦齐马特改革的口号，但"这却荒谬地旨在将奥斯曼帝国转变为一种庞杂的单一制国家，而不是欧洲风格的殖民帝国"。但是在印度，1857 年之后数十年间政治权威的重塑既有结构的维度，也有意识形态的维度。殖民地国家中央集权的现代结构得到了新的主权意识形态观念的支持。因而，19 世纪晚期和 20 世纪早期英帝国权力的形态显示出对莫卧儿（国家）形式的迷恋，但拒绝了它的实质。①

　　这种观点并不是孤立的。麦克弗森同样认为在这一时期欧洲人把一种以民族国家为基调的现代文化氛围引进到了印度和印度洋世界：

　　　　欧洲入侵印度洋对人们的思想带来了更微妙和选择性的影响。印度洋世界被纳入了正在扩大的世界范围内的欧洲文化体系。在印度洋之内开展活动的欧洲人认为自己是在促进他们是其中一员的民族国家的利益。带着这种感情，他们与当地的商人就具有不同的世界观，当地商人中的大多数根据古代文化、宗教和经济边界来看待世界，而这种边界与印度洋的疆域大致吻合。从经济角度看，它限制了当地商人的商业可能性，从政治和文化角度看，它把统治者和臣民局限于一个脆弱的体系，不准备对抗逐渐出现的欧洲的民族主义、资本主义、政治和文化的帝国主义。②

　　作为这种"西学东渐"的后果，18 世纪中叶以后的印度和印度洋不仅融入了一个与之前不同的经济世界，也开始处在一个与之前不同的政治文化世界。正像我们在前一章表明的，早期现代的印度和印度洋世界是一个开放而流动的历史空间，而现代民族国家的理

---

① Bose, *A Hundred Horizons*, pp. 41 – 42.
② ［澳］肯尼斯·麦克弗森：《印度洋史》，第 165 页。

念却把历史想象成一种封闭而稳态的历史空间（虽然这与孕育它的全球化的历史现实看起来有些矛盾）。在《想象的共同体：民族主义的起源与散布》一书中，本尼迪克特·安德森将现代地图的绘制看作"民族建设"（nation-building）的三大"权力制度"（institutions of power）之一（另外两个是"人口调查"和"博物馆"）。与传统地图不同，现代制图学把民族国家呈现为一种拥有闭合而固定的边界线的领土国家。这样的现代领土国家形态对印度和印度洋世界来说是陌生的（在前一章，我们已经指出莫卧儿帝国不是现代意义上的领土国家）。现在，它由英帝国把这种新的国家形态带到了这一广袤的历史区域。事实上，一个按照民族国家模式来建构自身的全球性殖民帝国自然也会按照同样的模式来建构它的殖民地国家。苏加塔·鲍斯写道："无论19世纪欧洲权力均衡博弈对殖民地领土争夺的影响是什么，彼此竞争的欧洲帝国都倾向于从事精确的地图测绘，而一俟殖民地边疆落入他们手中，就用线条把这些殖民地（在地图上）绘制出来。"① 结果就是，英帝国统治下的各殖民地（包括印度）迟早也会模仿他们的宗主国按照新的民族主义方式来想象自身及其历史。②

## 第二节　帝国建设和国家治理：印度社会和国家的现代转变

如果说安德烈·温克的"印度—伊斯兰世界"理论意味着莫卧儿时代的印度社会和国家最好被看作这个早期现代印度洋世界的产物而非印度文明延续的话，那么，我们在这里对现代世界历史空间的讨论

---

① Sugata Bose, *A Hundred Horizons*, p. 57.
② 本尼迪克特·安德森在《想象的共同体》第二版（1991）中写道："当时（1983年该书初版时——笔者按），我短视地假设亚洲和非洲的殖民地世界的官方民族主义是直接模仿19世纪欧洲的王朝制国家的。后来的反省使我相信这个观点过于草率而肤浅，而且'殖民地官方民族主义的'直接系谱应该溯及到殖民地政府（colonial state）的想象才对。"（〔美〕本尼迪克特·安德森：《想象的共同体：民族主义的起源与散布》，吴叡人译，上海人民出版社2003年版，第187页。）

表明，现代印度的起源同样不宜简单地归结为正统印度史学中那个被认为自古就存在的印度文明内在演变的结果。对现代印度起源的考察似乎更应该聚焦于 18 世纪中叶以后现代世界体系的历史。这一点同下面这个至关重要、却经常被人忽视的历史事实相一致：当英国在 19 世纪上半叶把几乎整个次大陆纳入它的全球帝国体系后，"印度"随之成为现代英帝国体系的中心和基石。

对于次大陆在英帝国体系中的核心地位，在初版于 1892 年的《波斯和波斯问题》一书中，后来出任印度总督（1898—1905）的寇松曾这样写道："没有印度，英帝国就不能存在。印度属地是（帝国）东半球主权的不可剥夺的徽章。自从印度为人所知以来，它的主人就一直是半个世界的领主。将亚历山大、帖木儿和巴卑尔东引到印度河的动力也就是使葡萄牙人在 16 世纪获得短暂霸权——他们一直以来对这种霸权的余晖念兹在兹——的那种动力，也就是使波斯沙阿在 18 世纪初期成为东方主宰达十年之久的那种动力，也就是使法国人差一点就获得帝国——由于更加勇敢和更加吉星高照，这个帝国落到了我们自己人民的头上——的那种动力，也就是至今让北极熊（Colossus of the North）变得更加雄心勃勃和虎视眈眈的那种动力。当国内政治在我们自己的公共生活中的重要性日益增长时，当转向西方、在比较年轻的民族和白人种族中寻找治国理政榜样和竞技场的趋势越发流行时，终究还是要为那些偏爱'亘古常在者'（the ancient of days）的人提供空间，为那些提请他的同胞们注意他们虽不再是西方的主宰，但依旧是东方的托管人和世界上第二大黑人群体统治者的人提供空间，为那些主张不忽视任何一种使人类迄今所取得的最伟大民政科学成就得以永葆于世的安全措施的人提供空间。"[1] 这样，对于以狂热的帝国建设热情闻名于世的寇松来说，凭借邻近"突厥斯坦、阿富汗、特兰斯卡斯皮亚（Transcaspia）和波斯"这一战略地带的优势地位，印度就构成了英帝国

---

① George Curzon, *Persia and the Persian Question* (Vol. 1), London: Frank Cass & Co. Ltd., 1966 (1892), p. 4.

全球地缘政治战略中的一个关键环节。①

　　这似乎意味着印度并不是英国全球帝国体系中的一个普通殖民地/领地，不是仅供宗主国英国进行殖民主义经济剥削和政治统治的对象，虽然作为殖民地的印度在经济上对英国有着不可低估的重要性。② 与英帝国的其他殖民地相比，印度的特殊性在于它同时构成了英帝国全球体系的中轴。因而，一个看似荒谬的历史事实是，英国在构建它的全球帝国体系的过程中也着力在次大陆建立一个亚帝国体系。也就是说，在英国征服印度的近一百年间，次大陆不仅被转变为英国的一个殖民地，还被精心构建为一个疆域帝国。作为英帝国体系的支轴，这个帝国内部的亚帝国（印度帝国）的安全和巩固与英帝国自身一样受到英国人的持续关注。在《孟加拉：英国桥头堡（1740—1828 年的东部印度）》一书中，P. J. 马歇尔写道：

　　　　大概是战争和外交，而非贸易和"改良"，构成了 19 世纪早期大多数士兵和派往印度担任总督的冒牌政治家们自以为他们真正了解的东西。孟加拉的"政治安全"是他们最优先考虑的事项，而他们把"安全"理解为需要征服迈索尔、马拉塔人、平达利人（Pindaris）、尼泊尔和缅甸人。这样，莫卧儿政权和新兴的英国人政权之间就存在着明显的连续性。这两种政权的中心功能都是向印度东部地区的农民征收赋税，然后将其用于军事目的。

────────────────

　　① 在《波斯和波斯问题》一书中，寇松写道："对许多人来说，突厥斯坦、阿富汗、特兰斯卡斯皮亚和波斯——这些名字仅仅具有远在天边的意味，或代表了对盛衰无常和垂死浪漫的某种回忆。我承认，对我来说，它们是上演着世界霸权争夺战的游戏棋盘上的棋子。根据这种观点，大不列颠的未来将不是取决于欧洲，甚至也不是取决于布满了她的旗帜的海洋或由她的子孙们创建的大不列颠，而是取决于我们的移民祖先最初来自、后来他们的后裔又作为征服者回到那里去的那块大陆。"［George Curzon, *Persia and the Persian Question* (Vol. 1), pp. 3–4.］

　　② 安德鲁·波普（Andrew Pope）这样评价印度殖民地对英帝国经济的重要性："大英帝国体系的兴盛，在很大程度上依赖于印度与世界建立的商业联系。英国对欧洲和美国的贸易赤字被印度对世界经济的贸易顺差所平衡，总体上有效促进了英国的整个收支平衡。这个账目仅依赖于印度出口产品的能力……"（引自［澳］迈克尔·皮尔逊：《印度洋史》，第 266 页。）

在理论上，纳瓦布和总督们都需要将他们的资源用于满足大帝国的需要；但事实上，他们只是把他们的资源投入基本上由他们自己规定的用途上。最终，总督们将丧失很大一部分自主性，孟加拉将被更完全地整合进英国的世界性军事和经济体系。不过，那个时期超出了本书的研究范围。截至 1828 年的这一时期见证了一个大体上自治的英属印度国家的创建。这个国家同英帝国只有相当松散的联系，它追求的目标仅仅是自身的"安全"和巩固。①

实际上，即便在 1828 年之后，虽然孟加拉乃至整个印度"被更完全地整合进英国的世界性军事和经济体系"，但这似乎并没有实质性地改变印度在英帝国全球体系中的地缘战略地位，因而也没有改变英国对印度的战略定位。印度依旧被看作英帝国内一个相对独立的政治实体，尽管毫无疑问，它在经济和政治上都从属于宗主国的需要。印度自身需要被建构为一个"帝国"，而印度帝国的安全和利益也和英帝国本身一样需要得到持续的关注和维护。对此，当代印度裔历史学家苏加塔·鲍斯（印度民族英雄苏巴斯·钱德拉·鲍斯的侄孙）在前引《面面观》一书中曾这样谈论印度总督寇松的战略观念：

> 甚至万能的英帝国在把它的权势投射到印度洋时，也经常对殖民地而非宗主国的利益给予更多的关注。寇松对印度洋的战略观念基本上就是英属印度帝国的观念，19 世纪晚期和 20 世纪早期的主权（观念）巨变带有完全的印度和印度洋特性。是殖民地化的英属印度帝国在 20 世纪发起了针对前殖民化的奥斯曼帝国的第一次海湾战争。被派去参战的印度士兵既扮演了全球角色，也扮演了印度洋角色，而他们是理解这种差别的。②

---

① Peter James Marshall, *Bengal: The British Bridgehead. Eastern India*, *1740 – 1828* (The New Cambridge History of India: Ⅱ · 2), New York: The Cambridge University Press, 1987, pp. 135 – 136.

② Sugata Bose, *A Hundred Horizons*, p. 274.

这样，看似荒唐的一个事实是，"殖民地化的"现代印度同时也是帝国主义的印度：印度的区域帝国主义和英国的全球帝国主义交织在一起。引人注目的是，殖民主义印度的帝国主义并没有随着后殖民主义时代的来临而终结。在《印度的发现》一书中，贾瓦哈拉尔·尼赫鲁对未来印度的展望不过是重复了英国殖民者的印度帝国观念：

> 让我们暂时把当前的问题忘掉，并且向前瞻望一下吧，印度成为一个强有力而统一的国家，成为一个和它的邻邦密切联系着并在世界事务中发挥着重要作用的由许多自由单位组成的联邦而涌现在我们面前。它是那些拥有能够自立的丰富资源和能力的极少数国家之一。今天类似这样的国家大概只有美利坚合众国和苏联……
>
> 在将来，太平洋将要代替大西洋而成为全世界的神经中枢。印度虽然并非一个直接的太平洋的国家，却不可避免地将在那里发挥重要的影响。在印度洋地区，在东南亚一直到中亚细亚，印度也将要发展成为经济和政治活动的中心。在那个正将要迅速发展起来的世界的一部分，它的地位在经济上和战略上是有重要性的。①

正是对后殖民主义时代印度的这种帝国想象（尼赫鲁借用G. D. H. 柯尔的观点，称之为"一个伟大的超民族国家的中心"）孕育出了尼赫鲁对于印度的大国观②："印度以它现在所处的地位，是不能在世界上扮演二等角色的。要么就做一个有声有色的大国，要么

① ［印］贾瓦哈拉尔·尼赫鲁：《印度的发现》，向哲濬、朱彬元、杨寿林译，上海人民出版社2016年版，第493—494页。
② 其实，尼赫鲁对未来印度的帝国想象是同他对未来世界政治格局发展趋势的展望相一致的："未来会怎么样呢？是另一个帝国主义时代呢，还是国际合作或世界联邦的时代呢？天平是倾向于前者的，旧日的论辩又被人们重复起来了，只是没有已往的那样坦直。"（［印］贾瓦哈拉尔·尼赫鲁：《印度的发现》，第506页。）

就销声匿迹。中间地位不能引动我，我也不相信任何中间地位是可能的。"① 尼赫鲁的这段话已经让我们耳熟能详，它也确实典型地反映了现代印度的帝国传统。难怪鲁道夫夫妇在《印度国家形成中的次大陆帝国和区域王国》（1985）一文中会认为印度次大陆自古以来就存在一种所谓的"次大陆帝国"传统："根据鲁道夫夫妇的观点，次大陆帝国是一个起源于古代的政治体，它承认'秩序井然的多样化'，承认明显不同的文化与功能群体的合法性，但各群体之间是'作为孤立的种族而存在的'。"②

　　这个关于现代殖民地（而非宗主国）帝国主义的观点可能会让很多人感到错愕。在我们的惯常认知中，18 世纪中叶以后英国征服印度的目的就是要将印度殖民地化，在这个过程中又怎么可能致力于"建设"一个印度帝国呢？既然作为殖民地的现代印度是英国帝国主义的受害者，它自身又怎么可能成为一个（亚）帝国呢？其实，这个看似矛盾的观点并不像表面上看起来那么离奇和不可思议。在前一节中，我们业已表明英国全球帝国体系的创建是以工业革命带给这个西北欧国家的举世无双的工业霸权和海上军事霸权为基础的。然而，我们也必须看到：在工业革命大大增强了英国建设和巩固全球帝国力量的同时，它也给英国的帝国建设造成了更大的困难和更多的挑战。在前工业化时代（亦即早期现代），现代世界体系不过是一个欧洲的世界经济体。这个早期现代的世界体系不仅覆盖的地理范围相对有限（按照沃勒斯坦的观点，不仅印度，中非、日本、波斯、俄国和奥斯曼帝国等广大地区也还都处在它的"外部领域"），而且它所面对的体系内部的反抗力量也相对较弱，特别是北美的印第安部落，很快被来自欧洲的殖民者屠戮殆尽。因而，对于早期现代世界中的全球帝国

---

　　① ［印］贾瓦哈拉尔·尼赫鲁：《印度的发现》，第 40 页。
　　② 引自 ［美］杜赞奇：《从民族国家拯救历史：民族主义话语与中国现代史研究》，王宪明等译，江苏人民出版社 2009 年版，第 63 页。参见 Lloyd I. Rudolph and Susanne H. Rudolph："The Subcontinental Empire and Regional Kingdom in Indian State Formation"，in Paul Wallace ed.，*Region and Nation in India*，New Delhi：Oxford University Press，1985，pp. 40 – 59.

来说，建立对现代世界体系的支配地位或霸权并不是一件特别费力的事情。结果，像葡萄牙和荷兰这样的微型欧洲国家都能够在这一时期先后扮演全球帝国（全球霸权国）的角色。然而，在工业革命的推动下，现代世界体系不仅将从前外部领域的国家和地区兼并过来，逐步演变为一个真正全球范围的世界经济体，而且体系内部的结构性张力也变得更加巨大：在商业资本主义时代，一个全球帝国的支配地位或霸权只是意味着建立和保持优势的海外贸易关系，但在工业资本主义时代，一个全球帝国的支配地位或霸权并不只是意味着建立新的贸易联系，而且还需要根据自身工业化的需要来改造外围地区/国家的经济和社会结构，使之适应新的世界劳动分工体系，成为工业化中心国家的原料产地和产品市场。换言之，现代世界中的全球帝国不仅要对更广大的地域进行"合并"（incorporation），而且要加以"降伏"（subordination）。最后，并非不重要的一点是，与早期现代西欧国家的殖民主义扩张面对着"野蛮的""无组织的"原始部落不同，英国在现代时期的帝国扩张所面对的却是一些高度文明的社会和组织程度很高的帝国和王国，如奥斯曼帝国、印度后莫卧儿时代的富有生气的区域王国以及像中国这样有着悠久的中央集权官僚制传统的大一统帝国。因而，我们不难想见，尽管工业化让英国在现代世界经济和政治中拥有了无与伦比的优势力量和地位，但这并不意味着这个西北欧岛国可以仅凭一己之力维系自己的全球霸权。不错，19世纪中叶的英国和20世纪中叶的美国都可以看作现代世界中的全球帝国，然而它们却都不能像传统帝国那样对它们所征服和统治的殖民地和属地进行单向的绝对控制，它们必须同它们的殖民地、属地和保护地结成某种特殊的伙伴或盟友关系（尽管这种关系注定是一种"麻烦的伙伴关系"），以获得后者对它们的"首要地位"（布热津斯基语）的承认和支持。在《大棋局：美国的首要地位及其地缘战略》一书中，布热津斯基一方面认为冷战后的美国成为世界历史上"第一个也是唯一的一个真正的全球性大国"，另一方面也不得不承认"美国在全球至高无上的地位，是由一个的确覆盖全球的同盟和联盟所组成的精细体系支撑的"①。类似地，作为现代殖民帝国的英帝国也需要在其内部建立一个法律上或事实上的特殊伙伴甚或盟友体系。（美国革命清楚地表明作为宗主国的英国如果愚蠢地、狂妄自大地把它的现代殖民地视为可以颐指气使、肆意蹂躏的藩属，会造成什么样的政治后果。在斯塔夫里阿诺斯看来，"美国革命基本上起因于帝国权力和殖民地自治这两种相冲突的要求"②。同样，1857 年印度兵变事件直接向过分自信和傲慢的英国殖民统治者敲响了警钟，使他们清醒地认识到英国在印度力量的局限，从而在很大程度上改变了英国殖民统治的方式，使英国殖民统治者更愿意正视印度关键的本土阶级和群体的意见和利益。）应该说，正是现代全球帝国自身的这种客观需要造成了殖民主义时期印度的帝国化，尽管这只是一个大帝国内的亚帝国。

当然，所谓殖民主义时期印度的帝国建设并不意味着英国殖民主义者要在南亚次大陆重建往昔的莫卧儿帝国。诚然，从一开始，英国人对印度的征服和莫卧儿的后继国家一样，都采取了在莫卧儿体系下建立事实上（而不是法律上）独立的区域国家的模式。在这种模式下，尽管莫卧儿帝国的中央权力日益徒有其表，但在法理上却依旧存在，事实上已经取得独立地位的原帝国省督们都还在表面上"尊重"德里皇帝的最高权威，并从德里皇帝的官职任命和认可中取得区域统治的合法性。18 世纪上半叶海德拉巴的尼扎姆和孟加拉的纳瓦布就是以这种方式创建区域国家的典型案例。（不过，信奉印度教的马拉塔人建立的"马拉塔帝国"是一个著名的例外。）当东印度公司在罗伯特·克莱武和赫克托·芒罗等人的领导下先后通过普拉西战役（1757）和巴克萨尔战役（1764）兼并孟加拉后，这些英印帝国的早期创建者们也只是满足于以东印度公司的名义从大莫卧儿皇帝那里获得对该省迪万尼（孟加拉民政长官迪万的职位）的任命，从而让这个贸易垄断公司在 1765 年正式获得了一个奇怪的政治头衔：公司巴

① ［美］兹比格纽·布热津斯基：《大棋局：美国的首要地位及其地缘战略》，中国国际问题研究所译，上海人民出版社 1998 年版，第 13、36—37 页。
② ［美］斯塔夫里阿诺斯：《全球通史：1500 年以后的世界》，吴象婴、梁赤民译，上海社会科学院出版社 1999 年版，第 338 页。

哈杜尔（Company Bahadur）。实际上，直到1858年莫卧儿末代皇帝巴哈杜尔·沙·扎法尔（巴哈杜尔·沙二世）及其家人被放逐到缅甸仰光后，莫卧儿帝国才从法理上寿终正寝，英属印度被置于英国女王治下。也就是说，英国通过东印度公司对印度的征服和兼并没有采取直接领土兼并的模式（在政治上，印度和英国的其他殖民地都不被看作宗主国本土的组成部分），而是采取了在莫卧儿体系下不断夺取和接收莫卧儿帝国权力的形式。因而，在法理上，继起的英属印度帝国就是莫卧儿帝国的继承人：帝国统治权力从莫卧儿人手中转到英国人（起先是东印度公司，而后是英国女王）手中。1876年，维多利亚女王采用"印度女皇"的称号，进一步凸显了英国人对印度殖民地的这种政治定位。①

然而，尽管早期英印帝国与它取代的莫卧儿帝国有着这种表面上的（甚或法理上的）继承关系，但英印帝国在内部结构上却与莫卧儿帝国有着根本的不同。它不是早期现代世界中的那种"后游牧帝国"，而是现代世界中苏加塔·鲍斯所谓的那种"殖民帝国"。正像鲍斯认为的那样，现代殖民帝国与前殖民帝国的区别就在于前者是按照当时欧洲的民族国家模式建构起来的，因而具有中央集权结构和单一主权意识形态（见前一节）。在笔者看来，这两个特征实际上就是现代人心目中的"国家"的基本特征。建立中央集权结构和单一主权意识形态就意味着创建国家。因而，我们看来就可以说，英印帝国的建立同时就是印度的国家建设（state-making）。显然，这个观点也是同前述沃勒斯坦关于现代世界体系（更具体地说，现代国家间体系）创造了印度"主权国家"的见解相一致的。这在很大程度上也解释了伯顿·斯坦何以在他的最后一部著作《印度史》中要把印度"国家创建的时代"确定在1700年以降，也就是后莫卧儿帝国时代。

---

① 印度当然是现代英国的一个殖民地，但是殖民地印度并不是现代英国（大不列颠及爱尔兰联合王国）的组成部分，而是英国国王以印度女皇名义统治下的一个领地，是与英国宗主国并列的一个政治实体，因此印度被称为"（英国国王）王冠上的明珠"。或许在我们看来，这个事实并没有什么重要性。然而，这个事实对印度人现代民族意识和历史意识的形成却具有重大的意义。

（在约翰·理查兹看来，莫卧儿帝国的历史始于 1526 年，终于 1720 年。此后，莫卧儿帝国就不再是一个"中央集权的帝国"了。[1]）

当然，这种观点是同正统印度史学的观点相矛盾的。在正统印度史学中，印度国家的历史和印度文明的历史一样久远。在赫尔曼·库尔克和迪特玛尔·罗特蒙特看来，"人们一致同意，自公元前 7 世纪晚期至公元前 5 世纪晚期这一时期是印度文化发展的一个最关键的时期。完全可以说，印度次大陆的历史实际上就是在那个时候开始的"，"在这个时期，最初的领土王国在恒河平原的中部地区建立起来，北印度经历了另一个城市化时期"[2]。在这样一种视域下，如果说英印时期在印度国家形成和发展的历史上构成了一个关键时期的话，那么，这也只是因为英印帝国改变了印度传统国家的形态，使其向现代国家转变，而不是因为英印帝国在次大陆首次建立了国家本身。显然，这不是像伯顿·斯坦这样的新印度史学家使用"国家创建"（state creation）这一术语所要表达的意思。他的意思显然是 18 世纪以后印度才真正开始进入所谓的"国家社会"（state society）。同样，无论是沃勒斯坦，还是苏加塔·鲍斯，也都把印度的国家形成置于现代世界的历史情境中：前者把印度的国家形成同现代世界体系联系起来，后者则把印度的国家形成同现代殖民帝国的创建联系起来。他们都没有把印度的国家形成同正统印度史学中所谓的"印度文明"联系起来。

的确，当新印度史学家们利用二战后西方人类学家提出的新的断裂国家—剧场国家模型重新诠释印度文明后，印度传统的社会学图景就发生了根本的转换。在正统的印度文明图式中，印度的传统社会被设想为是以婆罗门文化为基础的印度教王国。我们熟知的"种姓社会"和"印度教社会"的标签都被看作代表了一种前现代的国家社会。但在新的断裂国家—剧场国家图式中，印度传统社会却成为与"国家社会"对立的另一种社会形态。正像我们在第一章中提到的，大卫·勒登尽管在他的《南亚农业史》中谈到了印度的"中世纪国

---

① ［美］约翰·F. 理查兹：《新编剑桥印度史：莫卧儿帝国》，《前言》，第 1 页。
② ［德］赫尔曼·库尔克、迪特玛尔·罗特蒙特：《印度史》，第 63—64 页。

家"（medieval state），但同时又将这种"国家"同他所理解的真正的国家区别开来。就此而言，我们在这里所说的现代时期印度国家社会的形成其实代表了与印度自身传统的断裂。

　　或许，印度文明的一个独特之处就确实在于它没有形成自己的国家社会（所谓种姓社会和印度教社会被看成别区于国家社会的"身份社会"和"宗教社会"不是不合理的）。在这样一种新的视域下，如果我们重新解读一下我国东晋名僧法显（约334—约420）在《佛国记》中对当时北印度社会所做的一段著名记述，应该会是一件颇有教益的事情：

　　　　从是以南，名为中国。中国寒暑调和，无霜、雪。人民殷乐，无户籍官法，唯耕王地者乃输地利，欲去便去，欲住便住。王治不用刑罔，有罪者但罚其钱，随事轻重，虽复谋为恶逆，不过截其右手而已。王之侍卫、左右皆有供禄。举国人民悉不杀生，不饮酒，不食葱蒜，唯除旃荼罗。旃荼罗名为恶人，与人别居，若入城市则击木以自异，人则识而避之，不相唐突。[①]

　　很多历史学家把这段描述看成是对旃陀罗笈多二世时期印度繁荣安定的社会状况的真实写照，特别是其中提到的"旃荼罗"似乎还十分可信地印证了正统印度史学关于前现代印度的种姓社会（贱民制度）理论。然而，迄今为止，似乎所有的历史学家都忽略了这条文献记录的另一个更为重要的意义：它向我们清楚地表明当时的印度社会并不是一个国家社会。法显于 65 岁高龄时始与慧景、道整、慧应和慧嵬四人一起从长安出发，远赴印度寻求他渴慕已久的佛教律藏。自然，对于长期生活在中国文明心脏地带（长安周围）的法显来说，早自战国时代以来就在中国形成的国家制度（编户齐民、法治）已经司空见惯。大概也正是因为如此，当法显和他的同伴抵达印度后，那里截然不同的社会结构和形态才给他们留下了十分深刻的印象。我

---

① 章巽校注：《法显传校注》，上海古籍出版社 1985 年版，第 54 页。

们知道，自商鞅变法以来，由中央政府制定和颁布的官方法律就取代周代"礼仪"成为中国社会的最高行为规范，中国社会因而成为"法治"社会。与此同时，"人民"成为主权国家的行政对象，普遍地被纳入户籍制度，成为中央集权制国家治理下的"编户齐民"，并由此负有向国家缴纳赋税和服兵役徭役的义务。这就是我们所了解的中国历史上的"国家社会"的大致情形。然而，大概让法显感到十分意外的是，中国人已经习以为常的国家社会制度在当时的印度是付诸阙如的：在这里，既没有国家制定的统一法律，也没有把农民束缚在土地上的户籍制度（"无户籍官法，唯耕王地者乃输地利，欲去便去，欲住便住"）。这里所谓的"输地利"，与其说是耕作者向主权国家缴纳的赋税（公共财政收入），不如说是作为佃户的耕作者向作为土地所有者的国王个人交纳的地租。"王治不用刑罔"则表明当时的印度社会缺少合法的暴力机构，而在亨利·梅恩、卡尔·马克思和马克斯·韦伯的政治法律概念中，国家的本质特征之一都是对合法使用暴力的垄断权。赫尔曼·库尔克曾这样评论法显的《佛国记》："由于他只对佛教感兴趣，他的报告没有包含过多的政治信息。"[1] 现在看来，造成这种"缺憾"的缘由大概并不在于法显主观上的疏忽，而在于当时的印度社会客观上还没有发展成政治社会，还没有以国家为中心建立起来。

既然英属印度的国家建设不能追溯到印度本土的历史传统[2]，那

---

① ［德］赫尔曼·库尔克、迪特玛尔·罗特蒙特：《印度史》，第108页。

② 当然，这一点并不会没有争议。在《南亚农业史》中，大卫·勒登就认为从"中世纪晚期"开始，印度就存在着一条连续的"苏丹政体"（sultanic regime）发展链，德里苏丹国、莫卧儿帝国和创建英印帝国的东印度公司代表了这种印度政体螺旋式上升的三个阶段："在中世纪晚期，从13—16世纪，新的族长等级制度发展起来了；他们成为苏丹世俗主义的文化背景。苏丹世俗制将多种多样的教规、仪礼和道德体系置于苏丹权威的伞盖之下。苏丹位于所有族长之上。他们的政权将中世纪早期的小农业领地整合为带有独特的早期现代特征的区域形态……苏丹权力在莫卧儿、萨法维和奥斯曼王朝下臻于鼎盛，但其逻辑并非内含于伊斯兰教。印度教徒中的践行者既包括拉吉普特人，也包括维查耶纳伽尔的拉贾们。这些拉贾事实上是南印度的苏丹。英国东印度公司则用苏丹权威推行它自己的基督教帝国主义。"（David Ludden, *An Agrarian History of South Asia*, Cambridge：Cambridge University Press, 1999, pp. 104 - 105.）当然，苏丹政体和国家建设或国家形成并不是一回事。

么，我们是否可以认为它来自英国自身的政治传统呢？的确，在中世纪的历史上，英国比欧洲大陆国家更早地建立了"集权化的君主政体"，但到绝对主义时代，当像法国这样的欧洲大陆国家开始形成强大的中央集权制国家结构的时候，英国在国家形成的道路上却踯躅不前。对此，佩里·安德森写道："在绝对主义时代，英国土地所有者阶级的几种特质是历史性地相互交织在一起的。其不寻常之处在于，背景是非军事化的，职业是商业化的，而所属阶级阶层则是平民。与这一阶级相辅相成的是一个仅仅拥有很小的官僚机构、有限的国库、不设常备军的国家机器。"① 实际上，众所周知，直到 19 世纪，马克思还因为这一事实而认为无产阶级革命在英国比在欧洲大陆国家更容易成功。因而，我们很难说英国是将自己的政治传统投射到了印度。尽管如此，这并不意味着英印帝国的国家建设是无源之水，无本之木。在笔者看来，英国人在次大陆的国家建设活动乃是延续了 16 世纪在西方世界出现的治理国家趋势。只有置于这样一个世界性的宏大历史背景下，英印时期印度国家形成的过程才能得到确切的理解。

"国家的治理化"是 1978 年法国哲学家米歇尔·福柯在法兰西学院讲授《安全、领土和人口》课程时提出的一个核心论题。在福柯看来，"国家的治理化是西方历史上的基本现象"。他认为国家治理化代表了西方历史上国家谱系演进的最新形态："我们或许可以用如下方式（尽管非常概括、粗糙、不精确）重构西方权力的巨大形式及其布局（économies）：最早是司法国家，它产生于封建型领土政体，对应的是法律（习惯法或成文法）社会，涉及一整套义务和诉讼的相互作用；其次是行政国家，产生于十五六世纪国家边界（不再是封建）的领土性（territorialité）中，对应的是管制社会和规训；最后是治理国家，它不再以其地域和领土来界定，而是以其人口的多寡及其容量和密度来界定，其实也包括领土（人口就分布在领土上，不过领土只是几个组成要素之一）。治理国家实质上作用于人口，治理

---

① ［英］佩里·安德森：《绝对主义国家的系谱》，刘北成、龚晓庄译，上海人民出版社 2001 年版，第 125—126 页。

国家参照和利用经济知识这一工具，它所对应的是由安全配置加以控制的社会。"在福柯看来，我们至今仍然生活在治理国家的时代，治理国家就是"我们的现代性"："或许对我们的现代性，也就是对我们的现实来说，重要的不是社会的国家化（*étalisation de la société*），而是国家的'治理化'（*gouvernementalisation*）。我们生活在一个治理术的时代，这种治理术最早是在 18 世纪发现的。国家的治理化是一个非同寻常的扭曲现象，因为如果说事实上治理术的问题和治理技术已成为唯一的政治赌注，已成为政治斗争和政治竞争的唯一真实的空间的话，那是因为国家的治理化同时就是使国家幸存下来的原因。完全有可能设想，如果说国家就是它今天这个样子，恰恰要归因于这种治理术，这种治理术同时内在和外在于国家，因为，正是治理的策略使得对下列问题可以反复不断加以界定：什么在国家职能范围内、什么不在国家职能范围内，什么是公和什么是私，什么是国家的，什么不是国家的。因此，只有以治理术的总体策略为出发点，我们才能理解国家的持续存在及其限制。"同时，福柯又认为治理国家乃源于西方基督教会制度化的"牧领权力"，而这种现象"在任何其他的文明中都是找不到的"："牧领的权力对于希腊和罗马的思想来说是完全陌生的，至少是极其陌生的，牧领权力是通过基督教会的中介才引入西方世界的。是基督教会把这些牧领权力的主题固化为明确的机制和确定的制度，基督教会在事实上组织了牧领的权力，这是特殊的自治的权力，它在罗马帝国的内部植入了牧领权力的装置（*dispositifs*），它在罗马帝国的核心之处，就是把这种类型的权力组织起来，而这种权力，我认为在任何其他的文明中都是找不到的。"① 因而，在福柯眼中，国家治理化既代表了现代国家的诞生，也是一种独特的西方性的体现，它继承了西方文明特有的权力形式和观念。②

---

① ［法］米歇尔·福柯：《安全、领土与人口：法兰西学院演讲系列，1977—1978》，钱翰、陈晓径译，上海人民出版社 2010 年版，第 92、93、112 页。

② 福柯说："在 17—18 世纪，治理术进入政治领域标志着现代国家的开端。我认为，就在治理术成为一种深思熟虑和精打细算的政治实践的时候，现代国家就诞生了。"（［法］米歇尔·福柯：《安全、领土与人口：法兰西学院演讲系列，1977—1978》，第 143—144 页。）

国家治理化概念的提出为我们审视国家形成问题提供了一个独特的视域。在过去，我们讨论国家形成问题通常会聚焦于制度结构问题。对我们来说，国家形成问题就是中央集权的官僚制（又称"科层制"）统治结构形成的问题。现在，福柯的治理国家理论则促使我们去考虑国家形成背后的心态或文化背景。国家不只进行"统治"（reign），也进行"治理"（govern）。与统治观念相联系的是领土、主权和法律等制度结构，而与治理观念（发源于古代希伯来人的"牧羊人"观念）相联系的则是人口、经济和"安全配置"（apparatus of security）这样的制度组合。国家统治意味着一个主权者在一块特定的领土上制定和实施法律，国家治理则意味着把某一领土上的所有居民当作一个集体的自然对象（人口），根据对这个特殊自然对象的行为规律的知识（经济学及其经济人理论），按照着成本—收益的效率原则加以引导和管理（安全配置），以期实现总体效益的最大化。与统治国家（福柯称之为"统治权支配的政体"）相比，治理国家（福柯称之为"治理技术支配的政体"）所实现的最根本的转变就在于它的对象和重心从领土转向了作为一种新政治主体的人口。福柯说："人口作为政治主体，这个集体主体在以前的那些世纪中的法律和政治思想看来是完全陌生的，通过这些断裂，它正在显现出来，非常复杂。"这种以人口为对象和目标的国家治理技术与西方古典的自由主义学说有着深刻的内在联系："自由主义的游戏：让人们自己去做，有东西通过，东西移动，任其自由，放任不管，这意味着，根本上要做的事情是，让现实自我发展和前进，根据其自身的规律在它自己的道路上前进，其原则和机制就是现实的原则和机制……政府的意识形态和技艺是自由，实际上，这个自由应当纳入权力技术的更替和转换之中来理解。以一种更精确和更个别的方式来理解，自由并非别的什么东西，而是与安全配置的建立相关的东西。安全配置，至少是我跟你们所说的安全配置，能够正常运行的必要条件就是，人们给予18世纪所理解的现代意义上的自由：不是赋予某个人的特权和特别优惠，而是人和东西的行动、迁移、流通的自由。"① 特别值得注意的是，正是在国家对人口的这种自由主义治理过程中，产生了现代的我们对于"社会"的概念。与"经济"一样，与人口治理相关的"社会"被理解为一种可以加以认知的外部现实领域。与经济学一样，关于社会的知识建构（社会学）也成为国家实施人口治理的智识前提。这样，在国家治理形成的过程中，既包含了国家建设的面向，也包含了社会建构的面向。②

尽管英国自身事实上和印度一样缺少国家社会的传统，但没有证据表明英国一直将自身隔离在延续到 18 世纪末的国家治理化的现代潮流之外。（在福柯看来，西方知识界对"治理术"（govern-mentality）的写作热潮从 16 世纪一直持续到 18 世纪末。）实际上，到 18 世纪下半叶，随着工业革命的发生和工业化进程的持续推进，英国自身也开始面临空前的社会张力和巨大的转型压力。与一般人的想象不同，1640—1688 年英国的清教徒革命（我们习惯上称之为"英国资产阶级革命"）并没有使英国社会"现代化"。虽然英国革命确立了具有现代色彩的议会政制，但革命后的英国议会被巴林顿·摩尔称为"巨大的地主委员会"③。整个英国社会还带有浓厚的贵族社会色彩，盛行的依旧是传统社会的观念和制度。传统、等级、共同体和特权仍是 18 世纪包括英国在内的欧洲社会的主要特征，它们被称为"旧制度"（ancien régime）。这些旧制度反映的是

---

① ［法］米歇尔·福柯：《安全、领土与人口：法兰西学院演讲系列，1977—1978》，第 33、37—38 页。

② 不要忘记，在 18 世纪以前，无论是在西方的文化语境中，还是在我们自己的文化语境中，都没有现代意义上的将"社会"视为一种外部实在领域的概念。然而，卢梭的《社会契约论》（1762）和孔德（1798—1857）的社会学表明，我们现在所想象的社会实在其实只是观念的建构物。在《共同体与社会》一书中，德国社会学家斐迪南·滕尼斯就区分了"共同体"和"社会"。他认为前者是"现实的和有机的生命"，后者则呈现为"思想的和机械的形态"。（［德］斐迪南·滕尼斯：《共同体与社会——纯粹社会学的基本概念》，林荣远译，商务印书馆1999年版，第 52 页。）换言之，共同体可看作自然形成的结合，而社会则须视为人为的观念建构。了解这一点很重要，因为正是这个事实为我们提出了社会建构的问题。

③ ［英］巴林顿·摩尔：《民主和专制的社会起源》，拓夫、张东东等译，华夏出版社1987年版，第 15 页。

中世纪欧洲基督教世界的"社会"概念：社会有机体理论。对于这种社会概念，R. H. 托尼曾这样写道："按照理想的构想，社会是一个具有不同等级的有机体，人类活动形成一种职能等级体系，这些职能性质各不相同，重要程度不同，但只要它为大家共同的目标所支配，无论有多间接，便都有其自己的价值。社会乃神圣秩序的隐约反映，它像这种秩序一样稳定……社会不是被解释为经济利益的表现，而是由一种相互履行（虽然是变化着的）义务的制度连结在一起的。它以为，只要各个阶级履行其职能并享受与之相应的权利，便能达到社会幸福。"① 这种社会概念本质上是前工业化时代的等级社会（hierarchical society）概念。然而，随着工业化时代的到来，这种旧的社会观念和制度日益落后于实际社会结构的变迁。经济社会的工业化要求建立一种不同于传统农业时代等级社会结构的大众社会（mass society）。② 就是在这样一种时代背景下，与霍布斯鲍姆（Eric Hobsbawm，又译为霍布斯邦）在《革命的年代：1789—1848》中提出的著名的"双元革命"论所反映出的流行的历史意象相反，18 世纪后半叶的英国不仅发生了工业革命，而且也开启了深刻的现代社会转型。③ 其中最具代表性的是杰里米·边沁（Jeremy Bentham，1748—1832）功利主义学说的提出，它反映了英国社会观念从传统向现代的转变。在《道德和立法原理导论》（1780）中，边沁阐述了作为他的新社会观念基础的功利主义原则："自然将人类置于痛苦和快乐这两个最高主宰的支配之下。唯

---

① ［英］R. H. 托尼：《宗教与资本主义的兴起》，赵月瑟、夏镇平译，上海译文出版社 2006 年版，第 13、15 页。

② 在 19 世纪晚期的西方社会学中（比如埃米尔·涂尔干的社会学），"大众社会"的主体被界定为由无差别的、原子化的个人构成的"群众"。因而，这种社会的内在价值取向是自由和平等。

③ 霍布斯鲍姆在《革命的年代》一书的《序言》中写道："我们在这里把 1789 年的法国大革命和同时期发生的（英国）工业革命称为'双元革命'，本书所追溯的 1789—1848 年的世界变革，正是从'双元革命'这一意义上着眼。"（［英］艾瑞克·霍布斯邦：《革命的年代：1789—1848》，王章辉等译，国际文化出版公司 2006 年版，第 1 页。）霍布斯鲍姆发明的这一术语似乎暗示这一时期英国仅仅发生了经济上的工业革命（区别于法国的政治革命），但事实并非如此。

有它们能够指示我们应该做什么和决定我们会做什么……功利原理
是这样一种原理：它根据将会增加或减少利益攸关方幸福的情态
来推动或阻止一切种类的行动；换种说法也一样，要看是提高还
是降低了那种幸福。我说一切种类的行动，因而不仅是指某个私
人的所有行动，也是指政府的所有举措。"① 在他看来，任何一个
进步的文明社会都应该以他倡导的著名的功利主义原则（最大多
数人的最大幸福）为基础。根据这样一种社会观，社会本身不再
是目的，它只是保护和促进个人（而非共同体）福利的工具和手
段。政府、法律和道德（社会制度）的正当性也不应再以传统、
宗教和自然法为标准，而应根据功利主义原则来评判，即看它们
是否有助于实现最大多数人的最大幸福。不难看出，边沁的功利
主义社会观本质上就是以马克斯·韦伯所说的"工具理性"为基
础的现代社会观，它取代了以"价值理性"为基础的传统社会
观。现代社会观念的出现及其推动的社会改革运动（边沁本人不
只是著名的哲学家和法学家，还是积极的社会改革家）不可避免
地把英国拉进了国家治理化的时代潮流。边沁主张创立一种完全
以功利主义原则为基础的法典（Pannomion），以取代英国传统的
普通法体系和自然法—自然权利原则。

　　对殖民地时期印度国家和社会的现代转型来说具有重要意义
的一个事实是，英国在对印度次大陆进行殖民征服和统治的过程
中并没有将其排除在国家治理化的潮流之外。一方面，正在创建
英印帝国的英国人很希望把宗主国的新的文明形象投射到印度，
以便为他们的帝国建设和殖民统治提供某种合法性（所谓"文明
使命"）。另一方面，当时英国的功利主义社会改革家们也没有把
他们倡导的新学说视为仅仅适用于现代英国或西方世界的社会理
念，而是将其视为一种放之四海而皆准的普遍价值。贾韦德·马
吉德曾这样评论边沁的功利主义学说："边沁坚持认为立法者应

---

① Jeremy Bentham, *An Introduction to the Principles of Morals and Legislation*, Kitchener: Batoche Books, 2000, p. 14.

该主要关注法律应该是什么的问题（审查法学），以最大多数人
的最大幸福的功利主义标准为指南，而不是关注法律是什么的问
题（解释法学）。正是沿着'这条审查主义路线，对同样适用于
各民族环境的专门研讨留下了最大空间'。他将他的目的规定为
制定'一种共同的标准。借助这个标准，通行于各个国家的数种
法律体系都可以分别予以比较，从而呈现它们的共同点和不同点，
揭示出它们的优劣短长。'由此，他将《道德和立法原理导论》
一书称为一部'普遍法学'著作。"实际上，无论是边沁，还是
我们早已提到过的另一位著名的功利主义哲学家詹姆斯·米尔，
都倾向于把印度作为他们的功利主义改革的实验场。对此，马吉
德写道："对米尔来说（对边沁来说也一样），印度提供了揭露英
国法律系统不足和制定一部普遍适用的法典的机会。为了获得这
样一部法典，米尔也批评了他所了解的印度教法和穆斯林法，尽
管他确实称赞它们的法律程序没有拖沓、繁杂和靡费的缺点。的
确，由英属印度的梵学家们（pandits）编纂的法律只是'对从律
书、祈祷书和诗集中任意选取的散乱、模糊、愚蠢或晦涩的引文
和格言的杂乱无章的汇编'，米尔不得不亲自对印度教法律进行
分类。这种分类遵循了边沁在《法律通论》（*Of Laws in General*）
中的分析模式。然而，尽管他抨击了印度教法律的某些方面，比
如刑罚，但再次指出下面一点是很重要的：与这种抨击并行的是
（他）对英国法律同样严厉的抨击……也正是米尔在《英属印度
史》中的这种自我反思——利用英属印度来批评英国法律，进而
批评整个英国社会——被那些将米尔的《英属印度史》简单地定
性为一种在所谓的'英法帝国形成'中有着支配性影响的'霸
权'文本的分析所忽视。"① 这样看来，与过去习惯于将现代时期
英国（宗主国）和印度（殖民地）的历史分隔开来的历史编纂学相

---

① Javed Majeed, *Ungoverned Imaginings*: *James Mill's The History of British India and O-rientalism*, Oxford: Clarendon Press, 1992, pp. 130, 132, 133.

反，现代时期英国和印度的历史似乎位于"同一页面上"①。同一种世界性历史潮流既推动着英国社会和国家的现代转型，也推动着一种殖民地现代性在印度的出现。特别是在国家形成方面，殖民地印度和宗主国英国实际上处在共同的轨道上。对此，伯纳德·科恩写道：

> 大不列颠国家建设（state building）的过程——这被视为一项文化工程——同其作为一个帝国强权的出现密切联系在一起，而印度是其最大和最重要的殖民地。不只是治理印度的人员是英国人，而且这两个国家的国家建设工程——文档化（documenta-tion）、合法化、分类（classification）和整合（bounding），以及相关的制度——经常反映出最早产生于印度、而后应用于大不列颠的理论、经验和实践。反之亦然。宗主国文档工程的许多方面最初产生于印度。例如，印度文官制为母国文官制度的发展提供了一些范例。反过来，维多利亚时代大不列颠的大学和公学是将旧贵族和新中产阶级联系起来的工厂，新的帝国治理阶级就诞生在那里。这些模式被输出到印度和其他殖民地，以生产出忠诚的治理精英。英国国家的核心标志和全国忠诚的焦点——国王——在同印度和帝国其他地区的关系中得到重现。在我对 18 世纪和 19 世纪英国征服印度的研究中，一个主导性的假设始终是：宗主国和殖民地只能被放在一个统一的分析场域中审视。②

---

① 乔恩·威尔逊在评论约翰·马里奥特的《异域帝国：殖民主义想象中的宗主国、印度和进步》（John Marriott, *The Other Empire: Metropolis, India and Progress in the Colonial Imagination*, Manchester: Manchester University Press, 2003）时写道："在过去 15 年左右的时间里，历史学家们试图把英国和它的殖民地的历史放在同一页面上。这篇文献极力解构帝国历史同英国、南亚、非洲以及加勒比海民族史学之间存在的历史割裂，有力证明了在 19 世纪的英帝国时期，宗主国和殖民地共处于'一个统一的认识场域'。"（Jon Wilson, "Metropolitan Savages", *History Workshop Journal*, Issue 61, Spring 2006, p.287.）

② Bernard Cohn, *Colonialism and Its Forms of Knowledge: The British in India*, Princeton: Princeton University Press, 1996, pp.3 - 4.

# 第三节 现代性中的传统：殖民统治和正统印度史学的创生

当我们说 19 世纪英国社会在经历现代转型的同时也给它的殖民地印度带来了类似的现代性时，我们一定会意识到这种观点是同我们的"常识"相矛盾的。在我们大多数人的意识里，殖民主义代表了西方现代性的阴暗面，它不可能给受西方国家殖民统治的东方（半）殖民地国家带来真正的现代性。特别是当我们把现代性同工业化、城市化和经济发展等现代文明的一般"进步"特征联系在一起的时候，显得尤其如此。在《不列颠在印度统治的未来结果》一文中，马克思虽然设想"英国在印度要完成双重的使命：一个是破坏的使命，即消灭旧的亚洲式的社会；另一个是重建的使命，即在亚洲为西方式的社会奠定物质基础"，但也明确地认为："在大不列颠本国现在的统治阶级还没有被工业无产阶级取代以前，或者在印度人自己还没有强大到能够完全摆脱英国的枷锁以前，印度人是不会收获到不列颠资产阶级在他们中间播下的新的社会因素所结的果实的。"[①] 印度经济史学家罗梅什·杜特（1848—1909）在《英属印度经济史》（1902）中更是直接将 18 世纪末期和 19 世纪初期印度的去工业化归结为英国的殖民统治："印度在 18 世纪既是一个巨大的手工业国家又是一个巨大的农业国家。印度织布机的产品供应亚洲和欧洲的市场。不幸得很，东印度公司和英国国会奉行一百年前的自私自利的商业政策，在英国统治印度的初期，就打击了印度的手工业，从而鼓励英国新兴的制造业。在 18 世纪最末的十年和 19 世纪头十年期间，英国所奉行的坚定不移的政策，是使得印度为大不列颠的工业服务，使得印度人只生产大不列颠织机和制造业所需要的原料。这种政

---

① 马克思：《不列颠在印度统治的未来结果》，载《马克思恩格斯全集》第 12 卷，第 246、250 页。

策执行起来非常坚决，并且收到了预期的效果。"① 同样，在《现代印度经济：1860—1970 年》一书中，B. R. 汤姆林森也认为这一时期的"印度经济处于不发达状态"②。

　　然而，现代性问题似乎从来就不是一个简单的问题。现代性一定意味着西方发达国家所经历的那种工业化和经济发展吗？我们在多大程度上可以把工业化和现代经济增长的乏力看作印度现代性缺失或传统性持续的证明呢？实际上，汤姆林森就认为印度殖民地时期的经济结构是现代的，而不是传统的："马克思主义和新古典派的研究都表明，在整个次大陆上，资本、商品和劳动市场的统一性日益发展，从而把生计部门和商业经济联系在一起。南亚的经济史并不是二元的——我们不能确定和区分出独立的'现代'和'传统'部门……在整个 18、19、20 世纪，市场关系，无论是货币的，还是实物的，也不管可能曾经多么地不完善、无效率和富于剥削性，却和世界其他地区一样浸透了南亚经济。"③ 换言之，在汤姆林森看来，殖民地时期印度的经济和同时期西方国家的经济一样都是现代资本主义性质的，但是印度的现代资本主义并没有导向我们期待的工业化和经济发展。因而，汤姆林森郑重提醒我们："现在没有可以挥舞的魔杖。经济发展很难获致，也不易保持。对现代印度经济史的恰当理解应该使我们对人类创建一个更加美好、公平和富裕的未来世界的能力保持谦逊，它也表明了我们不谦逊就有可能遭到的报应。"④ 或许，正像沃什布鲁克在《进步和问题：约 1720—1860 年间的南亚经济和社会史》一文中认为的那样，西方国家的资本主义工业化只是现代性的一种特殊形式："资本主义发展和工业化之间的进化联系（如果存在的话）更应该看作一种独特的历史畸变，而非一种普遍的历史模式；资本主

---

　　① ［印］罗梅什·杜特：《英属印度经济史》上册，陈洪进译，生活·读书·新知三联书店 1965 年版，《原序》，第 7 页。

　　② B. R. Tomlinson, *The Economy of Modern India*, *1860 – 1970* (The Cambridge History of India, Ⅲ·3), Cambridge: Cambridge University Press, 1993, p. 214.

　　③ B. R. Tomlinson, *The Economy of Modern India*, *1860 – 1970*, p. 27.

　　④ B. R. Tomlinson, *The Economy of Modern India*, *1860 – 1970*, p. 218.

义发展规则与技术和社会现代化规则之间至多只有微弱的联系；就其本身而言，资本主义的'成功'很难用工业化和现代化这样的标准来衡量。"① 因而，工业化不足（甚或暂时缺失）并不是现代性缺失和传统性持续的可靠证明。② 实际上，对于工业革命之后的现代世界来说，某种类型的"现代性"已经不是一种仅供少数国家和民族专享的奢侈品，而成为一种普遍需要的必需品。如果我们回顾一下我国的清末新政，我们不难发现这其实是在半殖民地的中国社会发生的一场"强迫性"现代化改革运动，因为它不仅是在国内维新派的鼓动下进行的，也是在所谓"西方列强"的外部压力下进行的。因而，在殖民主义背景下，印度社会和政治领域的现代性也不是不可想象的，它是英国殖民统治下印度帝国建设和国家治理的产物。

事实上，现代性和传统也并不是绝对对立和排斥的。毋宁说，从一开始，传统就是现代性的发明。几乎与18世纪西欧的启蒙运动宣告现代性的诞生同时，西欧也产生出与之"对立"的另一种新文化潮流——浪漫主义运动：前者以理性和进步主义为核心，而后者则强调想象和直观的重要性，肯定和推崇西欧中世纪文化的价值和意义，甚至主张把基督教恢复到中世纪时期的状态。与"向前看"的启蒙主义（进步主义的"启蒙心态"）相比，"向后看"的浪漫主义态度显然就代表了与之对立的"传统主义"，因而被看作是对启蒙思想的反动。然而，历史地看，浪漫主义的产生却有着深刻的启蒙主义渊

---

① David A. Washbrook，"Progress and Problems：South Asian Economic and Social History c. 1720 - 1860"，*Modern Asian Studies*，Vol. 22，No. 1（1988），p. 77.

② 实际上，这一点正日益得到学术界的承认。对此，沃什布鲁克写道："所有那些源于19世纪的古典欧洲社会学传统都假定，'资本主义'发展的终极目的是'工业化'和'现代化'。直率地说，由于南亚历史显然没有导向现代工业社会的发展，它就不能是资本主义历史的一部分。的确，它根本不能成为历史的一部分，因为根据这些理论，'历史'意味着现代化和资本主义：它们留给过去的仅有的另一个范畴是停滞和不变的'传统'。在很多方面，过去20年历史研究的最重要议程就是试图解构'资本主义'、'工业化'和'现代化'之间的相互关联，让'现代'历史摆脱一种目的论——关于19世纪以前和非欧洲国家历史的日益增长的经验知识已使这种目的论显得荒诞不经。"［D. A. Washbrook，"Progress and Problems：South Asian Economic and Social History c. 1720 - 1860"，*Modern Asian Studies*，Vol. 22，No. 1（1988），pp. 76 - 77.］

源。启蒙运动中的两位著名著作家——让－雅克·卢梭和伊曼纽尔·康德的思想都直接促进了浪漫主义的兴起。卢梭关于社会随着文明发展而退步的观念（实质上是对进步主义的否定）和康德对人类理性的质疑都启迪了浪漫主义的文化态度。不仅如此，浪漫主义本质上还是作为现代性基本面向的现代民族主义和民族国家的文化表达。[1] 对此，《西方的遗产》的作者写道："浪漫主义思想是推动民族主义出现的主要动力，它也是 19 世纪和 20 世纪最有生命力的思潮之一。启蒙运动的思想家们通常推崇世界主义的世界观。而浪漫主义者则持相反的看法，他们强调个性以及各个民族和文化的单一价值。个人及一个民族的特征由其语言、历史、风俗习惯以及它所拥有的具有悠久历史的土地所决定。文化民族主义逐渐演变为政治信条，人们逐渐认为每个人、每个民族或国家应该是一个独立的政治实体，而且惟其如此，才能维护一个国家的特色。"[2] 就此而言，传统性并不位于现代性之外，它只是现代性自身的一个文化建构。

　　这一观点对印度来说也是适用的。脱离开现代性的历史语境，孤立地谈论印度的"传统性"可能的确是很有误导性的，好像我们熟知的印度的传统性就只是印度现代以前的历史性的遗存一样。然而，要能够真正理解印度传统性的创生史，我们就必须追溯到殖民统治下形成的印度现代性（有人称之为"殖民地现代性"）。如前所述，正是在英国的殖民统治下，印度出现了以"国家治理"为具体表现形式的现代性。而且，我们也已经指出，现代国家治理本身就包含着一个"社会建构"的面向。换言之，国家治理实施的技术前提之一乃是首先形成关于治理对象的"社会知识"。1757 年普拉西战役后，随着东印度公司迅速从一个垄断贸易公司转变为一个统治着孟加拉广袤

---

① 在《历史研究》中，汤因比认为"工业化和民族主义是现代西方人的双面"，"工业化和国家主义，而非工业化和民主政治，是对我们这个时代的西方世界具有决定作用的两种力量。在 19 世纪即将结束的年代，大约是在 1875 年间，西方世界的工业革命和同步出现的国家主义，共同造就了'列强'，每个强国都自诩为宇宙的中心。"（［英］汤因比：《历史研究》，刘北成、郭小凌译，上海人民出版社 2005 年版，第 6、8 页。）

② ［美］唐纳德·卡根、史蒂文·奥兹门特、弗兰克·特纳：《西方的遗产》下册，袁永明、陈继玲、穆朝娜等译，上海人民出版社 2009 年版，第 692 页。

土地的领土国家，英国殖民统治者们立即感受到了"认识"和了解印度本土社会的重要性和紧迫性。诚然，任何一种认识都会受到认识者由其自身的历史经验所形成的"先验"观念的深刻影响。不用说，对英国殖民统治者来说，他们的社会观念也同样源于他们自己的历史和传统。这种传统就是西方文明的"法律传统"。在《法律与革命》一书中，伯尔曼认为："曾经有一种称作'西方的'文明；这种文明发展出了独特的'法律的'制度、价值和概念；这些西方的法律制度、价值和概念被有意识地世代相传数个世纪，由此而开始形成一种'传统'"，而"在西方法律传统中，法律被设想成为一个连贯的整体，一个融为一体的系统，一个'实体'，这个实体被设想为在时间上是经过了数代和数个世纪的发展。"① 正是由于这种"法律传统"的存在，西方文明在 12 世纪以后发展出一种特殊的社会概念，我们大概可以称之为"社会的法律观"②。根据这种社会概念，社会本身是由其成员所遵行的法律系统来界定和标识的，不同的法律系统被认为代表了不同的社会秩序，而不同的社会也就表现为各自独立的法律共同体。在这种观点下，西方（西欧）中世纪的乡村和城市本质上是两种不同的"社会"——前者遵行以土地和人身依附为基本特征的封建法，后者遵行以个人自由为基本特征的城市法。由于这两种法律

---

① ［美］哈罗德·伯尔曼：《法律与革命：西方法律传统的形成》，贺卫方、高鸿钧等译，法律出版社 2008 年版，《导论》，第 1、9 页。

② 不同文化和时代的人们拥有不同的社会概念，这是一个经常被忽视的历史事实。在古希腊，社会（城邦）就是从伦理学的角度来界定的，社会表现为一个由城邦公民结成的伦理共同体，因而亚里士多德的《政治学》本质上是他的《伦理学》的延伸。这种意义上的社会是伦理社会。我们现在流行的社会概念则是经济社会的概念，这种社会是从经济学的角度来界定的。显然，从知识谱系的角度看，这种社会概念的形成要以 19 世纪经济学的成熟为前提。没有古典经济学和马克思主义经济学的发达，这种"现代的"社会概念是不会出现的。然而，一旦形成和流行起来，这种独特的现代社会概念就倾向于遮蔽其他的社会概念，好像从远古以来，人们就一直秉持着这种社会概念似的。对此，伯尔曼批评道："认为西方社会的发展是从封建主义时代到资本主义时代，这种信念常常具有下面的含义：社会秩序的基本结构是经济方面的，法律是'意识形态的上层建筑'的一部分，它被那些拥有经济权力的人们用作实现他们政策的一种手段。不过，不应将西方的法律传统简单地理解为经济或政治统治的工具；还必须把它看做西方社会基本结构中的一个重要部分。"（［美］哈罗德·伯尔曼：《法律与革命》，第 40 页。）

体系不仅彼此迥异，甚至相互对立，因而西方中世纪的乡村和城市就是两种独立的法律共同体和法律社会，而不是像我们现在通常认为的那样，西方中世纪的乡村和城市是同一个社会体系（经济社会意义上的"封建社会"）中的两个不同组成部分。

当 18 世纪后半叶英国殖民统治者企图在印度"发现"一种本土社会秩序时，他们秉持的其实就是这种法律社会观念。尽管与当时西方流行的东方专制主义观念并不一致，英属东印度公司的首任印度总督沃伦·黑斯廷斯（1772—1785）还是坚信印度殖民地和英国一样拥有自己的法律传统。对此，托马斯·梅特卡夫写道："然而，在 18 世纪 70 年代，也就是在道刚刚完成他的历史著作后，总督沃伦·黑斯廷斯就开始阐述一种关于印度人的观点，将其视为一个'拥有亘古不变的法律'的民族。他坚持认为，这个国家的'古老宪章'在很大程度上原封未动地保留了下来。根据他的观点，如果英国人要成功地治理印度，他们必须做的就是掌握这些法律及其使用的语言梵语，以及一般说来，尊重他们的新臣民的习俗。正像 1772 年他对公司董事们所说的，'我们已经努力调整我们的规章以适应该民族的礼仪和心智以及该国的紧急事态，尽可能遵循他们的古老的风俗和制度。'"正是在这种背景下，早在 1776 年，遵照黑斯廷斯的建议，英国东方学家和语言学家 N. B. 哈尔海德（1751—1830）和 11 名婆罗门梵学家就合作出版了一部《印度教法典：梵学家之规训》（*A Code of Gentoo Laws or Ordinations of the Pundits*）。哈尔海德认为，这些从各类梵文典籍中逐句摘录出来、然后又翻译成波斯文和英文的文本可以让英国人形成对"这些人民的风俗和礼仪的准确观念"，也可以为"新的孟加拉政府体系的法律建构"提供材料。[①] 这部印度法律汇编在东印度公司的法庭上一直使用到 19 世纪早期。

这种信念还导致黑斯廷斯在 1784 年支持时任孟加拉威廉堡最高法院陪席法官的威廉·琼斯爵士成立"亚细亚学社"（Asiatic Socie-

---

① Thomas R. Metcalf, *Ideologies of the Raj* (The New Cambridge History of India：Ⅲ · 4), Cambridge：Cambridge University Press, 1995, pp. 9 – 11.

ty），创办刊物《亚细亚研究》（*Asiatick Researches*），以系统了解和研究印度的风俗、文化和传统。琼斯本人向纳迪亚印度教大学的著名梵学家罗摩洛卡纳（Rāmalocana）学习吠陀，成为一名著名的梵语学家。他还由此提出了著名的"印欧语假说"，认为吠陀的语言梵语和欧洲的希腊语和拉丁语有着共同的起源。其实，琼斯对学习梵语本身并不感兴趣，促使他深入研习印度梵语典籍的是行政和司法方面的实际考量。在抵达印度后不久写给黑斯廷斯的信中，琼斯写道："我再也不能忍受我们的梵学家的摆布了，他们随意操弄印度教法律。"他后来又对康华里说，如果"我们只能根据本地律师和学者的观点做出判决，我们就绝不能确保我们没有受到他们的欺骗。"对此，"琼斯纠正这种'弊端'的办法是亲自学习梵语，然后编纂一部完整的印度法律汇编。凭借此类汇编，他说，'我们或许从来都不应该让梵学家或毛拉们将我们引入歧途。当他们的欺诈行为易于被察觉时，他们就几乎不会有胆量欺骗我们了'。"①

不过，琼斯并未在有生之年完成他的印度教法律汇编。琼斯于1794年病逝于加尔各答。在他死后，被誉为"欧洲首位伟大的梵学家"的亨利·托马斯·科尔布鲁克（1765—1837）于1797年完成了这部印度法律汇编的编纂和英译工作。伯纳德·科恩称赞"他是一位比琼斯优秀得多的梵语学家，而且他还对印度教法的实质和功能提出了一种十分不同的观点。他对圣典（shastric）文本及其历史的掌握更加牢固得多。科尔布鲁克在为歧义纷呈的法律文本提供将成为英国法庭标准的固定解释方面比任何一个英国人都做出了更多贡献。"自然，科尔布鲁克的这些工作确实大大有助于为印度"确立"一种法律传统。在科尔布鲁克看来，印度的"传统"法律典籍分为两大类：一类是"法经"（*Dharma-sastra*），称为"所记"（*smriti*），区别于所谓的"所闻"（*sruti*）；另一类是数量庞杂的"本集"（*sanhitas*）。科尔布鲁克认为前者与欧洲人所理解的实体法或法律规范较少相关，而与所谓的"法证法"（forensic law）有着更多的相关性，后者则是威

---

① Thomas R. Metcalf, *Ideologies of the Raj*, p. 23.

廉·琼斯所理解的"法律"（规定性规范），印度人认为这类规范是由仙人们（holy sages）规定的。他进一步认为这些古代仙人创制了这些法论，后世的印度教法学家或梵学家则为之撰写注释，这两者——原始法论和后世注释共同构成了印度的法律典籍。此外，还有一大类可称为"弥曼差"（*Mimamasa*）的文本，科尔布鲁克认为这类文本讨论的是法律逻辑问题和调和冲突的法律解释的方法。在他看来，印度教法律"传统"中对同一法律文本经常存在着相互冲突的解释（科尔布鲁克认为这是印度各地存在历史和文化差异的结果），他认为这一事实反映了印度教法中存在着不同的"学派"。就像伊斯兰教法分为逊尼派和什叶派两大派别一样，科尔布鲁克也认为印度教法律传统分为"Dayabnaga"和"Mitakshara"两大派别。由此，"科尔布鲁克相信在琼斯主导下由贾甘纳特（Jagannatha）编纂的文本是有缺陷的，因为它没有对印度教法中'几个学派的法学家们所秉持的不同意见'进行整理。根据科尔布鲁克的看法，每个学派都有确定的'教义'，因而英国法官需要寻求'那些可靠的作品。在这些作品中，每个学派的全部教义就可以根据支持它的理据做一通盘的综合性考量。'"科尔布鲁克解决这个问题的方法是为那些不甚可靠的文本建立一张年表，他假定其中最古老的文本一定是最权威和最可靠的文本。然而，想象中公认的权威年表并没有能够建立起来。结果，"逐渐地，在接下去的40年中，在琼斯宣布他将通过得到法庭任命的梵学家协助的英国法官为印度教徒提供他们自己的法律后，一种特别的判例法（case law）形成了。在基础部分，有某一作者的文本可供参考，该作者被认为代表了某一地区学派的规范，但在诸如托马斯·斯特兰奇的《印度教法律大纲》（*Elements of Hindu Law*）之类的（法律）集解中，被尊为印度教法律的却是由英国法官们对判例所做的一系列解释"[1]。

　　这样，颇为怪诞的是，当英国殖民统治者致力于在他们的殖民地印度"发现"一种本土的法律传统时，他们却最终在印度"发明"了一种此前在这个国家不曾存在的法律传统。对此，伯纳德·科恩不

---

① Bernard S. Cohn, *Colonialism and Its Forms of Knowledge*, pp. 72, 74 - 75.

无讽刺地写道："从沃伦·黑斯廷斯和威廉·琼斯爵士开始的寻找'古老的印度法制'的尝试，却以他们曾想努力避免的结果告终——英国法变成了印度法。"① 殖民者想象中的印度教法律（Hindu law）最终变成了印度现实中的"盎格鲁—印度教法"（Anglo-Hindu law），以至于我们现在打开任何一部现代的印度教法律书籍，我们看到的其实都是从前英印殖民当局的法官们做出的司法裁决。

然而，英国版印度教法律的"发明"性质并不意味着这不会产生实际的社会后果。由于盎格鲁–印度教法被认为仅仅适用于英属印度的印度教徒（也包括佛教徒、耆那教徒和锡克教徒），而在印度人口众多的穆斯林却被认为拥有完全不同的法律传统，从而也适用完全不同的法律体系——"沙里亚法"，印度的两大宗教共同体就这样被英国殖民统治者建构为两个不同的法律共同体。还在 1772 年 8 月提交给东印度公司董事会的所谓"司法计划"（Judicial Plan）中，沃伦·黑斯廷斯就宣称："在所有与继承、婚姻、种姓和其他宗教习俗或制度有关的案件中，同穆罕默德教徒有关的《可兰经》法律和同印度教徒有关的法经（Shaster）法律都将始终不渝地予以坚持。"② 结果，正像中世纪的西欧社会实际上存在两种不同的法律社会——乡村社会和城市社会一样，殖民统治下的印度社会也被区隔为两个不同的法律社会：印度教社会和伊斯兰社会。（但在英国殖民统治下，印度教徒和穆斯林都受英印政府建立的集权化法院体系的管辖，特别是在 1864 年司法改革后，英印法律"假定"它对印度教伦理的知识已经完备，在法庭上完全排挤了从前的印度教梵学家和穆斯林法官，从而把印度教徒和穆斯林都置于英国法官的单独管辖之下）。③ 单从这一点看，英国殖民统治者建构起来的中世纪式印度社会就染上了浓厚的传统色彩。

---

① Bernard S. Cohn, *Colonialism and Its Forms of Knowledge*, p. 75.

② 引自 Rosane Rocher：*Orientalism，Poetry，and the Millennium：The Checkered Life of Nathaniel Brassey Halhed，1751 – 1830*，Dehli：Motilal Banarsidass，1983，p. 48.

③ 当我们谈论现代印度教派主义（communalism）的历史起源时，我们习惯于将其视为印度殖民地时代宗教政治化的后果。现在我们看到了，印度教派主义本质上乃源于英国殖民者将印度的穆斯林群体和印度教徒群体建构为两个不同的法律共同体，从而使他们在现实生活中产生了不同的身份认同。

当然，在英国殖民统治者看来，他们对印度法律社会的建构并不是将西欧的中世纪社会移植到印度，而是对印度本土传统社会的尊重和延续。当他们为此目的而向印度的婆罗门梵学家们学习和请教印度的法律传统问题时，他们自以为是在向当地的权威知识阶级了解印度"真实的"社会传统。在这一过程中，印度婆罗门阶级自己的社会观念就被转换为整个印度社会实际的社会观念。在这种社会观念中，婆罗门处于社会的顶端，拥有最高的社会地位，是印度社会中最尊贵的支配集团，因为根据婆罗门的吠陀神话，婆罗门出自原人"普鲁沙"（Purusha）的口，而其他社会阶级则分别出自普鲁沙的臂、腿和足，它们分别形成印度社会中的刹帝利（武士阶级）、吠舍（商人和农民阶级）和首陀罗（贱役阶级）等"瓦尔纳"（Varna，原意为"肤色"，指代婆罗门社会理论中的"社会等级"，即大家熟知的"种姓"）。根据这个创世理论，这些瓦尔纳或种姓共同构成了一个以婆罗门为首的垂直的等级阶序或等级社会。结果，恰如沃什布鲁克指出的那样，"这些解释（指婆罗门梵学家对印度教法的解释——笔者按）就反映了一种婆罗门的社会观，从不变的宗教原则出发来审视其结构。在它们的影响下，属人法（personal law）承认和合法化了社会秩序的种姓体系和瓦尔纳理论……印度教法律的兴起是这一时期使得19世纪成为印度历史上的婆罗门世纪的众多发展因素之一（这或许有助于解释为什么20世纪会成为反婆罗门的世纪）"①。

　　的确，正是在英国殖民统治下整理出来的印度婆罗门的"正统"梵语文献及其中包含的社会观念构成了我们现在所了解的"印度学"（Indology）。它本质上是现代英国殖民统治者和当地婆罗门合作构建出来的一套关于印度传统社会的"知识"。有趣的是，这种将印度界定为一个传统社会的印度学不仅得到了英国殖民统治者的承认和接受，而且事实上成为整个19世纪西方世界关于"印度社会"的标准知识。无论是19世纪早期的福音派和功利主义者，还是马克思和早

　　①　D. A. Washbrook, "Law, State and Agrarian Society in Colonial India", *Modern Asian Studies*, Vol. 15, No. 3, Power, Profit and Politics: Essays on Imperialism, Nationalism and Change in Twentieth-Century India (1981), p. 653.

期的社会主义者，他们都从不同角度对印度"传统社会"中的僵化的种姓体系、顽固的宗教迷信和落后的村庄经济进行了猛烈抨击，认为它们将在现代性的冲击下迅速走向消亡。但是，他们并没有质疑他们批判的印度"传统社会"的真实性。对他们来说，印度学中的"印度"不管如何令进步主义的现代西方人心生厌恶，却是一个真实的历史和文化存在。晚至 1949 年，当著名的德国哲学家卡尔·雅斯贝斯在《历史的起源与目标》一书中提出广为传播的"轴心时代"理论时，印度文化依然被视为人类在世界历史的轴心期（公元前800—200）产生出来的三个伟大的文化传统之一。①

当然，我们现在清楚地知道，当代的新印度史学家们已经对作为殖民主义知识遗产的印度学所构建的印度传统社会的真实性提出了质疑。在他们看来，前殖民地时代印度的种姓制度和宗教习俗是变动不居的，而不像印度学所描述的那样是一个僵化的传统社会。他们认为正是英国统治将印度原本众多不成文的地方风俗转化成了一部统一的、婆罗门化的"印度教法律"，并据此将印度人民划分为各个一成不变的种姓。因而，对他们来说，作为殖民主义知识遗产的印度学中的印度传统社会本质上是英国殖民统治的意识形态建构。用新印度史学家托马斯·梅特卡夫的话来说，就是："印度是按照各种维系殖民主义权威体系的方式、通过各种使印度迥异于欧洲的范畴来被人'了解'的。"② 其实，在很多新印度史学家看来，人们透过印度学视镜看到的更多是英国人治下印度殖民主义社会自身的形象。

---

① 雅斯贝斯写道："（世界历史上）最不平常的事件集中在这一时期。在中国，孔子和老子非常活跃，中国所有的哲学流派，包括墨子、庄子、列子和诸子百家，都出现了。象中国一样，印度出现了《奥义书》（Upanishads）和佛陀（Buddha），探究了一直到怀疑主义、唯物主义、诡辩派和虚无主义的全部范围的哲学可能性。伊朗的琐罗亚斯德传授一种挑战性的观点，认为人世生活就是一场善与恶的斗争。在巴勒斯坦，从以利亚（Elijah）经由以赛亚（Isaiah）和耶利米（Jeremiah）到以赛亚第二（Deutero-lsaiah），先知们纷纷涌现。希腊贤哲如云，其中有荷马，哲学家巴门尼德、赫拉克利特和柏拉图，许多悲剧作者，以及修昔底德和阿基米德。在这数世纪内，这些名字所包含的一切，几乎同时在中国、印度和西方这三个互不知晓的地区发展起来。"（［德］卡尔·雅斯贝斯：《历史的起源与目标》，魏楚雄、俞新天译，华夏出版社 1989 年版，第 8 页。）

② Thomas Metcalf, *Ideologies of the Raj*, p. 113.

对此，C. A. 贝利在《印度社会与英帝国的形成》一书中表达了稍微不同的观点。他不同意将印度传统社会完全视为殖民主义虚构的看法，而是倾向于认为印度社会的确存在着自己的传统，尽管这种传统是不断变动甚至被反复"发明"的传统。他说：

> 比这两幅画面更真实的画面是重视印度社会自身内部的深层社会变迁和诠释冲突。种姓的等级性应用——强调洁净者和污染者之间的巨大鸿沟，强调种姓界线和生活方式的不变性——早已经在印度古老的印度教学术中心确立起来。这些中心会聚了众多婆罗门，文本校订和诠释的工作持续不断地进行着。坦焦尔、贝纳勒斯和孟加拉中部的新兴中心纳迪亚都是印度教的高级哲学传统盛行和净染观念可望用来界定社会生活的地方。印度的规范汇编和旅行者的描述都表明，这些宗教中心统治下的古老农业区的生活事实上遵循了洁净、污染、内婚和等级诸原则。在殖民统治前的最后几个世纪里，婆罗门和文书权力的增长以及新王朝用正统性合法化自身的愿望都保证了**这**是一个不断被重新发明出来的强大传统。H. T. 科尔布鲁克收集的材料和意识形态就主要来自这种传统的纳迪亚学派，它们成为他准备用来进献给沃伦·黑斯廷斯的孟加拉新传统主义政府的印度教法典的基础。①

不过，作为新印度史学的代表人物之一，贝利并没有完全回到正统印度史学的观点上去。在他看来，与殖民主义的印度学所代表的意涵不同，婆罗门的梵文传统并不是前殖民主义时代印度唯一的文化和社会传统，在很多地方甚至不是最强有力的传统。他说："然而，尽管包括部落边地在内的南亚次大陆的大部分地区都知道关于世界的等级主义和婆罗门主义诠释，并在他们自己的仪式和日常生活中据此行事，18 世纪依旧存在着反对等级制和僵硬的种姓界线的强大的意识

---

① C. A. Bayly, *Indian Society and the Making of the British Empire* (The New Cambridge History of India：Ⅱ·1), Cambridge：Cambridge University Press, 1988, p. 156.

形态。在这类意识形态和扩张性的农民殖民运动结合在一起或得到了部落民和游牧民集体和分散的生活方式支持的地方，婆罗门就处于边缘地位，而社会体系也是极度灵活和混溶的。在这些地方，净染观念是不受欢迎的。定居性印度教社会的意识形态和社会组织是强大和可塑的。不过，其扩张以至最终覆盖整个次大陆的前提条件是国家和农民经济打败其他生活方式，而这些生活方式在 1800 年时还很有生气，在某些地方甚至还在扩张。"例如，贝利认为，在这一时期旁遮普的锡克教徒和西印度的昆比（Kunbi）农民（马拉塔人军事集团）中间，婆罗门代表的等级社会传统的影响就微乎其微。①

然而，不管婆罗门化的印度学究竟在多大程度上反映了印度真实的社会传统，对于理解殖民统治下印度传统社会的构建来说更为重要、但又时常为人忽视的一点是，英国人不仅通过编纂所谓的印度教法律为印度创造了一种特殊的传统社会观念，还通过殖民主义国家的现代治理技术将这种社会观念转变成了实际的社会结构。确实，到 19 世纪中叶，种姓不再只是停留在婆罗门梵学家和殖民统治者想象中的观念或意识形态，而是表现为一种实际存在的社会制度，一种"真实的"传统。贝利说："迟至 1750 年在印度许多地方依旧只是理论而非现实的等级制度和婆罗门对印度教社会的诠释，在一个世纪后稳固确立起来了。"② 不过，婆罗门种姓观念的实在化并非像贝利所说的那样源于"国家和农民经济打败其他生活方式"，而是直接源于英印殖民地国家的治理活动。大约从 1800 年起，像同时代甚至更早时期的许多国家一样，英印殖民地国家不再满足于根据文本来了解印度的文化和社会，而是致力于通过直接观察和经验测量对其治理下的领土和人口取得"科学的"一手知识。就是在这样一种现代治理术理念（它体现了现代实证科学的精神）的影响下，东印度公司的弗朗西斯·布坎南（Francis Buchanan，1762—1829）和科林·麦肯齐（Colin Mackenzie，1754—1821）在 19 世纪初期对南印度和孟加拉进

---

① C. A. Bayly, *Indian Society and the Making of the British Empire*, pp. 156 – 157.

② C. A. Bayly, *Indian Society and the Making of the British Empire*, p. 158.

行了广泛的民族学和地理志调查。① 对于二人的田野调查，托马斯·梅特卡夫写道："当布坎南和麦肯齐游历印度时，他们都没有对后来界定了印度独特性的种姓体系给予很多注意。两人的著作只是偶尔、非系统地提到了种姓。在布坎南看来，职业基本上规定了种姓的性质，而麦肯齐的地方史也主要是对南印度酋长和王公们的起源和事迹的记述，而不是对那里的种姓的描述。"不仅如此，在梅特卡夫看来，"在这些年的发掘中，居住在印度的英国人也对印度的各种姓和民族的画像进行了广泛的搜集。不过，这些活动在浪漫主义和猎奇癖好的影响下也主要致力于为身着盛装的士兵和朝臣、巡回商人、异域圣人以及那些由于职业的缘故而同英国人有着日常接触的人（如他们自己的为数众多的家仆）绘制画像。此外，这些名录和画作是高度特异的。没人尝试把它们组织成一个连贯的种姓'体系。'"② 然而，这并不意味着这类早期的官方或私人的实地调查对印度种姓观念的实在化没有任何意义。实际上，它们会在适当转化为印度种姓制度存在的"客观证据"。当 1857 年兵变后，英国人热切希望保留印度旧的社会制度、致力于对印度进行"科学"理解从而将印度形形色色的民族简化为一种"可理解的秩序"时，托马斯·梅特卡夫告诉我们：

> 到 19 世纪 60 年代……关于"差异性"的观念界定出了一个已经变成了"人类实验室"或"活博物馆"的印度，其古代风

---

① 这种田野调查并不是英印国家"现代性"的独特表现，而是一种在欧亚早期现代国家的治理实践中就已被广泛采用的现代治理技术。在谈到清代中国在帝国建设中对现代民族志和地图学的运用时，新清史的代表人物劳拉·霍斯泰特勒写道："学者们曾将比例尺制图学的出现和民族志的广泛应用以及知识搜集和分类过程中出现的经验实践看作早期现代欧洲的独具特征。不过，根据这些标准，至少直到 18 世纪中叶，清代的实践也可以合理地看作是早期现代的。欧洲没有垄断现代性。正像我表明的，尽管王朝时代的中国拥有悠久的制图学和民族志历史，它们在十七八世纪的独特发展和运用还是显示了同早期现代欧洲的平行发展。这些同时出现的发展表明，清代中国并没有被隔离在科学和'客观'知识符码化的全球潮流之外，而且它也并非只是欧洲知识的简单接纳者，而是同正在形成的早期现代世界有着活跃的联系。"［Laura Hostetler, "Qing Connections to the Early Modern World: Ethnography and Cartography in Eighteenth-Century China", *Modern Asian Studies*, Vol. 34, No. 3 (Jul. 2000), p. 624.］

② Thomas Metcalf, *Ideologies of the Raj*, p. 116.

俗、习惯和实践一直延续到现在。由于它们自己的历史被剥夺了，印度各民族就是依据不变的种族和文化身份来规定的。迄今，其中最重要的身份就是种姓。正如伯纳德·科恩所写的那样，对维多利亚时代晚期的人类学家来说，"一个种姓就是一个'事物'，一种具体和可测量的实体；首要的是，它拥有确定的特征……"，而这些"事物"是可以在报告和调查中加以确定和量化的。一旦被综合为一种有机的等级，这种"体系"就可以被看作为印度社会提供了一种全面而权威的理解。根据这种观点，印度就只是它的各个成分的总和，而这些成分就是种姓。①

作为这种努力的结果，印度政府在1868—1875年间出版了它的第一部全印度民族图谱《印度的民族》，其中收录了468张照片。这样，这部由 J. 沃森和约翰·凯编辑、分八卷出版的官方民族志就为印度社会种姓体系的存在提供了"精确"而"客观的"图解。②

然而，对于印度种姓的实在化来说，仅有"科学的证据"还是不够的。它还必须得到官方的承认，从而成为正式的社会制度之一。梅奥（Mayo）任总督期间印度政府主持的第一次人口普查（1872）是朝这个方向迈出的关键一步。在这次人口普查中，除了登记每一个被调查印度人的姓名外，还要登记该调查对象的年龄、职业、种姓、宗教、教育程度、出生地和现居住地等基本信息。其中，"种姓"和职业、宗教一样都是独立的统计项。出版的人口调查报告不仅对统计数据进行了汇总，还对种姓制度、印度宗教、出生率和发病率、家庭组织以及印度的经济结构做了详尽阐述。伯纳德·科恩说："我的假设是，这类人口调查活动的建构促成了为行政目的整理印度所依靠的那些社会范畴（social categories）的创造。英国人设想这种人口调查反映了印度的基本社会事实。的确如此，但通过这种列举模式，该工程

---

① Thomas Metcalf, *Ideologies of the Raj*, pp. 116 – 117.

② John Forbes Watson and John William Kaye eds., *The People of India: A Series of Photographic Illustrations of the Races and Tribes of Hindustan* (8 Vols.), London: India Museum, 1868 – 1875.

也将印度各民族间的社会、文化和语言差异客观化了。"① 由此，种姓不再只是一种仅仅由婆罗门倡导的社会观念，而成为一种得到官方认可的社会事实。特别是在 1901 年人口普查中，当赫伯特·里斯利爵士（H. H. Risley）企图将种姓体系应用于英属印度的全部"印度教"人口并对这些种姓的"社会地位"（social precedence）进行高低排序时，种姓就不只是一种官方认可的普通社会事实，而是一种极具现实重要性的社会事实了。实际上，在英国殖民当局看来，如同西欧传统社会中的"等级"（estates），印度的每个种姓也都有自己应该得到正式承认和尊重的"特权"（previliges）。为此，英印法律承认了以往不平等的纳税制度，为不同种姓的财产规定了差别税率。这样，种姓就不再可能只是印度学家们所谓的印度传统社会中的礼仪阶序问题，它在殖民统治下变成了一种实际的社会—法律身份。至此，即使对于生活在殖民者所创立的社会—法律秩序下的印度人来说，种姓也显得是印度自己的一种延续至今的真实的社会传统，而不只是婆罗门的一厢情愿的意识形态。在印度民族主义的鼎盛时代，它甚至成为印度民族文化认同中的一个基本成分。甘地和尼赫鲁都从现代性的立场出发批评种姓，但也都将其视为印度拥有悠久而持续的历史文化的证明。②

---

① Bernard S. Cohn, *Colonialism and Its Forms of Knowledge*, p. 8.

② 当种姓成为现代印度民族文化建构中的一个基本成分时，它的"真实性"也就从民族主义意识形态获得了合法性。种姓的真实性在官方民族主义（official nationalism）的背书下成为一个不容置疑的问题。由此，我们不难理解，尽管新印度史学已经大大改变了我们对印度种姓制度的理解，但当代印度（印度裔）知识分子何以会继续坚持正统的印度种姓理论。在《印度均衡》一书中，当代印度裔学者迪帕克·拉尔仍把种姓制度看作他所谓的"印度均衡"（印度版"高水平均衡陷阱"）的首要特征。对新印度史学的新种姓理论，拉尔则予以坚决否定："我个人并不同意这一假定。在 20 世纪 60 年代晚期，当我作为一个来自恒河腹地的印度人访问喀拉拉邦时，我去了特里凡得琅（Trivandrum）的斯里博达嘛纳哈斯瓦米（Sri Padmanabhaswamy）庙，那里的普普通通的班度族人便与我拉话。一个班度族人走到我跟前并询问我的出身，问我的亚提（Jati，种姓）和戈特罗（gotra，宗族）。他一下子能背出我至少十代祖先的名字。接着，还询问我配偶、孩子和堂兄妹的名字。他并没有向我讨钱，而只对刷新他的记忆感兴趣。除非他是在猜测我的祖先（并且我至少能证明最后四个的正确性），否则这将会把我的种姓家族谱推到 15 世纪！显然，正是这些当代的西方学者和他们本土的助手们在'臆测和想象印度'，而不是那些将'种姓'（转下页）

同一时期印度经济的转变也进一步增强了印度社会的传统色彩。沃什布鲁克把这一时期印度的经济变迁称为"农民化"（peasantization）："流离失所的士兵、朝臣、祭司和工匠涌向土地，土地很快成为唯一可得的生计基础。越来越多的游牧人群和森林民族也加入他们的队伍。既出于经济原因也出于军事原因的筑路计划破坏了班加拉人（banjara）的经济，而快速清理森林政策和流动民族的强制定居也减少了经济中的流动要素。18 世纪各民族赖以为生的多种多样的生计在 19 世纪都纷纷转向普遍化的'农民'小商品生产。"①C. A. 贝利认为正是从这一经济变迁过程中产生出来了我们现在所了解的印度"农民"："为印度和国外市场种植的作物的这种扩张，是 19 世纪早期得以创造出一个比较同质的农业社会的主要力量之一。不仅部落民和游牧民正在定居下来，从属于生产出口剩余的需要，而且印度各邦定居农业地带人们中曾存在的身份和职业分层也大都在走向消亡，让位于以财富和土地占有为基础的更简单的区分。'臣民'、'孩子'和'依附民'（所谓的 raiyat, praja 和 peon）正在变成普通西方社会学意义上的农民：也就是耕作个人地块的小占有者，（他们）几乎完全依靠农业职业为生，远离城镇的权力源。这样，殖民主义的影响就是旧的武士农民共同体的分裂。他们当中最显赫的世系要么分化出一个驯服的贵族阶级，要么在战争中被消灭。在农村的许多地方，地位较低的武士土地控制者家族依旧保持着可观的权力和地位资源。不过，他们的权威明显降低了，许多家族融入上层农民阶级。"② 在贝利看来，正是 19 世纪上半叶农民经济的形成促进了印度社会的婆罗门化和种姓化：

（接上页）看做印度古代社会一个独特方面，其渊源来自古代印度的学者，比如路易斯·杜芒特（Louis Dumont），M. N. 斯瑞尼万斯（M. N. Srinivas）和其他著名学者。"（［印］迪帕克·拉尔：《印度均衡：公元前 1500—公元 2000 年的印度》，赵红军主译，北京大学出版社 2008 年版，《2002 年前言》，第 3 页。）

① D. A. Washbrook, "Progress and Problems: South Asian Economic and Social History c. 1720 – 1860", *Modern Asian Studies*, Vol. 22, No. 1（1988），p. 80.

② C. A. Bayly, *Indian Society and the Making of the British Empire*, p. 145.

　　在 19 世纪早期，等级和礼仪区分精神变得更加普遍。英国治下的和平加速了高等印度教王制、婆罗门教和净染原则在农村地区的兴起。现在，像印度中部和北部卡亚斯特种姓那样的文书和行政群体在英国而非穆斯林的政府中任职，并开始渴望拥有更婆罗门化的生活方式，放弃了现在被视为低劣的穆斯林和低种姓习惯，如饮"酒"和奢婚习俗。正像我们看到的，随着农业劳动力市场的发展，牧民和部落民群体失去地位，和农村中的低种姓贱役群体融为一体。大农业种姓似乎变得更少开放性，内部也更加分裂。德里附近的查特人开始禁止纳其他类似农业种姓中的妇女为妾；许多显贵家族效仿他们的酋长，开始将他们的女眷深藏闺中，遵守复杂的婚姻规则。原来那些为了增强势力而实行外婚制甚至在某些情况下与较低种姓武人（如阿瓦德的帕西人）通婚的拉吉普特农村部族，到 19 世纪中叶也开始实行内婚制。王族世系取代军事集团成为拉吉普特人忠诚和自豪的源泉。①

　　然而，在笔者看来，尽管 19 世纪早期印度经济的农民化无疑使这一时期的印度社会更符合我们对"传统社会"的想象，但印度经济的农民化和印度社会的婆罗门化之间并没有必然的联系。毋宁说，这两者是殖民统治下传统印度形成过程的两个并行的面向。从更广阔的世界历史视野看，农民经济的社会政治影响更多地表现在"专制主义的"中央集权官僚制国家的形成上。马克思在《路易·波拿巴的雾月十八日》一文（1852）中谈论 19 世纪中叶法国农民阶级的社会政治影响时，就曾明确指出："归根到底，小农的政治影响表现为行政权支配社会。"② 在这方面，英国殖民统治下形成的印度农民社会似乎并不是一个例外。1800 年以后，康华里任孟加拉总督时期（1786—1793）确立的尊重财产和法治传统的辉格党体制逐步让位于浪漫主义者托马斯·芒罗、约翰·马尔科姆、芒斯图尔特·埃尔芬斯

---

　　① C. A. Bayly, *Indian Society and the Making of the British Empire*, pp. 157 – 158.

　　② 马克思：《路易·波拿巴的雾月十八日》，载《马克思恩格斯全集》第 11 卷，人民出版社 1995 年版，第 229 页。

顿和查尔斯·梅特卡夫等人主张的尊重印度"人治"传统的专制主义体制。在这个过程中，县收税官（district collector）取代县法官（district judge）成为英印治理体制的核心。有趣的是，主张恢复印度人治政府（personal government）传统的英国浪漫主义殖民者确实认为专制传统要比法治传统更适合印度的"农民社会"。埃里克·斯托克斯指出，他们的政治目标就是"让农民保持其全部的简单性，保护他们对其土地的占有，通过简单的家长制政府统治他们，从而避免由错综复杂的欧洲统治形式所带来的一切人为性。"① 对此，沃什布鲁克也写道：

> 这样，关于印度古代历史的很多观念可能就是在 19 世纪第二个二十五年间制造出来的，其中就包括了并非最不重要的关于亚细亚专制主义（Asiatic Despotism）的历史。因为那时正在形成的社会和经济结构似乎比南亚从前所经历的一切都更符合亚细亚专制主义的理想类型：一位君主声称占有其疆域内的所有资源，通过他的官僚机构控制经济，还主宰着一个由自生自灭的村社构成的社会，这些村社自身根据种姓和庇护（jajmani）原则组织起来。当然，这些平行要素的出现并非偶然，因为英印国家所主张的合法性的一个重要部分就是它继承和遵循了南亚的传统。因而，它不得不根据它的目的来扭曲一种传统，然后将其附加给南亚历史。历史学家们经过了太长时间才开始质疑这份遗产。②

尽管这两种治理传统（法治传统和人治传统）并不协调一致，但它们的确共同塑造了长期以来我们对印度"传统性"的认知：印度教、种姓、农民村社和专制主义一起构成了印度的传统社会空间。现在，我们知道，印度的这种传统性并不是印度前殖民地时代历史性（historicity）的延续，而是同英印时期殖民地国家的治理术和印度经

① Eric Stokes, *The English Utilitarians and India*, Oxford: Clarendon Press, 1959, p. 11.
② D. A. Washbrook, "Progress and Problems: South Asian Economic and Social History c. 1720–1860", *Modern Asian Studies*, Vol. 22, No. 1 (1988), p. 83.

济的变迁密切相关。然而，如果我们要探寻正统印度史学的起源，我们就不得不追溯到这种由殖民主义现代性建构起来的传统性。正是这种传统性的诞生构成了以《剑桥印度史》（1922—1937）和《牛津印度史》（1919）为代表的正统印度史学得以创生的"历史性"。当我们审视正统印度史学的历史叙事时，我们发现通过对雅利安文明叙事的建构，正统印度史学给我们创造出了一个传统性的历史空间，实际上也就是为英国殖民统治创造的"现时的"印度传统性提供了某种历史性。而这种历史性恰恰为英国殖民统治下传统印度的存续提供了一种合法性。它对于英国殖民统治自身的延续有着重要意义。对此，伯纳德·科恩写道："对英国人来说，历史在为实际的社会和自然世界是怎样构成的问题提供假说时具有一种本体论的力量。历史在其最广泛的意义上是对他们统治印度的目标和手段进行争论的场地。从他们开始大规模地获得领土控制权和主权时起，英国人就企图通过整理和再造以往邦国和统治者创造出来的统治策略来治理印度。他们力图尽量收编前政权雇佣的行政人员。这样，关于印度邦国历史和策略的知识就被看作建设殖民主义国家所需要的最有价值的知识形式。"[1]就此而言，20世纪早期英国殖民者的印度史学编纂确实就是一项现代殖民主义的知识工程。

---

[1] Bernard S. Cohn, *Colonialism and Its Forms of Knowledge*, p. 5.

# 结　论

## 新印度史学：全球主义时代的历史学

在《历史研究》中，阿诺德·汤因比曾这样开门见山地写道："无论在任何时代，任何社会，历史研究都同其他社会活动一样，受到在特定的时间和地点占据主导地位的思想倾向的控制。"[①] 因而，可以说，任何一种历史都是历史地书写和建构起来的。正统印度史学的书写和建构显然就是如此。对正统印度史学的深入了解不能脱离对孕育了这种史学的"历史性"的考察，这种考察向我们表明：以《剑桥印度史》（1922—1937）和《牛津印度史》（1919）为原典的正统印度史学乃是现代世界历史空间的产物，它与由印度殖民主义现代性和传统性构成的"历史性"密切相关。正是这种现代性和传统性的诡异结合创造出了我们熟知的正统印度史学，从中产生出来的印度历史空间不过是殖民主义时代印度"现实"社会空间的历史投影而已。对此，2002 年 4 月，在对王国斌和彭慕兰（Kenneth Pomeranz）发表于《美国历史评论》的文章所作评论中，大卫·勒登一方面认为和早期现代中国一样，"拥有与英国类似的早期现代基线也是南亚各区域的特征"[②]，另一方面指出：

---

① ［英］汤因比：《历史研究》，刘北成、郭小凌译，上海人民出版社 2005 年版，第 3 页。

② David Ludden, "Modern Inequality and Early Modernity: A Comment for the AHR on Articles by R. Bin Wong and Kenneth Pomeranz", *The American Historical Review*, Vol. 107, No. 2 (April 2002), p. 472.

　　然而，与此同时，本土传统——被发明、被发现、被浪漫化、被固化和被法律实行——变成了民族文化。在 1880 年，韦伯认为每个民族的独特认同使得民族国家成为现代政治组织和经济决策的合理基础。韦伯用尽其余生来辨别那些构成了（普遍）现代性和（民族）传统的文化特征。到 1920 年，现代性和传统激起了对文化习俗的搜集和汇编，它们分别促进和限制了经济进步。民族领袖用现代制度促进发展，用传统凝聚民族。在南亚，现代性和传统之间的联结深深地扎根于"农村社会"（village society）：在那里，传统秩序和乡村发展迎头相遇。当传统对现代性的屈从在精英和庶民的经济不平等中成为现实时，将（西方）现代性和（亚洲）传统结合就成为民族政府的信条。当传统和现代性同现代不平等引发的各类社会冲突以不同方式关联在一起时，它们就变成了政治盟友或对手。①

　　由此，我们不难理解正统印度史学为什么会致力于把印度传统农业社会描述为一个村社的世界，把早期现代印度传统农业社会中的国家（莫卧儿帝国）描述为一个中世纪晚期帝国。因为这两者都表达出了现代主义者对传统性的历史想象。在这里，英国殖民者所创造的印度现实社会的传统性和他们所编纂的印度历史的传统性遥相呼应，水乳交融。意大利学者贝奈戴托·克罗齐的名言"一切真历史都是当代史"同样适用于正统印度史学的创生，它深深地植根于这种史学产生时的印度殖民主义的社会现实。

　　然而，我们在前一章的考察也已经表明，殖民地化和殖民主义并没有把印度隔离在 1800 年以降世界历史空间现代转变的潮流之外，帝国建设和国家治理把印度拖进了一个以民族国家为基本特征的现代性的世界中。在这个现代性的世界中，印度并不是一个传统性的例

---

① David Ludden, "Modern Inequality and Early Modernity: A Comment for the AHR on Articles by R. Bin Wong and Kenneth Pomeranz", *The American Historical Review*, Vol. 107, No. 2 (April 2002), pp. 474 – 475.

外。"印度例外论"（Indian exceptionalism）是正统印度史学塑造出来的一个基本历史意象，但也可能是最具误导性和最偏离历史实情的一个历史意象。在这方面，印度的特殊性仅仅在于它的现代性是一种殖民主义现代性，它的创生与殖民统治的历史性密切相关。① 换言之，通过帝国建设和国家治理，英国殖民统治者把民族国家的观念传播到了印度。因而，毫不奇怪的是，19 世纪也是印度民族主义历史意识萌生的世纪。印度曾长期被看作一个缺少历史意识的民族，但早在1838 年，一群进步的孟加拉人（一般知识获取学会）已开始在加尔各答召开研讨会，倾听克里希纳·莫汉·班纳吉（Krishna Mohun Banerjea，1813－1885）牧师所作"论历史研究的本质和重要性"的演讲。班纳吉认为西方现代各民族在不久以前还生活在"可悲的堕落状态"，但现在已经通过密切注意"历史的教训"而处于优越地位。相比之下，印度人中间却存在着一种倾向，"将历史和神话——事实和寓言——真实和虚构混为一谈，要么无差别地将它们作为事实来接受，要么将它们一律斥为荒诞不经，将婴儿和洗澡水一同倒掉。"在他看来，除非印度人学会理解"历史编撰"并自己开始着手编撰历史，他们就不会取得进步。从 19 世纪中叶起，历史和科学开始一道在印度学校的课程中占据首要地位。孟加拉小说家班基姆·钱德拉·查特吉（Bankim Chandra Chatterji，1838—1894）在激发印度人的现代历史意识方面发挥了独特的作用。他在他的后半生专注于思考印度为什么在大多数历史时期都是一个被奴役民族的问题。在他看来，印度历史的悲剧就在于印度人放弃了"历史的克里希纳"，接受了"神话的克里希纳"：这部分地导致了印度人变得柔弱、消极和顺从。他进

---

① 无疑，这一点使印度成为 19 世纪英帝国体系内的一个特殊的殖民地。英国相信印度有自己的"传统"，从而根本不同于那些没有自己传统的白人殖民地。对此，伯纳德·科恩写道："在 18 世纪的后半叶，东印度公司不得不创造一个国家，使其能够管理通过征服或兼并取得的迅速扩大的领土。这样一种国家的发明在英国宪制史上是没有先例的。英国在北美和加勒比的殖民地自始采用的治理形式大体上就是大不列颠的基本政治和法律制度的延伸。这些殖民者甚至当他们来自大不列颠的政治和宗教异端集团时，也依旧被看作英格兰人或英国人。这些殖民地的法律就是不列颠的法律。"（Bernard S. Cohn，*Colonialism and its Forms of Knowledge：The British in India*，Princeton：Princeton University Press，1996，p. 57.）

而将他的洞见归结为一个精确的公式："'知识就是力量'：这是西方文明的口号。'知识就是解脱'则是印度教文明的口号。"维奈·拉尔认为，"班基姆表达了许多对印度受奴役和缺少历史文献感到痛苦的民族主义者和现代主义者们的情感，他们在这两种相互关联的缺憾中看到了一种无可逃避的联系。"比班基姆稍晚的旁遮普民族主义者拉拉·拉吉帕特·拉伊（Lala Lajpat Rai，1865—1928）也因为他的同胞缺少"对历史的热爱"而深感哀痛。在这些民族主义史学鼓吹手们的鼓吹下，到20世纪30年代（也正是正统印度史学编纂的年代），"在当前的印度大学中，可能没有一个学科像印度历史那样得到孜孜不倦地研究"。按照班基姆指示的路径，像R. C. 杜特（R. C. Dutt，1848—1909）和R. G. 班达尔卡尔（R. G. Bhandarkar，1837—1925）那样的印度第一代民族主义史学家都致力于研究古代印度史："借助从被草率地视为印度'辉煌的过去'（的古代）中收集到的知识，当前的衰落就被更强烈地感受到了。当民族主义者致力于重建印度社会时，重建印度历史的尝试也在进行着，而且随着导向殖民统治终结的政治变迁的快速发生，（这项工作）还具有了一定程度的紧迫性。"[1] 这样看来，正统印度史学的创生实际上并非只是源于英印殖民统治的历史性，而且也源于同时代印度民族主义者建构自身历史文化认同的历史性。两者携手并进，共同塑造了正统印度史学的"传统性"历史空间。客观地说，正统印度史学所描述的"印度文明"的线性历史也在很大程度上代表了印度民族主义者对"印度的发现"[2]。因此，归根结底，正统印度史学乃是印度民族国家形成时

---

① Vinay Lal, "History and Politics", in Marshall Bouton and Philip Oldenburg eds. , *India Briefing*: *A Transformative Fifty Years*, Armonk: M. E. Sharpe, 1999, pp. 198 – 199, 200 – 201.

② 当然，这并不意味着殖民主义印度史学和民族主义印度史学之间没有张力。从一开始，印度的民族主义者就指责英国人的印度史建构服务于殖民统治的利益，在印度的共同体之间制造分裂，把印度人描述为一个柔弱的民族，鼓吹西方文明的优越性和贬抑印度文明的伟大，等等。结果，印度独立后就立即着手编撰自己的印度历史。在工业家G. D. 比尔拉的资助下，印度权威的民族主义史学家R. C. 马宗达1951年出版了规划的十一卷本《印度人民的历史和文化》的首卷。然而，即便是马宗达本人，都从不掩饰他对英国人的"感佩"，因为在他看来，正是英国人把印度引进了现代性的世界。

代的历史学。

不过，我们也已经知道，到 20 世纪 80 年代，在民族国家时代形成的正统印度史学开始受到以《新剑桥印度史》为代表的新印度史学的挑战。通过将英国人类学家艾登·索撒尔在《阿鲁尔人社会》一书中提出的"断裂国家"模式运用于对印度传统农业社会和国家的诠释，新印度史学解构了正统印度史学在东方专制主义模式下建构起来的"印度文明"概念，从而在事实上解构了以"印度文明"概念为基础的正统印度史学。然后，在早期现代性的视域下，新印度史学建立起一个以莫卧儿帝国为开端的新的印度历史叙事，并由此为印度历史建构起一种新的意义空间，即现代性的历史空间。可以说，新印度史学的出现代表了印度史学史上的一次根本断裂。这种断裂同托马斯·库恩在《科学革命的结构》中所说的"范式转换"具有相同的意义：新印度史学代表了印度史学领域一次真正的范式转换，它用"断裂国家"和"早期现代性"概念取代了正统印度史学中的东方专制主义和印度文明概念。至此，新印度史学的出现似乎可以从"科学革命"的角度得到十分合理的解释。然而，如果说正统印度史学有着自己鲜明的时代性（民族主义时代的历史学）的话，那么，我们就需要进一步追问，取而代之的新印度史学的时代性又是什么呢？

为了弄清楚这个问题，我们不妨看看拉加特·坎塔·拉伊对苏加塔·鲍斯所著《面面观：全球帝国时代的印度洋》（2006）一书的评论。拉伊认为该书是"对全球化及其历史所作研究中的一个颇具原创性和令人振奋的贡献"[①]。在他看来，与 20 世纪 80 年代盛极一时的庶民学派在其南亚史研究中强调碎片性（fragmentalism）和特殊性不同，鲍斯是一个"另类的全球化论者"（an alternative globaliser）：

---

① Rajat Kanta Ray, "The Review of *A Hundred Horizons: The Indian Ocean in the Age of Global Empire* by Sugata Bose", *Economic and Political Weekly*, Vol. 41, No. 38（Sep. 23 – 29, 2006）, p. 4035.

　　民族国家和民族主义既是庶民学派，也是鲍斯的直接先驱毛尔科维奇质疑的对象。鲍斯既避免采取"全球性的"观点，也避免采取"碎片化的"观点，从而避开了宏观路径（世界体系）和微观路径（庶民主义）。在地方和全球之间，他聚焦于民族和海外侨民的层面：一个拥有民族情感的更广泛的超疆域（extra-territorial）共同体，他们独立于任何中央集权的民族国家，但又有着明显的侨民爱国主义。他追寻的跨国舞台是印度洋，一个早已存在的独特实体，阿拉伯人以前称其为"Bahr al Hindi"。他呈现给我们的是印度洋历史的一些独立而美味的切片，既避免完全专注于地方和特殊层面，以致一叶障目，也避免了那种对资本和劳动网络所作的无所不包的宏大叙事。[①]

　　一言以蔽之，鲍斯的研究路径并没有排除现代世界历史空间中的"民族国家"和"民族主义"成分，但却将其置于一种超民族国家和超民族主义的视域之下。在鲍斯自己看来，"不了解活跃在广阔的印度洋舞台上的那些人的经历，就不可能完全理解印度的民族主义、自我意识和使命。在将民族主义研究从其疆域国家解放出来的过程中，对反殖民主义的（印度）洋维度的关注可能是有所助益的。"这样，"当彼此分立的地方性特殊集团在纳塔尔被甘地、在新加坡被（苏巴斯·）鲍斯整合为一个民族单位时，民族主义和普世主义就实现了相互渗透。南非爱国主义的古吉拉特人、东南亚民族主义的泰米尔人以及印度境内外的泛伊斯兰主义者，就成为具有广阔的非国家（non-state）维度的爱国主义实例。苏加塔·鲍斯展示了这一点。他重写了印度民族主义的历史，将纳塔尔的甘地、新加坡的苏巴斯·鲍斯和印度洋上的印度裔侨民都纳入其中。他表明这里存在着一种独立于英国殖民地国家及其接受了英语教育的印度反

---

　　[①]　Rajat Kanta Ray, "The Review of *A Hundred Horizons: The Indian Ocean in the Age of Global Empire* by Sugata Bose", *Economic and Political Weekly*, Vol. 41, No. 38（Sep. 23 – 29, 2006）, p. 4035.

对派之外的逻辑。还有，泛伊斯兰爱国主义的超地域亲和性也有世界性的海洋维度，超越了地方的甚至民族的层次。最终，鲍斯证明了现代印度民族主义的历史再也不能仅从英印统治及其内部敌人的角度来讲述。自由斗争的开启和结束不能局限于印度一国之内，也必须在以纳塔尔为一端、新加坡为另一端的印度洋世界中去寻求。"据此，拉伊认为这本书是"对普世主义（universalism）而非全球主义（globalism）的辩护。它试图超越'领土性的民族国家'，但它没有去谴责它。它所做的就是为一个拥有民族情感的、如同一个'海洋圈'（甘地在另一种背景下使用的一个术语）一样的更大共同体辩护。该书将成为从碎片（历史）到联系（历史）转变中的一座里程碑"①。

显然，苏加塔·鲍斯在《面面观：全球帝国时代的印度洋》中所采取的这种研究路径迥异于正统印度史学的民族国家史学。民族国家史学的国家—文明路径设定的是一个封闭的、直线演化的历史空间，而《面面观》一书的研究路径设定的则是一个开放的、多元互动的历史空间。无论我们把这种研究路径称为"普世主义"，还是称为"全球主义"，它都超越了民族国家史学的研究路径。相对于民族主义国家史学的民族主义路径，我认为将这种新的地区国别史研究路径称为"全球主义"大概并不是不合适的。实际上，这正是新印度史学的研究路径。当新印度史学通过"断裂国家"概念解构了正统印度史学的印度文明概念，进而借助"早期现代性"概念重构印度历史的图景时，它采取的就是这种全球主义路径。因为根据新印度史学家约翰·理查兹对"早期现代"概念的诠释，早期现代性本就意味着"一些世界性变迁过程的影响"，早期现代印度不过是这些世界性变迁过程的一部分罢了（详见第二章第二节的有关内容）。新印度史

---

① Rajat Kanta Ray, "The Review of *A Hundred Horizons*: *The Indian Ocean in the Age of Global Empire* by Sugata Bose", *Economic and Political Weekly*, Vol. 41, No. 38 (Sep. 23 – 29, 2006), pp. 4306 – 4037.

学本质上就是全球主义视域下的印度史学。①

　　引人注目的是，全球主义取向并不是当代印度史研究中的独特现象。在已被国内学术界熟知的"新清史"中，我们可以看到同样的研究路径。和新印度史学一样，新清史同样把中国清代的历史置于早期现代性的视域下来考察。在《清与早期现代世界的联系：18 世纪中国的民族志和制图学》（2000）一文中，著名的新清史学者何罗娜（Laura Hostetler）和约翰·理查兹一样对自己采纳的同样的研究路径做了辩护：

　　　　关于"早期现代"用于指称非西方区域时是不是一个有意义的、合适的术语的问题，已经开始得到讨论。本文支持桑贾伊·苏布拉马尼亚姆的观点，他消解了"欧洲的"和"早期现代的"之间通常被假定存在的联系。他认为早期现代时期（他暂时将其界定为从"14 世纪中叶到 18 世纪中叶"）"代表了一个或多或少全球性的转变，这种转变具有许多不同的根源。"他确认的一个重要的决定性因素是起源于"旅行和发现（以及）地理再定义时代"的"对定居世界范围的新认知"——在世界性的规模上。根据他的观点，早期现代时期的航行"伴随着空间概念以及制图学的经常是意义重大的变革"，而"关键的新经验主义民族志也是从中产生出来的。"这些不仅包括欧洲人的，也包括中国人的海上探险，以及由其他列强进行的陆上远征。本文是对有关早期

---

　　①　在这里，我们应该将这种全球主义研究路径同二战后英国历史学家杰弗里·巴勒克拉夫提出的"全球史观"区别开来。1955 年，巴勒克拉夫发表了《处于变动世界中的历史学》一书，在该书中他首次提出了全球史观的思想。在 1976 年问世的《当代史学主要趋势》一书中，他进一步明确指出："认识到需要建立全球的历史观——即超越民族和地区的界限，理解整个世界的历史观——是当前的主要特征之一"。但是，巴勒克拉夫所谓的全球史或世界史不过是比过去的国别史和地区史更大的一个"历史研究单位"，而不是在全球主义路径下撰写的某一历史空间（国别—地区）的历史。实际上，生活在民族国家时代的巴勒克拉夫还无法想象在超民族国家的框架之外、通过非民族主义观念去撰写世界史的可能性。在他看来，"即使我们很想超越民族国家的范围去撰写世界的历史，但是可以推断这种世界历史的基本单位仍然是民族国家，这是毋庸置疑的。而且正是在这个意义上，可以说历史的推动力产生于各个民族共同体，产生于各个民族的心中，产生于各个民族领袖的脑子里。"（［英］杰弗里·巴勒克拉夫：《当代史学主要趋势》，杨豫译，上海译文出版社1987 年版，第 242、237—238 页。）

现代非西方的讨论的一个贡献，认为早期现代这个术语可以恰如其分地用来描述那些全球性的而非西方特有的过程。①

由此，霍斯泰特勒得出的结论是："我们需要将这一时期的清（帝国）视为早期现代世界的一部分，而不是与之相分离。"②

结果，和莫卧儿帝国被新印度史学家界定为早期现代帝国一样，清帝国也被像霍斯泰特勒这样的新清史学者界定为早期现代国家："一个通用某些技术、拥有重要的接触点并日益发展起新的呈现和主张领土方式的早期现代国家共同体中的一员。"③ 这进而意味着，如果说在早期现代性视域下对莫卧儿帝国历史的重建标志着新印度史学突破和超越了正统印度史学的民族国家的历史框架的话，那么，在同样的早期现代性视域下对清帝国历史的重建也一定标志着新清史同样突破和超越了以往关于现代中国的民族国家叙事。在堪称新清史正式诞生宣言书的《再观清朝：清代在中国历史上的重要性》（1996）一文中，罗友枝（Evelyn Rawski, 1939—  ）批评了何炳棣在《清代在中国历史上的重要性》（1967）一文从当时仍占主导地位的民族国家史学的角度对清帝国的历史阐释。针对何炳棣主张的清代是中国历史上最后一个由少数民族建立的成功的"汉化"王朝的正统观点，罗斯基提出了新清史的另一个核心论题——关于清帝国的满族中心论，把早期现代的清帝国看成一个以满族为中心、不同于中国历史上的正统汉族王朝的"多族群帝国"（a Multiethnic Empire）。④ 她将这个论

① Laura Hostetler, "Qing Connections to the Modern World: Ethnography and Cartography in Eighteenth-Century China", *Modern Asian Studies*, Vol. 34, No. 3 (Jul., 2000), pp. 624 – 625.

② Laura Hostetler, "Qing Connections to the Modern World: Ethnography and Cartography in Eighteenth-Century China", *Modern Asian Studies*, Vol. 34, No. 3 (Jul., 2000), p. 625.

③ Laura Hostetler, "Qing Connections to the Modern World: Ethnography and Cartography in Eighteenth-Century China", *Modern Asian Studies*, Vol. 34, No. 3 (Jul., 2000), pp. 653 – 654.

④ 罗友枝的《再观清朝：清代在中国历史上的重要性》一文是她在 1996 年 4 月 12 日夏威夷檀香山召开的第四十八届亚洲研究学会年会上所做的主席发言，稍后发表在该年《亚洲研究期刊》第四期上（参见 Evelyn S. Rawski, "Reenvisioning the Qing: The Significance of the Qing Period in Chinese History", *The Journal of Asian Studies*, Vol. 55, No. 4 (Nov., 1996), pp. 829 – 850）。何炳棣的《清代在中国历史上的重要性》一文是他在 1967 年亚洲研究学会研讨会上提交的一篇文章，参见 Ping-ti Ho, "The Significance of the Ch'ing Period in Chinese History", *The Journal of Asian Studies*, Vol. 26, No. 2 (Feb., 1967), pp. 189 – 195.

题的提出归功于20世纪70年代晚期以来北京中国第一历史档案馆和台北故宫博物院收藏的清代满文档案资料的对外开放，正是通过对这些"原始资料"的发掘，新清史的学者们对清帝国的统治结构产生了新的认识。诚然，我们不能简单地否认新史料的发掘对推动历史研究进步的重要意义，但是，我们如果不能意识到新概念（早期现代性）和新视域（全球主义）对新清史论域的形成所发挥的"引导"作用，肯定也是幼稚的。如同对莫卧儿帝国的早期现代性叙事会破坏正统印度史学的印度文明叙事一样，对清帝国的早期现代性诠释也会打破以往清史研究中的"汉化"（sinicization）叙事。归根结底，这两者都源于早期现代性理论包含的全球主义取向对以往历史研究中的民族主义取向的替代。

　　这样看来，新印度史学和新清史不过是当代全球主义视域下历史研究的两个特例而已。这两个看上去并不相干的历史研究领域（中国史和印度史）出现的这种令人惊异的共同演进趋势，似乎表明全球主义乃是一股普遍的当代史学潮流。我们处在一个全球主义史学的时代（区别于以往的民族主义史学时代）。事实也可能的确如此。在《全球时代的史学写作》（2014）一书中，林恩·亨特指出："尽管史学家日益关注全球史的原因有待进一步讨论，而一种重大的转变已经开始了：如果不是对全球史，那也是对跨国史的兴趣正在与日俱增……研究民族国家的史学家，甚至那些研究本民族国家的史学家，也日益寻求将本民族国家史置于全球背景中。"[1] 为了证明这一论点，亨特举例说：

　　　例如，研究早期美国历史的史学家过去往往关注美国史与英国史之间的种种联系，而现在他们同时将美国与加勒比群岛地区的奴隶制经济以及那些曾经殖民过北美大陆的法国人、西班牙人以及荷兰人的作用联系起来。同样，研究18世纪与大革命时期

---

[1]　［美］林恩·亨特：《全球时代的史学写作》，赵辉兵译，大象出版社2017年版，第39—40页。

法国的史学家现在也承认奴隶制的影响。它不仅影响到法国商人们贩卖奴隶的加勒比群岛地区和非洲的各贸易站点，而且也影响到法国本土。因为法国的领土遍布世界，从加勒比海的马提尼克（Martinique）到加拿大的圣皮埃尔（Saint-Pierre）再到太平洋的新喀里多尼亚（New Caledonia），似乎只有将法国史不限于欧洲之藩篱才是正确的。而且，诚如费夫尔与克鲁泽60年前所主张的，即便是欧洲意义上的法国也不能将其理所当然地等同于法国。例如，法国的咖啡馆，最早是由亚美尼亚商人于17世纪在巴黎建立的；许多法国人在19世纪晚期以前不讲法语。由民族主义描绘的历史的外表下面潜伏着一部全球史。①

无疑，这种全球主义史学会动摇我们对民族国家及其历史的"信仰"。在全球主义史学下面，不仅我们以往在民族主义观念主导下撰写的民族国家历史，而且我们已经习以为常的民族国家概念本身，都不再是神圣和不容置疑的了。实际上，并非像拉加特·拉伊所说的那样，苏加塔·鲍斯没有对民族国家提出"谴责"。相反，在《面面观》一书中，苏加塔·鲍斯对民族国家的否定甚至诅咒是随处可见的。他将现代民族国家所依赖的中央集权的制度结构和单一主权的意识形态斥责为现代殖民帝国遗留给后殖民主义民族国家的"毒遗产"（详见第三章第一节），他讽刺说："在印度洋历史上，对民族国家的崇拜在20世纪第三个二十五年间臻于鼎盛，但后来被证明不过是另一个失败的神。"在他看来，民族国家时代其实只是印度洋历史上的一个短暂时刻："从20世纪40年代到60年代，随着印度洋舞台向后殖民主义转变，领土性民族国家模式当然战胜了与之竞争的普世主义模式，特别是伊斯兰普世主义。不过，引人注目的是，民族国家的霸权即使在其鼎盛时期也充满争议，而且它在印度洋舞台上占据的无可争议的主导地位显然是短命的……从这个观点看，可以说印度洋舞台上反殖民主义的民族主义航船在其波涛汹涌的历史航程中只在国家

---

① ［美］林恩·亨特：《全球时代的史学写作》，第40页。

（the state）这个港湾中停留了最短的时光。"① 我们现在似乎已经生活在一个后民族国家时代的思想氛围中。

20 世纪 90 年代以后世界范围内出现的"全球化"热潮使我们能进一步相信我们处在一个新的历史时代。的确，1991 年苏联解体这一划时代的历史事件似乎也足以成为一个新时代开始的标志：它消除了冷战时代世界两极格局所造成的经济政治分裂和意识形态对立，为全球经济、政治和文化更高程度的一体化扫清了道路。由此，我们似乎进入了一个真正的全球化时代。（所谓"全球化之前的全球化"同这最新一波的全球化相比肯定就显得不那么名副其实了。）在威廉·鲁滨逊看来，"全球化意味着从以世界经济为基础的民族社会间网络向一个正在出现的以全球经济为基础的跨国或全球社会的转变。全球化的实质是全球资本主义，它已经超越了资本主义的民族国家阶段"②。在这个时代，不仅世界各个国家、地区和民族之间的联系变得更加密切，相互间依赖程度更高，而且似乎开始史无前例地消除现代世界历史空间中民族国家形成的藩篱和区隔。在这方面，跨国公司的发展、全球性产业链的形成和金融资本的全球化发挥了特别重要的影响，它推动了所谓"去疆域化"（deterritorializing）的发展，以至于"一些人认为全球化的定义就是去疆域化，而这种去疆域化会对民族国家的主权构成挑战，因为主权终归是建立在控制疆域的观念基础之上的"③。我们似乎没有多少理由怀疑这一观点的正确性。民族国家功能的弱化构成了当代世界最显著的特征之一。在《超越民族国家和革命国家模型的霸权》一文中，艾森斯塔特指出，在当代世界，"民族—国家的'传统'模型正在转弱，最重要的是其基本成分（公民身份、集体认同以及公共空间与政治参与模式的建构）正分崩离析"④。由是观之，后民族主

① Sugata Bose, *A Hundred Horizons*: *the Indian Ocean in the Age of Global Empire*, Cambridge: Harvard University Press, 2006, pp. 281, 279.

② William I. Robinson, "Beyond Nation-State Paradigms: Globalization, Sociology, and the Challenge of Transnational Studies", *Sociological Forum*, Vol. 13, No. 4（Dec., 1998）, p. 563.

③ ［美］林恩·亨特：《全球时代的史学写作》，第 42 页。

④ ［以］S. N. 艾森斯塔特：《反思现代性》，第 401 页。

义思想氛围的出现并非只是一个纯粹的思想史和学术史事件，它有着现实的时代背景。全球化为新的思想氛围的出现提供了坚实的基础和最好的解释。因此，归根结底，新印度史学及其包含的后民族主义取向乃是全球化这一时代转变的结果。新印度史学乃是全球化时代的历史学。①

在 20 世纪 90 年代早期，西方对全球化的未来曾一度充满了乐观情绪。1992 年，弗朗西斯·福山在《历史的终结与最后的人》（*The End of History and the Last Man*）一书中对冷战结束和苏联解体之后人类历史将终结于"西方自由民主体制"的预言，实际上表达的是对全球化意味着千禧年盛世到来的热情期许。类似地，布热津斯基在《大棋局：美国的首要地位及其地缘战略》（1997）中将美国称为"第一个也是唯一的一个真正的全球性大国"时，② 实际上透露出来的也是对全球化时代美国治下的和平的自信。一切看上去都很美好，其间塞缪尔·亨廷顿在《文明的冲突与世界秩序的重建》（1996）中对未来世界秩序的灰暗预言似乎更像只是狂欢派对中的一两声不和谐的喧嚣。然而，随着 2008 年美国金融危机的爆发，特别是 2016 年主张"美国优先"的特朗普当选美国总统，曾经热烈拥抱全球主义的"唯一全球性大国"美国向民族主义的回归和由此引发的"逆全球化"就不再只是人们的担心，而是变成了严酷的现实。③ 2021 年初新一届美国政府的上台并没有带来人们期待的大改变，美国和世界依旧

---

① 然而，新印度史学的形成和全球化时代之间并不存在简单的、单向的决定和反映关系。从 20 世纪 70 年代中晚期开始，新印度史学的发展就开始了。一般而言，史学发展的确在很大程度上是历史学家所处时代变迁的反映，但它也有自己的内在节律。实际上，苏联解体和全球化之间的关系也是复杂的。究竟是苏联解体造成了全球化，还是全球化的发展造成了苏联的解体，依旧是一个争论中的问题。

② ［美］兹比格纽·布热津斯基：《大棋局：美国的首要地位及其地缘战略》，第 13 页。

③ 其实，仅仅根据当前特朗普政府的政策选择就判断我们进入了"逆全球化"时期，至少是片面的。我们也看到了，当美国走向逆全球化的时候，我国却选择了高举全球主义的大旗。在这里，最大的误区莫过于将全球化等同于美国化，尽管在过去很长时间里，全球化的确在很大程度上就是美国化。未来的世界未必是一个去全球化的世界，但一定是一个更少美国化的世界。这是特朗普主义不可避免的后果。

徘徊在十字路口：民族主义，还是全球主义？2022年2月24日俄乌战争的正式爆发使本就充满不确定性的世界局势变得更加扑朔迷离。然而，不管当前美国拜登政府如何作为，也不管目前的世界局势如何演变，正像我们已经在第三章第一节表明的那样，现代世界历史空间自始就是全球化和民族化的二重奏，而不是全球化或民族化的独奏曲。世界历史不是一条笔直的单行道。面对当前并不确定的世界，我们唯一确定的就是我们需要努力理解不断变动着的历史和现实。为此，笔者在正文中除了努力解析正统印度史学和新印度史学提出的各个论题、概念和观点外，还尝试对有关问题提出自己的诠释，认为印度的传统农业社会和国家可以置于部落社会和历史空间的视域下来考察。尽管这只是初步的尝试，但或许我们将因此更加接近纷繁复杂的历史和现实的实情。

# 附录一

# 从农民学到断裂国家理论

## ——《新剑桥印度史》的传统农业社会理论评析

　　从 1987 年起，剑桥大学出版社开始出版戈登·约翰逊、C. A. 贝利和约翰·理查兹主编的《新剑桥印度史》丛书，截至目前已陆续出版 23 卷。与 20 世纪 20 年代起 E. J. 拉普森、沃尔斯利·黑格和亨利·多德韦尔等主编的《剑桥印度史》（1922—1937 年，共六卷，第二卷未能出版）相比，无论在形式上，还是在内容上，《新剑桥印度史》都发生了根本性的变化。事实上，与以《剑桥印度史》为代表的正统印度史学相比，《新剑桥印度史》代表了一种崭新的印度史学，差不多完全解构了首先由詹姆斯·米尔（James Mill，又译詹姆斯·穆勒）在《英属印度史》（1817）中建构起来、然后在《剑桥印度史》中得到具体呈现的正统印度文明史观。然而，遗憾的是，国内史学界对《新剑桥印度史》及其代表的新印度史学尚缺少足够的了解，至今人们还多以为《新剑桥印度史》只是《剑桥印度史》的新版本。有鉴于此，本文打算通过比较以《剑桥印度史》为代表的正统印度史学和《新剑桥印度史》对印度传统农业社会的不同诠释，阐明新印度史学在这方面经历的范式转换——从农民学到断裂国家理论，希望能借此引起国内学人对当代国际史学界新印度史学的更大兴趣和进一步探讨。

# 一 印度传统农业社会的正统诠释：从《英属印度史》到《剑桥印度史》

在《英属印度史》中，詹姆斯·米尔援引了 1810 年英国下院印度事务委员会的一份报告，用以说明印度传统农业社会的"一般图景"：

> 从地理上看，一个村庄就是一片占有几百或几千英亩耕地和荒地的土地；从政治上看，它很像一个地方自治体或自治镇。它依惯例设立的吏役如下所述：帕特尔即村长，总管村庄事务，调解居民纠纷，维持治安，掌管本村的税收事务；卡尔纳姆，保管农业账簿，登记一切相关事宜；塔利厄尔和托蒂，前者的职责范围似乎广泛得多，既负责监察作奸犯科之事，又负责将游客从一个村庄护送到另一个村庄，后者的管辖范围看来比较局限于本村，主要是看守庄稼和帮助计算收成；边界守卫员，负责保护村社边界和在发生边界争议时作证；水库水道管理员，负责分配农业用水；婆罗门，主持村庄祭祀；教师，负责教授村社的儿童在沙地上学习读写；掌管历法的婆罗门即占星师，为播种和打谷确定黄辰吉日；铁匠和木匠，制作农具，为农民（ryot）建造房屋；制陶匠；洗衣工；理发师；牧牛人，负责照看牛群；医生；舞女，负责庆典；乐师；诗人。
>
> 自古以来，乡下居民就生活在这种简单的自治政府形式下。村庄的边界很少变动。虽然村庄本身有时候受到战争、饥荒或疫病的严重损害，甚至变得一片荒凉，可是同样的村名、同样的边界、同样的利益、甚至同样的家族，一代一代地延续了下来。居民对各个王国的崩溃和分裂漠不关心；只要村庄完整无损，他们并不在乎它转到哪个政权或君主的统治之下；它的内部经济保持不变。帕特尔依旧是村长，也依旧充当着小法官和小治安官以及

本村的收税人或收租人。①

国内学界对上述描述大多已经耳熟能详，因为马克思在《不列颠在印度的统治》（1853）一文中也引用了同一份报告中大致相同的内容。② 马克思把这种传统印度农业社会图景称为"村社制度"。他说："印度人也像所有东方人一样，把他们的农业和商业所凭借的主要条件即大规模公共工程交给中央政府去管，另一方面，他们又散处于全国各地，通过农业和制造业的家庭结合而聚居在各个很小的中心地点。由于这两种情况，从远古的时候起，在印度便产生了一种特殊的社会制度，即所谓村社制度，这种制度使每一个这样的小结合体都成为独立的组织，过着自己独特的生活。"③

米尔认为，建立在这种社会制度基础之上的"政治建构"是所谓亚细亚模式中的君主国。他说："在印度人中，和亚细亚模式一致，政府是君主制的，而且除了宗教及其祭司这一通常的例外，也还是绝对主义的。所有与单个人意志不同的统治体系的观念，看来都不曾进入他们或他们的立法者的头脑。"④ 与米尔一样，马克思也指出："这些田园风味的农村公社不管看起来怎样祥和无害，却始终是东方专制制度的牢固基础，它们使人的头脑局限在极小的范围内，成为迷信的驯服工具，成为传统规则的奴隶，表现不出任何伟大的作为和历史首创精神。"⑤

这样，对于19世纪的米尔和马克思来说，印度传统的农业社会都是由两个基本的要素构成的：农村公社和耸立其上的专制主义农业

---

① James Mill, *The History of British India* (Third Ed.), London: Baldwin, Cradock, and Joy, 1826, vol. 1, pp. 266–268.

② 参见马克思《不列颠在印度的统治》，载《马克思恩格斯全集》第12卷，人民出版社1998年版，第141—142页。需要指出的是，虽然马克思的引文与米尔的引文大致相同，但两者也有一定的出入。《马克思恩格斯全集》第12卷（1998年版）的编者们认为马克思的引文系出自托·斯·拉弗尔斯《爪哇史》1817年伦敦版第1卷第285页。

③ 马克思：《不列颠在印度的统治》，载《马克思恩格斯全集》第12卷，第141页。

④ James Mill, *The History of British India* (Third Ed.), p. 175.

⑤ 马克思：《不列颠在印度的统治》，载《马克思恩格斯全集》第12卷，第142—143页。

国家——君主国（种姓制度和印度教则是这种农业社会或国家的两大基本制度）。在他们看来，尽管农业国家在印度历史上兴衰交替，村社却具有很大的稳固性。马克思说："从遥远的古代直到19世纪最初十年，无论印度过去在政治上变化多么大，它的社会状况却始终没有改变。"① 实际上，米尔和马克思对印度传统农业社会的这种诠释代表了19世纪西方对印度传统农业社会的一般想象和"标准知识"。克里斯托弗·贝克把这种"19世纪的共同观点"形象地称为"气垫船理论"。因为根据这种理论，传统的印度农业社会结构在历史上一成不变，从未受到外部国家和城市所经历的各种事变的重大影响，就像海洋自身几乎不会受到洋面上行驶的气垫船的影响一样。②

　　《剑桥印度史》对印度传统农业社会的诠释就是以这种19世纪的正统理论为基础的。当然，作为一部现代史学著作，《剑桥印度史》的作者们力图把他们的诠释建立在史料和史实的基础上。由此，《剑桥印度史》也把19世纪西方关于印度传统农业社会的正统理论转化成了一种由史料和史实支撑的历史图景，从而对上述理论提供了史学支持。在这里，我们不妨首先以拉普森主编的《剑桥印度史》第一卷（1922）第八章对早期佛教时代印度农业经济和社会的描述为例，看看《剑桥印度史》提供了怎样一幅印度古代农业社会的画卷。在集中论述印度古代农业经济社会的这一章，作者戴维森夫人和D. 利特主要依靠佛教巴利文文献《本生经》（*Jātaka*）中的资料，也利用了《律藏》（*Vinaya*）和《经藏》（*Sutta Pitaka*）中的一些材料。他们认为，这些佛教早期文献中的有关记述"证实"了早期佛教时代的印度农业社会已经是"农民社会"：

　　　　佛教产生时的印度农村经济差不多完全以农村公社体系为基

---

① 马克思：《不列颠在印度的统治》，载《马克思恩格斯全集》第12卷，第140页。

② Christopher Baker, "Frogs and farmers: the Green Revolution in India, and its murky past", in Tim P. Bayliss-Smith and Sudhir Wanmali eds., *Understanding Green Revolutions: Agrarian Change and Development Planning in South Asia*, London: Cambridge University Press, 1984, p. 38.

础，而这些村社是由土地所有者即欧洲的那种"农民有产者"组成的。《本生经》十分清楚地证实了这一点。《本生经》没有清晰的证据表明存在着孤立的大庄园、大领地或占有这类庄园的绝对地主。在各君主国，国王尽管专制而勤政，但有权以岁赋的形式向初级农产品课征捐税；而且只是在这个限度内，他才可以被视作土地的终极所有人。国王可以处置所有荒废或长满森林的土地，与这种权利相关的是国王可以收回一切无遗嘱处理或"无主"的财产——这种习俗可能是、也可能不是一种更古老的封建主义的残存。①

类似地，在"孔雀帝国的政治和社会组织"一章中，F. W. 托马斯利用希腊人的记述和《政事论》（*Arthaśāstra*）提供的资料区分了当时的三种土地——森林、牧场和耕地，其中前两种土地上面分别居住着"未归化的野居部落"和"居住在帐篷中的游牧民"，而耕地上的村庄"那时就像现在一样是（印度）乡间的主要特征。它们拥有确定的边界、村议事堂——无疑代表了古代的堡垒——和独立的内部经济"。和过去一样，村庄"土地的最终权利属于……国王；也就是说，国王有权从土地上征收赋税，而一旦欠税，他也有权更换其领地上的耕作者"。这些农民束缚在种姓制度中，"麦加斯梯尼评论说，他们的职业界定得如此清楚（被种姓法则），以至于他们在看到军队混战时仍能安然地从事耕作"。最后，也还是同过去一样，作为民政管理基础的依旧是"村长（gramani，一种官职）治理下的村庄自治制度。这种制度盛行于印度的各个时期"②。一言以蔽之，孔雀帝国时代的印度农业社会是按照 19 世纪西方人想象的那种农民社会来诠释的。

---

① E. J. Rapson ed., *Ancient India* (The Cambridge History of India：Vol. 1), London：Cambridge University Press, 1922, p. 198.

② E. J. Rapson ed., *Ancient India* (The Cambridge History of India：Vol. 1), pp. 474, 475, 486.

## 二　《新剑桥印度史》对正统印度农业社会
## 　　理论的解构和重构

《新剑桥印度史》丛书对上述正统印度农业社会理论的反思和修正集中在大卫·勒登的《南亚农业史》（《新剑桥印度史》第 4 部分第 4 卷，1999 年版）中。与《剑桥印度史》明确地认为印度古代村社中的居民是农民不同，勒登质疑"农民"这个概念是否适用于中世纪的南亚，认为在印度多样化的农业社会形态中：

> "农民"（peasantry）是很难定义的。和欧洲不同，南亚拥有适合于集约栽种水稻的热带环境、干旱和半干旱平原地带、可用较少劳动投入生产出营养丰富的小米的优质土壤、广阔的热带山地和丛林以及畜牧业占优势的大片地区——所有这些地区孕育出了不同类型的农业扩展和集约化，结果产生了多种多样的农业社会形态。在南亚，没有与罗马帝国或天主教会相似的机构，贵族可以通过它们确立自己的地位和把农民降为从属臣民。和中国不同，南亚的农业国家主要是在畜牧文化（pastoral cultures）内部、之间和外部发展起来的，它们把畜牧和森林民族整合进各种农业社会形式，而这些农业社会形式并没有被纳入一个统一的古老帝国（和种族，即汉族）实体的等级体系。现代源于亚欧大陆西部和东部地区的农民概念——意指一个由代表着高级文化和文明的城市精英统治的粗野的乡村群体——并不适用于中世纪的南亚。①

在勒登看来，"当农业社会阶层是由国家清楚规定而地位是由严格的土地权利等级决定时，'农民'这一术语的意义才能最充分地体现出来"。勒登甚至觉得"任何一种南亚语言都没有一个词具有完全相同的

---

① David Ludden, *An Agrarian History of South Asia*（The New Cambridge History of India：IV·4），Cambridge：Cambridge University Press, 1999, p. 74.

文化含意，从而可以精确地译为'农民'。结果，我们完全可以认为'农民'这个范畴在南亚的开始使用是现代性的产物和要素"①。

尽管如此，勒登并未弃用"农民"这个术语。不过，与《剑桥印度史》的用法不同（如前所述，在《剑桥印度史》中，"农民"具有双重含义：一方面是指区别于生活在森林和草原地带的非定居部落民的、居住在村庄中的农业生产者，另一方面是指与作为终极所有人的国王相对立的"耕地"的初级占有者和所有人），勒登在另外一种意义上使用这个术语："'农民'这个术语可方便地表示广泛意义上的家庭农场主（family farmers）。"但他紧接着补充说，他并不是要遵循 A. 恰亚诺夫的农民家庭农场理论，而是要由此"彰显亲属关系和农场家庭在农业中的作用；我们将在本章后面看到，复杂的亲属关系网络在很大程度上把中世纪的农业空间组织在世系、部族、种姓（ja-ti）、教派和由婆罗门、刹帝利、吠舍和首陀罗组成的四大礼仪等级（varna）中——其中包括农场主和国王"。与《剑桥印度史》中农民被描述为一个从属于国王的"庶民"阶级不同，勒登认为他所谓的农民或家庭农场主并没有固定的阶级地位，"在许多武装农民拓殖区域，农场家庭进入了地方统治精英的行列"。最后，但并非不重要的一点是，勒登认为"在农牧业和部落化的环境中，家庭耕作是一项集体事业（communal enterprise），其中包括对流动资源和变动的农场领地的军事控制"②。换言之，在印度的特殊历史场域中，农民并不是一个与婆罗门、刹帝利或国王等非农业阶级相对立的纯粹的农业阶级，他们还可能同时是武士和统治精英。这样，《剑桥印度史》中的农民概念被彻底解构了。

结果，作为正统印度农业社会理论支柱之一、与农民理论密切相关的村社假说也受到了质疑和否定。勒登认为国家会利用它们的权力界定、封闭和调整农业生产的地域单位（territorial units），而且承认从孔雀帝国以来印度历史上的"国家"就在从事这方面的活动，但

---

① David Ludden, *An Agrarian History of South Asia*, p. 75.

② David Ludden, *An Agrarian History of South Asia*, pp. 74 – 75.

同时认为"现代史学家们习惯性地强加给南亚这片土地的地域观念来自殖民地时代"①。他说：

> 当东印度公司为英国统治确定国家边界时，它也用规范农业地域的土地财产法和税收政策"确定"了耕作地域（farming regions）。到 1815 年，英印政府已决定把村庄作为基本的农业行政单位。在英属印度的疆界内，先驱们把村社（village community）作为核心的政治、经济和社会单位。最初，这一举动伴随着诋毁从前的统治者和消除他们的地域踪迹的喧嚣。不过，随着关于东方文明的现代观念的发展，人们积累证据以便证明农民村社在英国统治以前的各个时代经受住了帝国和灾难的冲击而保存了下来。作为意识形态，村庄开始代表农业传统的遗留和农业现代性的行政基石。②

这实际上是在说，农村公社并非像《剑桥印度史》的作者们所力图证明的那样是印度历史的"大传统"，它不过是现代英国殖民统治及其现代主义意识形态的产物而已。勒登下面这段话更加清楚地表明了这一点：

> 现代性发明了文明传统及其中的村庄疆域（village territories）。在这种村庄疆域中，单个农民家庭利用他们自己占有的资源耕种着他们自己的土地。被称为"印度"的那个地域变成了一种传统，村庄和家庭农场变成了它的基本单位。被称为"印度"的那个文化建构开始建立在下述观念的基础上：自古及今，一种基本的文化逻辑确实在事实上组织着其所有组成（村庄）疆域的农业。围绕着这种统一的逻辑是否可以理解为剥削或合意爆发了大量争论，但在南亚所有现代民族疆域内，稳定的、传统的农村

---

① David Ludden, *An Agrarian History of South Asia*, p. 33.
② David Ludden, *An Agrarian History of South Asia*, pp. 33 - 34.

社会都被看作古老的农业文明的疆域，在殖民统治前的数千年里差不多一成不变地存在着。①

在农民村社被解构后，正统印度农业社会理论中的另一个重要成分——专制主义君主国也遭到了解构。无疑，在正统印度农业社会理论中，我们熟知的印度历史上的印度教王国或帝国被解读成了整体的农业社会，印度农业社会的历史因而就是这些"国家"的历史（这种观念可恰当地称为"印度农业社会的国家观"）。结果，正像勒登指出的那样，"我们用来撰写农业历史的大部分文献关注的都是国家"②。

然而，在勒登看来，现代人的"国家"概念对描述印度历史上的农业社会是很不够的，"国家仅仅说明了农业历史的部分内容"，因为在许多世纪里，"农业历史也是在农作环境内和国家制度结构外进行的。它几乎总是以这种或那种方式同国家权威联系在一起，但本质上又植根于农业共同体的日常生活"。结果，"王朝扩展成为农业空间（agrarian space）"。在勒登看来，不是传统的"国家"概念，而是他创立的这个在内涵和外延上都更具包容性的"农业空间"概念——按照他的观点，"农业空间同时是政治的、社会的和文化的"——才能更准确地表达和代表印度历史上的农业社会。③

以"中世纪的农业空间"为例，勒登认为它由三个不同的部分组成：（1）数百个小型农业疆域（agrarian territories），以永久田野耕作、多样而变动的人口和王朝核心地为特征；（2）山区和平原上成千上万个分散的农家拓居地（scattered settlements of farming families），位于王朝疆域外围或边境；（3）没有农作或只有临时农作的辽阔的中间地带（vast interstitial areas），这类地方布满干旱灌木林或茂密的热带丛林，盛行部落社会和政体。在这种包括了三重结构的农业空间中，"农业扩张的王朝疆域"构成了中心地区，"这种土地具备最好的农业资源禀赋。它是备受珍视的领土，需要实行最严密的内部控制

① David Ludden, *An Agrarian History of South Asia*, p. 34.
② David Ludden, *An Agrarian History of South Asia*, p. 6.
③ David Ludden, *An Agrarian History of South Asia*, pp. 6, 7, 18.

和保护。中世纪国王们致力于控制这类土地，保护他们的人民和繁荣，而这就需要强制和文化权力来灌输对维护农业秩序的原则和价值的高度信仰"。与这种中心地相比，第二和第三种区域无疑构成了农业空间的外围地区。随着中心农业疆域的扩张，这些外围地区会不断遭到侵蚀和吞并，"畜牧制、游牧制和森林中的耕作者越来越被排挤到边缘地带，而许多牧人、猎户、游牧民和部落民也进入了农业社会，变成了劳工、耕夫、工匠、饲养工、搬运夫、乳酪商、士兵、商人、武士、巫师和国王"。但这并不意味着这些外围地区是农业空间中微不足道的部分。相反，它们发挥着重要的经济社会功能，是整个农业空间的有机组成部分："没有从前的外部人的技能、资产和劳动，农业扩张就不能进行，因而对他们的整合是一项重要的社会工程。"①

这样的农业空间本质上不同于"国家"。按照勒登自己的定义，"国家是一个具有中心点和权威人物的制度集合"。正统印度农业社会理论中的专制国家就是这样来想象的：中央集权国家本身是农业社会的中心，国王则是最高权威。然而，在勒登的农业空间和农业疆域理论中，"农业扩张中的权力关系比我们通过将农业世界简单地区分为国家和社会所看到的要复杂。在中世纪的政治经济中，除了国王和农民或王朝和村庄之间的互动外，还有别的因素在起作用。中世纪国家中最重要的社会力量形成了统治者和农夫之间的中间地带。在这个中间地带，地方上显赫家族的族长们结成战略联盟，进而形成王朝疆域"②。特别重要的一点是，"这种中世纪的疆域不是由固定边界来定义的，而是由其中的个人交往（individual transactions）来界定的，因而这种交往疆域（transactional territory）只能在界定它的交往体系存续时才能稳固地存在"。按照这种观点，"中世纪王国是由交往网络（networks of transactions）构成的，而不是由那种将在日后确定以税收和司法行政为特征的农业疆域的官僚制度构成的"③。实际上，在勒

---

① David Ludden, *An Agrarian History of South Asia*, pp. 72 – 73.
② 勒登关于农业疆域的"中间地带"概念相当于印度人类学家 M. N. 斯里尼瓦斯的"支配种姓"概念。
③ David Ludden, *An Agrarian History of South Asia*, pp. 41, 84, 86.

登的《南亚农业史》中，我们所熟知的正统印度农业社会理论中的"印度教王国"或"种姓社会"的制度结构——国王、种姓、查提（jati）、婆罗门、神庙和贾吉曼尼（jajmani）等，都被诠释为这种交往网络的组成部分或形式。这样，经过重新诠释了的种姓制度构成了勒登所谓的农业空间的一个重要维度。

　　然而，在勒登的农业空间理论中，种姓制度并不是唯一的维度，甚至也不是最根本的维度。"征服"（conquest）和"父权制家族"（patriarchy）是另外两个重要维度。关于前者，勒登说："征服殖民在疆域达摩（dharma）之外十分独立地发挥着它的影响，不过它们共同塑造了［在后来］扩展为农业地区的农业疆域。"关于后者，勒登说："种姓——查提——在瓦尔纳意识形态内界定了家族联盟及阶序的单位和习语，但是父权制家族也超越了种姓，不受达摩的制约。武士国王将零散的和相距遥远的疆域彼此连接起来，而达摩戒律只能把这些广袤疆域的部分地方组织起来。"相较于种姓，父权制家族更重要，因为"遵守着互不兼容的阶序体系的殖民区间的相互联系无法以任何一方的阶序体系为基础……达摩不能界定这种交往疆域，但父权制家族总是可以在相互关系中代表它们自己的人民"。印度传统的农业社会就这样被描述为一个由达摩、征服和父权制家族构成的三维农业空间。在勒登看来，进入现代早期，即从 16 世纪起，印度农业历史的"现代国家环境"才开始形成。①

## 三　印度传统农业社会理论的嬗替：从农民学到断裂国家理论

　　《剑桥印度史》和《新剑桥印度史》对印度传统农业社会做出了两种完全不同的诠释。毋庸置疑，新的一手资料的出现是造成这种变化的一个重要因素。《南亚农业史》的显著特色之一就是运用了大量的中世纪石刻和铭文资料。不过，对印度传统农业社会的不同诠释也

---

① David Ludden, *An Agrarian History of South Asia*, pp. 88, 100, 102, 137.

是建立在不同的理论模式基础上的：农民学模式和断裂国家模式。

以《剑桥印度史》为代表的印度传统农业社会理论实际上是以农民学（peasantology）理论模式为基础的。在《农民生活研究：共同体和社会》一文中，克利福德·格尔茨引述了 A. 克罗伯在《人类学》（1948）中所确定的农民学的基本理论框架：农民构成了具有部分文化（part-cultures）的部分社会（part-societies）；他们居住在农村，但同市镇相联；他们形成了一个更大分层体系的阶级成分，但在这个体系中远不是支配集团；他们缺少部落群体的孤立、政治独立和自给自足，但他们的地方单位保持着古老的认同和整合，保持着同土地、宗教以及地方风俗和民间艺术的联系。由这个理论框架产生了农民研究中密切相关的两大路径：农民共同体和农民社会，前者涉及对农民生活的特定样式和直接特性的集中调查，后者涉及对农民一般形式和广阔环境的广泛调查。①

这样，所谓的农民学理论意味着在由农民共同体和农民社会构成的参照框架下审视农业社会。格尔茨认为，这个参照框架下的农民学研究存在着三种"相互关联的维度"，即罗伯特·雷德菲尔德的文化维度、朱利安·斯图尔德的经济维度和卡尔·魏特夫的政治维度。由此，雷德菲尔德区分了农民的"小传统"和乡绅的"大传统"，考察了这两种文化之间的互动；斯图尔德认为作为一种职业的农民同更大社会的关系是用经济术语来表示的，特别是他同市场和外部资本的关系，同地主、官员、商人或雇工的关系；魏特夫则强调了农民作为被统治者的政治身份，认为农民同外部世界的联系表现在他们对地主、官僚、教士或国王的政治义务上，而这种义务通常暗含于土地占有关系中。② 不难看出，正统的印度农业社会理论就是在这种参照框架下进行的。我们熟知的村社和王国范畴显然就是这种理论模式的两极。

与关于印度农业社会的正统理论不同，新印度农业社会理论则采

① Clifford Geertz, "Studies in Peasant Life: Community and Society", *Biennial Review of Anthropology*, 1961, Vol. 2, pp. 2, 13.

② Clifford Geertz, "Studies in Peasant Life: Community and Society", *Biennial Review of Anthropology*, 1961, Vol. 2, pp. 2 – 4.

纳了人类学中的另一个理论模式：断裂国家（segmentary state）。它最初是由英国人类学家艾登·索撒尔在《阿鲁尔人社会》（1956）中提出来的，用于诠释中西部非洲的土著社会。后来，格尔茨在《尼加拉：19 世纪巴厘岛的剧场国家》（1980）中用相似的剧场国家理论描述 19 世纪印度尼西亚巴厘岛的印度教文明。从 20 世纪 70 年代中期开始，美国的印度史学家伯顿·斯坦将这个理论模型正式引入印度史研究中。他的第一部运用这个理论模型的专著是《中世纪南印度的农民国家和社会》（1980）。在其遗著《印度史》中，他归纳了印度历史上断裂国家的四个特征：第一，存在着许多中心，即政治领地（political domains）；第二，政治权力（political power）和主权（sovereignty）彼此分离，某些权力由很多贵族行使，但完全的国王主权只由一个神化国王（anointed king）行使；第三，所有中心或领地都有独立的行政机构和强制手段；最后，次要的政治中心经常通过仪式（ritual forms）承认一个唯一的仪式中心和神化国王。① 简言之，断裂国家是一种有着中心和外围二元地域结构、礼仪性和政治性双重权威的"国家"。显然，勒登对印度中世纪农业空间地域结构的描述借鉴了这种中心—外围模式。

然而，对这种理论模式来说最根本的一点是，断裂国家或格尔茨所谓的剧场国家本身不是现代意义上的任何一种地域国家（territorial state）。格尔茨指出："尼加拉不是韦伯所说的标准意义上的官僚国家、封建国家或父权制国家。也就是说，它不是一个按儒教中国或罗马帝国的模式组织起来的功能分化、系统分等的行政结构。它不是一种按照中世纪北欧或明治前日本的模式组织起来的，由领地组织、劳役地租和武士精神支撑起来的契约法律体系。而且，它也不是一种按照倭马亚王朝时期的伊斯兰或大流士时期的波斯方式组织起来的扩大的军事家庭……它事实上迥异于上述任何一种模型：一种不完全地施加于一群君侯的礼仪阶序。"格尔茨说，在这样的"国家"里，"整个王国内根本就不存在统一政府，无论是弱的，还是强的。存在的只

---

① Burton Stein, *A History of India*, Malden：Blackwell Publishing, 1998, p. 20.

是一个由各种通常得到承认的特定要求编织而成的网络（a knotted web of specific claims）"①。勒登的农业空间理论特别是其中有关农业疆域的诠释，采用的无疑是这种断裂国家或剧场国家概念，而非正统的地域国家模式，尽管他在书中并未直接提及索撒尔和格尔茨的有关著作及其影响。在"达摩"一节，有关"达摩之治"（rule of dharma）、"礼仪权力"（ritual powers）、"社会阶序"（social ranking）、"种姓霸权"（caste hegemony）以及"交往网络"等的论述实际上就是在这种理论模式的基础上进行的。②

# 结　语

梅特卡夫夫妇在他们编撰的《印度简史》（2002）前言中曾说，"今天撰写的任何一部（印度）历史都迥异于20世纪50年代晚期和60年代早期当我们还是研究生时最初'发现'的那种印度历史"③。现在本文进一步表明，至少在关于印度传统农业社会的问题上，与《剑桥印度史》相比，《新剑桥印度史》的诠释事实上经历了"范式转换"：前者符合农民学模式，后者则以断裂国家和剧场国家模式为基础。就此而言，《新剑桥印度史》绝不只是《剑桥印度史》的新版本而已，而是代表了一种全新的印度史学。不论我们将怎样看待和评价新印度史学，全面了解和深入剖析以《新剑桥印度史》为代表的新印度史学，已成为当前国内印度史研究的一个紧迫课题。在这方面，本文只是一种最初的尝试。

（原载《世界历史》2014年第6期）

---

① Clifford Geertz, *Negara：The Theatre State in Nineteenth-Century Bali*, Princeton：Princeton University Press, 1980, pp. 62, 68.

② 参看 David Ludden, *An Agrarian History of South Asia*, pp. 76–87.

③ Thomas Metcalf and Barbara Metcalf, *A Concise of History of India*, Cambridge：Cambridge University Press, 2002, "Preface", p. xiii.

# 附录二

# 从历史文明到历史空间
## ——新印度史学的历史地理学转向

在世界史学理论传统中，地理环境对历史的重要性早已得到史学界的承认和重视。在其成名作《菲利普二世时代的地中海和地中海世界》（1949）中，法国年鉴学派的代表人物费尔南·布罗代尔就正式把对地理环境的研究作为历史的"地理时间"（区别于"社会时间"和"个人时间"）纳入其"崭新的史学"的一般框架中。在他看来，与短时段的"事件史"相比，作为长时段的地理环境的历史是一种"能揭示永恒价值的历史"。不过，在强调地理研究的重要性的同时，布罗代尔也同时强调了"地理时间"层面的历史是一种"几乎静止的历史"，是一种"缓慢流逝、缓慢演变、经常反复出现和不断重新开始的周期性历史"①。这意味着与中时段的"社会史"和短时段的"个人史"相比较，作为长时段历史的历史地理学更具有自然科学的客观性和稳固性。因而，除非地理环境本身在实际的历史发展过程中发生重大改变，重写某一文明的历史地理学似乎是不可能的。

然而，20世纪80年代以来国际史学界中的印度史学转向为我们重新评估和认识长时段历史的性质提供了一个绝佳的机会。本文打算通过比较和分析以《剑桥印度史》（1922—1937）和《牛津印度史》（1919）为代表的正统印度史学和以《新剑桥印度史》（1987—2013）

---

① ［法］费尔南·布罗代尔：《菲利普二世时代的地中海和地中海世界》，唐家龙、曾培耿等译，商务印书馆1996年版，第1卷第1版《序言》，第8—10、19页。

为代表的新印度史学对印度地理环境历史的不同书写，一方面阐明正统印度史学和新印度史学不同的历史地理学基础，另一方面也表明地理环境的历史和社会史和个人史一样，都不是纯粹的客观描述，还是历史学家的主观建构，从而修正布罗代尔对长时段历史的认识。实际上，对印度历史地理学的重构，构成了印度史学范式转换的一个重要面向。

# 一 正统印度史学的历史地理学："单一的自然区域"

与世界其他地区或文明的历史学相比，印度史学的一个惹人注目的特征是它对印度历史（特别是莫卧儿帝国以前的印度历史）的叙述和诠释更加依赖对印度地理环境的解读。显然，这同近代以前印度历史文献和资料的匮乏有关。对早期印度历史的考证和构建建立在史前考古、古代文学、铭文和钱币、外国人游记以及比较语言学的基础上。因此，无论是对于正统印度史学，还是对于新印度史学，了解其地理学基础都具有特别重要的意义。

在《剑桥印度史》第1卷中，英国著名的地缘政治学家哈尔福德·麦金德爵士从历史地理学的角度对印度次大陆的地理环境做了非常详尽的论述。他首先从地理位置的角度界定了"印度次大陆"：他把亚洲大陆划分为四个次大陆，分别是面向太平洋的东部次大陆、面向北冰洋的北部和西部中心次大陆、西南部的"低地亚洲"次大陆，而最后一个就是位于亚洲中南部的"印度次大陆"①。这个定义对我们来说已经是一个简单的"常识"。然而，在麦金德对"印度"的界定中还包含着一个十分重要、却尚未引起史学史研究者足够重视的要素：他同时把亚洲的四个次大陆视为不同的文明区域。其中，东部次大陆、北部和西部中心次大陆和西南次大陆分别是佛教文明区、俄罗

---

① 需要指出的是，麦金德所谓的"印度"系指当时的"印度帝国"，其地理范围包括现在的印度共和国、巴基斯坦、孟加拉国、斯里兰卡和缅甸等。

斯文明区和伊斯兰文明区，而印度次大陆的情况似乎比其他三个次大陆复杂一些。一方面，麦金德承认印度人文的多样性。他认为，如果不考虑幅员的话，印度比美国更像是一个名副其实的次大陆，因为"在美国，单一的种族和单一的宗教占据绝对统治地位，而在印度，极具多样性的悠久历史一直延续到今天，呈现出它需要花费数代人时间才能解决的各式各样的问题"。由此，麦金德承认印度在历史上长期的政治分裂状态："在过去，印度存在过伟大的帝国，但从兴都库什山到锡兰、从锡斯坦到伊洛瓦底江的整个地区统一在一个单一的政治体系下，却是一个新事物。"不过，另一方面，麦金德却又认为印度次大陆构成了一个"单一的自然区域"（single natural region）。他说："印度在整个历史上的明显的统一是地理上的统一。除去南美这个可能的例外，世界上没有别的地区拥有更多样的自然特征。然而，也没有别的地方，这些自然特征更加完好地结合为一个单一的自然区域。"① 显然，麦金德的这两种看法并不协调，但在笔者看来，正是这种矛盾的观点构成了正统印度史学的印度地理学的核心。这就是，一方面把印度描述为一个人文地理状况异常复杂的次大陆，另一方面又把印度描述为一个单一的文明区域。

就印度的异质性而言，麦金德首先认为在历史和文化上锡兰都不是印度的组成部分。他说："无论是现在，还是在过去，锡兰都不是印度的一个简单附属地。锡兰半数人口信奉佛教，而它的法典也以荷兰法律为基础：这些都显示了锡兰历史的独特性。"其次，麦金德认为"在人种、语言、宗教和社会习俗上，缅甸与中国而不是与印度更为接近。在这些方面，它可以看成是远东的第一块土地，而不是印度或中东的最后一块土地"。不过，他又认为"在地理上，缅甸通过孟加拉湾同印度世界联系在一起。因为它有一条可通航的大河流入印度洋，而不是像暹罗和安南等邻国的河流那样流入太平洋。在商业上，它同印度帝国的其他地区保持着日益密切的联系"。再次，麦金德还

---

① Halford Mackinder, "The Sub-continent of India", in E. J. Rapson ed.：*Ancient India*（The Cambridge History of India：Vol. 1），Cambridge：Cambridge University Press，1922，p. 1.

认为锡金人也不是所谓的"印度人"（Indians），而是属于蒙古人种的高地居民："他们和缅甸人一样信奉佛教，而不是像平原居民那样信奉印度教或伊斯兰教……一个有趣的事实是，这些山民应归入那个遍布广袤的中华帝国的种族。"同样，邻近的尼泊尔廓尔喀人"也属于蒙古人种，尽管他们信奉印度教"。复次，"尽管拥有丰富的资源，阿萨姆在其历史的大部分时期里却一直位于印度文明之外。甚至在今天，它依旧只有稀疏的人口，商业也相对不发展"①。更有甚者，麦金德还把孟加拉、旁遮普同所谓的"印度斯坦"（（Hindustan）区别开来：

> 在布拉马普特拉河绕过加罗山脚蜿蜒南下的地方，阿萨姆河谷就扩展成为孟加拉平原。跨过那个平原向西，在恒河也绕过拉吉马哈尔山折而向南的地方，孟加拉同印度斯坦大平原连在一起，后者沿喜马拉雅山麓向西和西北方延伸约 700 英里，达到恒河河系最西端的河流朱木拿河流出山谷的地方。印度斯坦最初在位于拉吉马哈尔群山和北部山脉之间的地方宽约 100 英里，在喜马拉雅山麓到中印度群山第一座山峰的地方逐步拓宽到 200 英里，然后又收窄到 100 英里，同位于德里山脊和喜马拉雅山之间的旁遮普平原相连。②

显然，"印度斯坦"的地理范围被界定为恒河流域。这个区域被视为真正的印度和印度次大陆上印欧语民族的心脏地带，亦即古代文献中所谓的"雅利安之地"（Aryavarta）。这个区域的人民操的是所谓的"印地语"（Hindi），一种"与古代梵语关系最直接的现代印度语

---

① Halford Mackinder, "The Sub-continent of India", in E. J. Rapson ed. : *Ancient India* (The Cambridge History of India: Vol. 1), Cambridge: Cambridge University Press, 1922, pp. 2, 5, 11, 12.

② Halford Mackinder, "The Sub-continent of India", in E. J. Rapson ed. : *Ancient India* (The Cambridge History of India: Vol. 1), Cambridge: Cambridge University Press, 1922, pp. 12 - 13.

言"。"它不仅是比哈尔和联合省的语言，也是德里和昌巴尔河和宋河流经的印度中部广大地区的语言。有着类似起源的其他语言则盛行于周围区域——东面的孟加拉语，恒河盆地以外西南地区的马拉提语和古吉拉特语，以及西北地区的旁遮普语。"其中，"马拉塔人是印度最南面的印欧语民族"①。而在这个区域之外，则是一个完全异质的语言文化区：

> 往南，在梵语地区之外，马德拉斯省和邻近地区的各种语言迥异于梵语。它们与印地语、孟加拉语、马拉提语、古吉拉特语和旁遮普语的差别，就如同突厥语和匈牙利语同西欧的各种印欧语言的差别。这些南印度的语言称为"达罗毗荼语"（Dravidian）。其中最重要的是有 2000 万语众的泰卢固语和有 1500 万语众的泰米尔语。②

这些事实彰显了印度在人文地理方面异乎寻常的异质性。如果我们把印度操印欧语的地区看作所谓的"印度文明"（Indian Civilization）地域的话，那么很显然，这个地域只是整个印度次大陆的一部分。然而，正像同时期《牛津印度史》的作者文森特·史密斯意识到的那样，在面对这种令人困惑的"多样性"时，如何能够撰写一部印度历史呢？"'印度'这个名称方便地代表了一个次大陆地区这一单纯的事实，并不有助于撰写统一的历史，就像'亚洲'这个名称的存在并不会使撰写那个大陆的历史可行一样。"③

在麦金德的印度历史地理学中，这个显而易见的问题是通过界定印度历史地理的另一个关键特征来解决的：印度在地理上的闭塞性和

---

① Halford Mackinder, "The Sub-continent of India", in E. J. Rapson ed. : *Ancient India* (The Cambridge History of India: Vol. 1), Cambridge: Cambridge University Press, 1922, pp. 14, 15, 18.

② Halford Mackinder, "The Sub-continent of India", in E. J. Rapson ed. : *Ancient India* (The Cambridge History of India: Vol. 1). Cambridge: Cambridge University Press, 1922, p. 15.

③ Vincent Smith, *The Oxford History of India: from the Earliest Times to the End of 1911*, Oxford: The Clarendon Press, Introduction, p. ix.

历史上的封闭性。对于前者，麦金德写道：

> 阿拉瓦利山脉的西侧是大印度沙漠，在靠近海洋的一侧与由海水淹没的、部分是潮汐性的沼泽地——卡奇沼泽（Rann of Cutch）连为一片……
>
> 拉吉普塔纳（Rājputāna）大沙漠的存在对印度的重要性，怎么说都不为过。在欧洲人绕过好望角以前，半岛东南面和西南面的海洋在大多数时候都能防止海上入侵。绵长的喜马拉雅山脉（后面是荒凉的西藏高原）也从北面提供了同样的屏障。只是在西北方向，印度才相对暴露在西亚和中亚好战民族的入侵威胁下。就是在那个方向，印度沙漠提供了一片干旱的空旷地带，从卡奇沼泽向东北方向绵延大约 400 英里，宽约 150 英里。这片沙漠后面是一个由阿拉瓦利山脉构成的小防护带。
>
> 只是在沙漠的东北端和西姆拉下面的喜马拉雅山脚之间存在着一条通往印度的易于通行的门户。没有河流流经这个门户。它位于印度河系和朱木拿河——恒河河系的分水岭上。德里就耸立在朱木拿河西岸和阿拉瓦利山脉的北端，从西北方向来的侵略者就是从那里穿过进入可通航的水道的。[①]

麦金德指出，正是凭借这些难以逾越的自然障碍，"拉吉普特人——这个词意为'王族后裔'——在很多世纪里成为防止经由那条径直通往德里的道路入侵印度的保护人"。这些把印度同外部世界分割开来的天然障碍成就了德里在印度历史上的特殊地位。麦金德认为，德里"确实可以称为整个印度的历史中枢；因为正如我们看到的，它控制着从旁遮普平原通往印度斯坦——朱木拿河和恒河平原的门户"。他接下去写道："从西北方发起的入侵印度的活动的命运就是在这里决定的。一些入侵活动要么没有抵达这个门户，要么未能穿

---

① Halford Mackinder, "The Sub-continent of India", in E. J. Rapson ed.: *Ancient India* (The Cambridge History of India: Vol. 1), Cambridge: Cambridge University Press, 1922, pp. 21 – 22.

越这个门户。公元前 6 世纪后半叶大流士的征服和公元前 327—325 年亚历山大大帝的征服，都没有越过旁遮普平原（进入印度斯坦）。因而，这两次征服行动在改变印度文明的性质方面所产生的直接影响，也就只能局限于这一地区。另一方面，成功越过这个门户从而得以在印度斯坦定居的入侵行动则决定了整个次大陆的历史。这些入侵行动分属于两个集团：雅利安人和穆斯林，他们分属于不同的宗教、语言和文明类型，两者在历史上有着长约两千年的时间间隔。"其中，后者从最初的征服地（712 年阿拉伯人征服信德）到突破德里门户进入"印度心脏地带"建立德里苏丹国（1193）差不多耗时 5 个世纪。"在这个漫长的时期，这一征服活动受到了拉吉普特王公们的阻击，而后者最终未能阻挡穆斯林的脚步是因为封建联合体的痼疾——内部纷争。"① 自然的闭塞和历史的封闭相辅相成。

大概正是基于印度历史地理的这个特征，麦金德认为"在整个大英帝国，只有一个陆上边疆必须时刻枕戈待旦。这就是印度的西北边疆"。他说："挨着这块边疆的省份和紧邻的阿富汗地区是全印度唯一能够在某些雄心勃勃的头领领导下聚集起足够力量推翻英国政权建立新帝国统治的地区。这是历史的经验……因而，印度军队和印度战略铁路就是专门针对这个地带组织起来的。它在印度沙漠之外沿东北—西南方向伸展，印度河贯穿其间。"②

为了进一步说明印度特别是西北边疆的历史地理特征，麦金德并未把目光局限在当时的印度帝国疆界内，而是把视野扩展到了邻近的西亚和中亚地区。他认为在历史上，好战民族从伊朗或"突厥斯坦"（Turkestan）的基地出发入侵西北印度"有且只有两条路线"。"一方面，喀布尔河源头北面的山脉十分狭窄。在那里，兴都库什山，一条

---

① Halford Mackinder, "The Sub-continent of India", in E. J. Rapson ed. : *Ancient India* (The Cambridge History of India: Vol. 1), Cambridge: Cambridge University Press, 1922, pp. 22 – 23.

② Halford Mackinder, "The Sub-continent of India", in E. J. Rapson ed. : *Ancient India* (The Cambridge History of India: Vol. 1), Cambridge: Cambridge University Press, 1922, pp. 25, 27. 有趣的是，现在建设中的中巴经济走廊也刚好纵贯这个被麦金德称为印度本部"前厅"的印度河盆地地区。

孤立而高耸的山脊，就是把乌浒河（Oxus）盆地和印度河盆地分割开来的唯一山岭。兴都库什山两侧仅高出海平面数百英尺的低地，相距很近。翻过这条高大而孤立的山脊，顺喀布尔河而下进入印度，有数条道路。最著名的是开伯尔路线，它得名于进入印度平原前的最后一道隘口。"另一条入侵路线则远在西面和西南面500英里远的地方。在那里，阿富汗山脉突然消失。在开阔的高原上，一条从赫拉特通往坎大哈、长约400英里的坦途就位于这些山脉的边缘。这条道路离锡斯坦不远。在坎大哈的东南，这条路线穿过一片山区，然后进入印度河低地。这就是现在所谓的'博兰路线'，取名于通往印度的最后一道峡谷；但是在古代，这条路线却更加靠南，经过穆拉山口（Mula Pass）。它通往印度大沙漠对面的平原。因而，开伯尔路线才是更经常使用的路线，因为它直接通往印度腹地的德里门户。"此外，麦金德告诉我们，这两条路线之间还存在一条横向联络线。这条联络线穿越喀布尔和坎大哈之间的一连串河谷，经过伽色尼（Ghazni）。沿着这条路线，亚历山大大帝的军队从坎大哈进至喀布尔，然后从那里出发远征大夏（Bactria）和印度；在1882年阿富汗战争中，罗伯茨将军也曾从喀布尔驰援坎大哈。①

除了上述两条主要路线，麦金德认为在历史上还有第三条联通印度和波斯的路线，即马克兰（Makran）路线（位于俾路支斯坦沿海的荒凉地区）。麦金德认为，中世纪的阿拉伯商人经常走这条路线；亚历山大大帝也曾在阿拉伯商人的引导下率领他的一支部队败经此地，结果是灾难性的。不过，除了这次败退和塞米勒米斯和赛勒斯的印度远征，这条路线在历史上似乎从来都不是重大的入侵印度的路线。② 这样，历史上的例外其实证明这条路线并不是一条沟通印度与外部世界的生命线，而是一条死路。

---

① Halford Mackinder, "The Sub-continent of India", in E. J. Rapson ed.：*Ancient India* (The Cambridge History of India：Vol. 1), Cambridge：Cambridge University Press, 1922, pp. 28, 29, 33.

② Halford Mackinder, "The Sub-continent of India", in E. J. Rapson ed.：*Ancient India* (The Cambridge History of India：Vol. 1), Cambridge：Cambridge University Press, 1922, p. 29.

　　有趣的是，麦金德并不认为兴都库什山脉和印度河构成了把印度同外部世界彻底分割开来的难以逾越的天堑。他说，绵长的兴都库什山好像是保护西北印度免受侵略的天然屏障。在历史上，它确曾数度形成印度帝国的理想的和实际的边界。在公元前 4 世纪末叶，它就是旃陀罗笈多的孔雀帝国和塞琉古帝国的分界线。然而，约在公元前 200 年左右，当孔雀帝国衰落而这条边界再也无法守护后，业已在公元前 3 世纪中期独立的大夏（巴克特利亚）希腊人就从那里出发对印度发动了另一波入侵。同样，印度河初看之下似乎形成了印度和伊朗之间的天然边界，但从历史上来看，更符合实际的情况是印度河流域经常是印度和伊朗纷争的根源。"印度"这个名称（意为"印度河地区"）最初就是作为一个波斯帝国行省的名字而为西方人所知。在公元前 5 世纪早期希罗多德生活的时代，这个名称还保持着最初的含义。只是在后来，希腊和罗马作家才用这个最著名行省的名字指称现在的整个印度。①

　　然而，尽管我们能够从麦金德对印度历史地理的上述叙述中清楚地看到印度与外部世界（特别是西亚和中亚）的历史交往和联系，但麦金德还是得出了如下结论："由于这些自然特征，印度是富饶的，但同时也和世界其他地区非常隔绝。"在他看来，正是印度地理的这个特征决定了印度历史的行程和轮廓："自希腊水手喜帕鲁斯（Hippalus）时代起，季风就推动着一些海上商船从亚丁出发穿梭在阿拉伯海上。穆罕默德教徒从海上劫掠信德。但信德位于拉吉普塔纳沙漠的外缘。马拉巴尔海岸长期以来就同近东有商业往来，从而也间接同基督教世界有商业往来。但是，西高止山耸立在马拉巴尔海岸后面。在南印度海岸存在着这种交往的两个新奇的遗迹：两个古代犹太人和基督徒的小共同体。不过，这些只是例外。直到现代依旧重要的印度通道是那个西北陆上门户。本书阐述的大部分历史都直接或间接同那个

---

　　① Halford Mackinder, "The Sub-continent of India", in E. J. Rapson ed.: *Ancient India* (The Cambridge History of India: Vol. 1), Cambridge: Cambridge University Press, 1922, p. 34.

重大的地理事实有着某些关联。"①

这样，尽管麦金德承认印度人文地理的异质性，但通过强调印度历史地理的闭塞和封闭（在历史上仅通过西北通道同外部世界相联），麦金德似乎能够成功地引导人们得出结论：印度可以看作一个独特的历史文明区域。实际上，从历史地理学的角度把印度归结为一个独立和孤立的文明正是正统印度史学的一个根本特征和基础。在同一时期出版的《牛津印度史》中，文森特·史密斯在同样强调了印度"无穷无尽的多样性"后，也着重强调"多样性的统一"。尽管史密斯很清楚印度历史上的"无数次的政治分裂"，但他还是认为印度在历史上拥有自己的政治统一："全印度的政治统一尽管从未完全实现，却一直是印度人民在很多世纪里的理想。'转轮王'这样的普世主权观念遍布梵文文献，也在为数众多的铭文中得到体现。《摩诃婆罗多》讲述的俱卢之战各民族的故事暗示了这样一种信仰：所有印度民族，包括最南端的那些民族，都凭借真实的纽带联系在一起，关心整体的共同利益。"为了更清楚地表明这一点，史密斯接下去引用了1845 年约瑟夫·康宁安在描述锡克人对英国侵略的恐惧时所说的一段话："而且，印度斯坦，从喀布尔到阿萨姆河谷，到锡兰岛，被看作一个国家，对它的统治在人民心中是同某个君主或种族的支配地位联系在一起的。"不过，在史密斯看来，"印度最深刻的统一性有赖于这一事实：印度的各个民族发展起来了一种完全不同于世界上任何其他类型的特殊文化或文明。这种文明可以用'印度教'这个名称来概括。印度根本上是一个印度教国家，是婆罗门的土地"②。

至此，我们看到了我们熟知的"印度文明"概念，这就是，印度在地理上是一个单一的自然区域，在历史上是一个独特的东方文明。这是正统印度史学赋予我们的一个根深蒂固的"常识"。那么，在正统印度史学中，这种印度文明观是如何发展起来的呢？

---

① Halford Mackinder, "The Sub-continent of India", in E. J. Rapson ed.：*Ancient India*（The Cambridge History of India：Vol. 1），Cambridge：Cambridge University Press, 1922, pp. 35 – 36.

② Vincent Smith, *The Oxford History of India*, pp. viii – x.

## 二　东方专制主义观念和正统印度历史地理学：对印度文明的建构

在正统印度史学中，对印度历史地理的诠释是同东方专制主义观念密切结合在一起的。在《牛津印度史》中，史密斯在论述"某些对历史有着直接影响的地理事实"的同时，非常明确地认为印度自古就是一个专制主义国家："在印度历史上，缺少与政治制度缓慢进化有关的兴趣……独裁政制确实是印度史学家关心的唯一政府形式。专制主义不允许任何发展。个别君主在能力和品格方面千差万别，但专制主义政府的本质在所有时代和所有地方都几乎一成不变，而不管统治者是一位圣人，还是一位暴君。"①

实际上，还远在正统印度史学正式形成以前（如果我们把《牛津印度史》和《剑桥印度史》的出版看作正统印度史学形成标志的话），西方人对印度地理的诠释就是同他们的东方专制主义观念结合在一起的：前者为后者提供了自然科学的基石，后者则为前者提供了社会学科的解读。在这方面，孟德斯鸠（1689—1755），这位伟大的18世纪法国启蒙思想家和东方学家，在他的不朽之作《论法的精神》一书中提供了一个卓越的范例。

如同坚定地认为"中国是一个专制的国家，它的原则是恐怖"一样，孟德斯鸠也明确地指出印度盛行专制主义："无数的岛屿和地理形势把它分裂成为无数小国；许多原因使这些小国成为专制国家。"当然，孟德斯鸠并不认为专制主义是中国和印度的独具特征，而是亚洲国家和文明的普遍特征。他把亚洲看成是"在世界上专制主义可说已经生了根的那块地方，"②印度和中国不过是亚细亚/东方专制主义的特例而已。

为什么包括印度在内的亚洲（而不是欧洲）盛行专制主义呢？

---

① Vincent Smith, *The Oxford History of India*, pp. xi – xii.
② ［法］孟德斯鸠：《论法的精神》，张雁深译，商务印书馆1997年版，第63、129、266页。

孟德斯鸠把亚洲的专制主义看作这一地区的地理环境特别是气候的决定性影响的产物。他认为，"政治奴役和气候性质的关系并不少于民事的和家庭的奴役和气候性质的关系。"孟德斯鸠着重强调了寒冷的气候和炎热的气候对人们的体质和性格形成的不同影响。他说："寒冷的空气把我们身体外部纤维的末端紧缩起来；这会增加纤维末端的弹力，并有利于血液从这些末端回归心脏。寒冷的空气还会减少这些纤维的长度，因而更增加它们的力量。反之，炎热的空气使纤维的末端松弛，使它们伸长，因此减少了它们的力量和弹力。"因而，"人们在寒冷气候下，便有较充沛的精力。心脏的动作和纤维末端的反应都较强，分泌比较均衡，血液更有力地走向心房；在交互的影响下，心脏有了更大的力量。心脏力量的加强自然会产生许多效果，例如，有较强的自信，也就是说，有较大的勇气；对自己的优越性有较多的认识，也就是说，有较少复仇的愿望；对自己的安全较有信任，也就是说，较为直爽，较少猜疑、策略与诡计。结果，当然产生很不同的性格。如果把一个人放在闷热的地方，由于上述的原因，他便感到心神非常萎靡。在这种情况下，如果向他提议做一件勇敢的事情，我想他是很难赞同的。他的软弱将要把失望放进他的心灵中去；他什么都要害怕，因为他觉得自己什么都不成。炎热国家的人民，就像老头子一样怯懦；寒冷国家的人民，则像青年人一样勇敢。"①

　　结果，在孟德斯鸠看来，寒冷和炎热对人的体质和性格的不同影响也就造成了生活在不同气候条件下的人民具有不同的民族性格，从而形成不同的种族，"印度人天生就没有勇气，甚至出生在印度的欧洲人的儿童也丧失了欧洲气候下所有的勇敢"，"大自然赋予这些人民一种软弱的性格，所以他们怯惫；同时，又赋予他们很活泼的一种想象力，所以一切东西都很强烈地触动他们。这种器官的柔弱，使他们害怕死亡，也使他们感到还有无数的东西比死亡还可怖。这种敏感性使他们逃避一切危险，又使他们奔赴一切危险。"与之形成对照的，

---

　　① ［法］孟德斯鸠：《论法的精神》，第273、227、228页。

则是生活在北欧寒冷气候条件下的日耳曼人："在罗马人的时代，北欧人民的生活没有艺术，没有教育，而且几乎没有法律；但是仅仅由于在那种气候下的粗糙纤维所具有的理智，他们便能以惊人的智慧抵抗罗马的权力而存在下去，一直到了一个时候，他们才走出他们的森林，摧毁了罗马的权力。"①

由此，孟德斯鸠得出的结论是：具有不同民族性格的种族会创造和拥有不同性质的文明："器官的纤弱使东方的人民从外界接受最为强烈的印象。身体的懒惰自然地产生精神上的懒惰。身体的懒惰使精神不能有任何行动，任何努力，任何斗争。如果在器官的纤弱上面再加上精神的懒惰，你便容易知道，这个心灵一旦接受了某种印象，就不再能加以改变了。所以，东方今天的法律、风俗、习惯，甚至那些看来无关紧要的习惯，如衣服的样式，和一千年前的相同。"因而，"印度人相信，静止和虚无是万物的基础，是万物的终结。所以他们认为完全的无为就是最完善的境界，也就是他们的欲望的目的。他们给最高的存在物一个称号，叫做'不动的'……这些国家过度的炎热使人萎靡疲惫；静止是那样地愉快，运动是那样地痛苦，所以这种形而上学的体系似乎是自然的。印度的立法者佛顺从自己的感觉，使人类处于极端被动的状态中。但是佛的教义是由气候上的懒惰产生的，却反而助长了懒惰；这就产生了无数的弊害。"印度的僧侣制度被归结到相同的根源："这种制度起源于东方炎热的国家；在这些国家里，沉思默想的倾向多，而行动的倾向少"；"在亚洲，似乎是气候越热，僧侣的数目便越多。印度气候酷热，所以充满了僧侣"②。

在孟德斯鸠看来，所有这一切最终导致了亚洲（特别是印度）专制主义政体的产生："气候炎热的地方，通常为专制主义所笼罩"。"一种奴隶的思想统治着亚洲；而且从来没有离开过亚洲。在那个地方的一切历史里，是连一段表现自由精神的记录都不可能找到的。那里，除了极端的奴役而外，我们将永远看不见任何其他东西。"对于

---

① ［法］孟德斯鸠：《论法的精神》，第230、231页。
② ［法］孟德斯鸠：《论法的精神》，第231—233页。

这种东方专制主义政体，孟德斯鸠还找到了"另一个自然原因"："在亚洲，人们时常看到一些大帝国；这种帝国在欧洲是绝对不能存在的。这是因为我们所知道的亚洲有较大的平原；海洋［甲乙本作'山岭和海洋'——笔者按］划分出来的区域广阔得多；而且它的位置偏南，水泉比较容易涸竭；山岭积雪较少；河流不那么宽，给人的障碍较少。"结果，"在亚洲，权力就不能不老是专制的了。因为如果奴役的统治不是极端严酷的话，便要迅速形成一种割据的局面，这和地理的性质是不能相容的。"①

至此，我们看到，孟德斯鸠的东方专制主义理论是如何同他对印度地理特别是气候的解读密切结合在一起的。事实上，通过这样一种方式，孟德斯鸠把他的东方专制主义理论表达成下面这个三位一体的公式：地理（气候和地形）——种族（民族体质和性格）——文明（宗教和专制政体）。而这个三位一体的公式表达出来的恰恰就是我们熟知的正统印度史学的实体性"印度文明"的观念。这种观念把东方文明的专制主义理论同对东方世界的地理状况的解读融为一体。这一点在黑格尔的《历史哲学》中得到了更加鲜明的体现。

和孟德斯鸠一样，黑格尔在《历史哲学》中把"印度教国家的政体"（the polity of the Hindoo State）诠释为专制主义政体。不仅如此，在黑格尔看来，印度的专制政体代表了亚洲最极端、因而也是最坏的专制政体：

　　当我们在中国发现道德的专制主义时，在印度可以称为政治生活的遗风的，是一种没有原则、没有任何道德和宗教戒律的专制主义：因为道德和宗教（就后者与人类行为相关而言）把意志自由作为它们不可或缺的条件和基础。因而，在印度，最专横、邪恶和堕落的专制主义大行其道。中国、波斯、土耳其——事实上，整个亚洲，是专制主义及其坏的意义上的暴政的舞台；但它被看作正当秩序的对立面，受到宗教和个人道德意识的摒弃。在

① ［法］孟德斯鸠：《论法的精神》，第64、278、279页。

那些国家里，暴政激起人们的反抗，他们将其视为压迫，憎恨它，在其下痛苦呻吟。对他们来说，暴政是偶然的变态之物，而不是一种必然：它不应该存在。但在印度，它是正常的：因为在这里没有可以与专制主义状态相比较、可以激起心灵反抗的个人独立感；若非肉体的痛苦和被剥夺了绝对必需品和快乐而感到的痛楚，甚至连对暴政的抗议都不会出现。①

值得注意的是，黑格尔对印度专制政体的见解是作为他的更加广泛的东方专制主义理论的一个组成部分提出的。在黑格尔看来，亚洲是"世界历史"开始的地方，是真正的世界历史舞台的绝对的"东方"："亚洲的特色就在于它是地球的东方（the *Orient* quarter）——发源地。相对于美洲，它的确是一个西方世界；但由于欧洲总体上是旧世界的中心和终端，是绝对的西方（the *West*），因而亚洲就是绝对的东方（the *East*）。""世界历史的行程是从东方到西方，因为欧洲绝对是历史的终结，亚洲是历史的开端……这里升起了外部自然界的太阳，它在西方落下：这里也升起了自我意识的太阳，它散发着更加高贵的光芒。世界历史就是要驯服无拘无束的天生意志，让它服从普遍的原则，赋予它主观的自由。东方过去知道、现在依旧只知道一个人是自由的；希腊和罗马世界知道一些人是自由的；日耳曼世界知道所有人都是自由的。因而，我们在历史上看到的第一种政治形式是专制主义（*Despotism*），第二种是民主制和贵族制，第三种是君主制。"②这样，黑格尔把专制主义看成了他所谓的世界历史的最初区域——亚洲的普遍的政体形式。这可能是我们所熟知的东方专制主义理论的最经典的版本。因为在这里，专制主义被赋予鲜明的东方性，成为东方文明和历史的标志。

可以说，正是在这种古典的东方专制主义理论的指引下，黑格尔考察了亚洲历史的"地理基础"。在这方面，黑格尔认为亚洲也显示

---

① G. W. F. Hegel, *The Philosophy of History*, Kitchener: Batoche Books, translated by J. Sibree, 2001, pp. 179 - 180.

② G. W. H. Hegel, *The Philosophy of History*, pp. 117, 121.

出与欧洲的巨大不同。在他看来，亚洲包括了所有三种基本的地理要素：（1）干旱的高地，包括其广阔的草原和平原；（2）河谷平原——大河流经的平缓地带；（3）同海洋直接相连的沿海地区。"第一种要素是实体的、不变的和冷峻的高地，深深地封闭在自身中，但也可能奋而冲击世界其他部分；第二种要素形成了诸文明中心，是［人类］尚未成熟的独立性；第三种提供了把世界联系在一起和保持这种联系的手段。"但是，亚洲的决定性特征在于它的河流区域同高地之间的"对峙"。与之形成对照的是，虽然欧洲也具有上述三种地理要素，但是，"我们在欧洲看不到那种直接与平原对峙的高地"，"我们（欧洲的地理构造）有着比较温和的平缓状态"①。虽然亚洲也包含了第三种地理要素——沿海区域，但这个要素没有影响到那里的文明。因而，在黑格尔看来，尽管巨大的河谷平原把中国和印度这样的亚洲国家变成了历史上的农业文明中心，但这些文明中心由于缺少同海洋的联系而产生了浓厚的内向性：

> 对于亚洲，上面关于地理差异的评论显得特别真实；也就是，牧牛是高地的营生——农业和工业是河谷平原的生计——而商业和航海形成了最后第三种区域的营生。父系家庭的独立性是紧紧地同第一种社会状况捆绑在一起的；财产和主奴关系同第二种社会状况相联，而公民自由同第三种社会状况连在一起。在高地（那里各种各样的牛、马、骆驼和羊的饲养值得关注——阉牛则不那么引人注目），我们也必须区分出游牧部落的惯常生活和他们在征服中表现出来的狂野躁动的性格。这些人还没有进展到真正历史的形态，而是受制于一种强有力的冲动。这种冲动促使他们改变了自己的民族面貌。尽管他们还没有获得历史性，但历史的开端可以追溯到他们。然而，必须承认的是，平原上的人民更让人感兴趣。事实上，农业本身就意味着游荡生活的停止。它要求深谋远虑和关心未

---

① G. W. H. Hegel, *The Philosophy of History*, pp. 105 – 109, 120.

243

来：对普遍理念的反思就这样觉醒了；因而这里就有了财产和实业的原理。中国、印度和巴比伦尼亚已经进展到这种农耕地位。但是，由于占有这些土地的各民族自我封闭，没有利用海洋提供的文明要素（无论如何，至多只是在他们的文明的初期利用过），也由于他们的海上航行——无论在大多程度上可能发生过——一直未能对他们的文化产生影响，他们和其他历史地区的关系仅仅表现为他们是被别人发现的，他们的性格是由别人研究的。高地周围的群山、高地自身以及河流平原，在自然和精神上都成为亚洲的标志：不过，它们自身还不是具体的、真正的历史的要素。这两个极端之间的对立只是被认识到了，但还没有得到调和；对山区和高地种族的游荡不安的流浪状况来说，定居于肥沃的平原只是一个恒常的努力目标。这些自然领域的独特的地理特征呈现出一种根本的历史关系。①

印度当然不会例外。黑格尔说："和中国一样，印度是一个既现代又古老的现象，一种静止不变的现象，经历了最十足的内生发展。它一直以来都是令人心驰神往的地方，对我们来说也依旧是一方仙境，一个妖娆的世界。"② 有趣的是，黑格尔虽然一方面认为西方的文化和民族可能在历史上发源于印度，但另一方面又断然否认西方文化和印度文化之间存在着内在关联：

就对外关系而言，印度同世界历史保持着多种联系。最近，人们发现梵语构成了所有那些在后来形成了欧洲各种语言（如希腊语、拉丁语和德语）的进一步发展的基础。此外，印度还是整个西方世界外来移民的中心；但这种外部的历史关系只能看成是各个民族从这个地点出发的地理上的散布。尽管进一步发展的要素或许可以在印度找到，尽管我们可能发现它们传播到西方的痕

① G. W. H. Hegel, *The Philosophy of History*, pp. 119 – 120.
② G. W. H. Hegel, *The Philosophy of History*, p. 156.

迹，然而这种传播却是那么抽象［那么肤浅］，以至于那些在后来的民族中引起我们兴趣的东西没有任何源于印度的东西，而是某些具体的东西，是他们自己形成的事物。为此，他们曾极力忘却印度文化的要素。印度文化的传布发生在史前，因为历史仅限于精神发展的某个重要时期。整个来说，印度文化的散布只是一种悄无声息的扩张；就是，它没有激起政治的行动。印度人民不曾成功地征服过别人，他们自身倒是总被别人征服。①

当黑格尔把印度文化和欧洲的西方文化对立起来的时候，他也就同时把印度文化建构为西方文化的异域文化，把印度文明建构为西方文明的异域文明。如同我们在孟德斯鸠那里看到的，黑格尔对印度地理的解读也密切地联系于他的更加系统的东方专制主义理论。在东方专制主义理论的指引下，印度在地理上表现为一个独立的、内向的、自成一体的和停滞不前的东方文明世界。无论是在孟德斯鸠那里，还是在黑格尔那里，对印度地理和历史性格的解读都是作为他们所想象的那个作为"他者"的异域文明的两个基本面向来进行的。这两个基本面向共同塑造了西方世界的人们对印度文明乃至一般文明的想象和理解。实际上，这也影响甚至决定了我们中国人对文明的理解方式。现在，我们能够想象一个没有自己独特地域的文明吗？我们能够想象一个文明可以没有自己独特的历史性格吗？在我们对文明的一般想象中，地理和历史已经密不可分地结合在一起，相辅相成。毫不奇怪，当《剑桥印度史》力图把印度的地理世界描述为一个封闭的自然区域时，他也就同时力图遵循启蒙运动以来的西方知识传统，把印度传统社会的历史描述为一个以农民为基础的东方专制国家的历史。② 它们原本就只是西方世界在近代形成的印度文明观念的孪生子。

---

① G. W. H. Hegel, *The Philosophy of History*, p. 159.
② 关于这一点，笔者在《从农民学到断裂国家理论——〈新剑桥印度史〉的传统农业社会理论评析》（《世界历史》2014 年第 6 期）一文中已有详细说明，兹不赘述。见附录（一）

## 三 新印度史学的历史地理学转向：
## 对印度文明的解构

与正统印度史学把印度建构为一个单一的自然区域和统一而封闭的文明区域不同，新印度史学则把印度建构为一个开放和多元的地理和历史空间。大卫·勒登在《南亚农业史》（《新剑桥印度史》第 4 部分第 4 卷）中诠释印度农业地域（agrarian territory）的流动性、渗透性和可塑性时，就重新界定了印度的地域特性。他说：

> 尽管存在着传统的印度文明意象，影响农业南亚（agrarian South Asia）的机动范围（extent of mobility）却从未局限于次大陆。自史前至现代，纵横交错的车轨、网络、环路、地带和机动区域把亚欧大陆的西部、东部和南部地区联结在一起。南亚所有农业地域由于它们在由陆海界定的机动地带内所处的（不同）位置而各具特色。①

在勒登看来，印度并不是一个单一的自然区域，而是分属于两个不同的机动地带（zones of mobility）。其中一个机动地带是从陆上把南亚界定在"内陆南部亚洲"（inland southern Asia）。这个地带包括了两大走廊：一个把东端的恒河—布拉马普特拉河三角洲和西端的伊朗和巴勒斯坦联结起来，另一个则呈南北走向，从中亚通往印度中部和印度半岛南部。这两个走廊交汇于两大战略区域：喀布尔、赫拉特和马什哈德，坐落在联结南亚、中亚和西亚的通道上；德里、阿杰米尔和博帕尔，位于那些把喀布尔、孟买、古吉拉特和德干、半岛南部联结起来的纵横交织的通道上。尽管喜马拉雅山和温迪亚山这样的山脉经常被看作机动的天然障碍，但与其说它们阻碍了，不如说它们方

---

① David Ludden, *An Agrarian History of South Asia* (The New Cambridge History of India：Ⅳ·4), Cambridge：Cambridge University Press, 1999, p. 43.

便了影响着农业史的诸要素的流动。在恒河平原上穿越尼泊尔的旅行在重要性上一直逊于穿越克什米尔的路线，从阿萨姆进入中国的陆上跋涉也依旧罕见。但是，在西方和西北方，分布在兴都库什山、伊朗、中亚和中国的机动障碍却多是军事设施，如孔雀帝国为了抵御印度希腊人、突厥人和阿富汗人为了抵御蒙古人以及英国人为了防范俄罗斯人而修建的要塞。在东面，茂密的热带丛林限制了跨越高山的旅行，但在西面，却是军事防线更加显著地影响了南部亚洲内陆走廊的运输成本。①

另一个机动地带是由海洋界定的南亚。南亚的海上历史地理是沿着海岸线从东非和红海跨过东南亚，进入中国。每隔数世纪，技术变革就会降低海上运输成本，公元 2 千纪后半叶发生的这类变革最为剧烈。直到铁路出现以前，水上长途大宗运输一直更为廉价、安全和迅捷。自罗马时代起，水路就把南亚同地中海和华南地区联结在一起。在德里苏丹时代，海上路线贯通欧亚大陆；到阿克巴时，海路又跨越大西洋和太平洋，把世界沿海地区都联结起来。海岸线事实上沿着三角洲的水道向北延伸进孟加拉，经达卡，然后向西顺恒河而上，远达帕特纳。恒河也形成了一条通往阿格拉的干道，莫卧儿帝国的赋税就是沿这条水道运送的。沿着海岸，船舶顺风而行，几乎可以通达任何地方。水路形成了开放的互动地带。当然，一些内陆地区要比另一些内陆地区与海上路线联系得更好。从印度河口到孔坎海岸，从卡尼亚库马里（Kanya Kumari）到吉大港，这里的内陆地区都与海洋联通。但另一方面，阿富汗、克什米尔和尼泊尔与印度洋隔绝，而奥里萨和喀拉拉沿海地区同内陆走廊相对隔离。②

这样，通过对印度（南亚）所属的两大机动地带——我们或许可以将其概括为"陆上印度"和"海上印度"，前者的范围相当于"南部内陆亚洲"，后者的范围相当于我们现在所说的"海上丝绸之路"沿岸地区——的界定，勒登解构了正统印度史学中印度的一个基本地

---

① David Ludden, *An Agrarian History of South Asia*, pp. 43 – 44.

② David Ludden, *An Agrarian History of South Asia*, p. 44.

理特征：单一的自然区域。在这里，它裂变成了两个不同的印度：陆上印度和海上印度。它们分别属于两个范围远远超出了南亚次大陆的地理空间（即勒登所谓的"机动地带"）。而农业"流动要素"（moving elements）的跨区域流通则分别把这两个不同的地理空间各自连为一体。① 在这种开放的地理空间的视野下，印度也不再可能像在正统印度史学中那样被界定为一个独立而封闭的文明地域，而只能理解为一个更加辽阔的跨区域地理空间的组成部分。在勒登看来，自古以来在南亚存在的就是这样一个开放的世界性地理空间，而不是《剑桥印度史》中所谓的那个地理范围局限在当时"印度帝国"边境内的印度文明。

　　这些联系在一起的大范围机动地带——而不是任何固定不变的印度文明（Indic civilization）地域板块——界定了一个持续塑造着南亚农业制度（agrarian institutions）的世界。哈拉帕和摩亨佐达罗位于一个沿陆上和海上路线从地中海延伸到印度河的城市区域的东端。在孔雀帝国之前的一千年里，考古和语言学资料描述了一个从地中海延伸到恒河盆地东部的辽阔的定居和文化运动带，而灰绘陶器、黑亮陶器、石棺、水壶和石塚的分布也表明印度河——恒河平原和半岛南部地区存在着新物质文化区。在孔雀帝国时期，文学、考古、游记和其他方面的资料勾画了从伊朗到孟加拉、从乌浒河到讷尔默达河的机动网络和中心；而且在这个内陆地带，一条政治边界就划在印度河西面，把孔雀王朝的疆域同阿黑门尼德王朝和印度希腊人王朝的疆域分割开来。这条边界——在西北地区以塔克西拉和犍陀罗（帕尼尼就出生在这里）为中枢——成为亚欧大陆南缘东西部分的分界线，但跨越这条边界的机动使它在政治上变得十分重要，帕尼尼的《八章书》（*Astadhyayi*）表明在孔雀帝国时期，穿过亚欧大陆南缘的内陆路

---

① 在勒登看来，农业中的运动要素至少包括水、知识、流动的劳动力、价格以及"神话和圣地"。参看 David Ludden, *An Agrarian History of South Asia*, pp. 36–40.

线的商业联系有了增长。自孔雀帝国时代以来，跨越这条政治界线的机动一直在不间断地塑造着两边的农业历史。①

不仅如此，勒登还认为公元一千纪初以来南亚农业国家（agrarian state）和农业地域的发展——这种发展倾向于建立农业边界和封闭的农业区域（agrarian region）——并未造成上述地理空间网络的断裂和瓦解。他说："在一千纪后半叶，许多王朝利用笈多王朝创造的权力技术在农业低地地区建立了边界。不过，横跨亚欧大陆的内陆机动走廊在孔雀王朝和贵霜帝国时期，在笈多和匈奴时代，依旧清晰可见，它们在10和11世纪再次出现在反映了加兹尼王朝、印度教沙希王朝、昌德拉王朝、晚期卡拉库里王朝、帕拉马拉王朝和古尔王朝相互冲突的野心的证据中。控制内陆通道的地区间政治竞争使得喀布尔和德里成为战略要地。自此以后，军事竞争就在这些地方周围开展起来。"②

事实上，在勒登看来，所谓"中世纪晚期"（公元10—15世纪）印度农业地域和国家的发展还是通过和利用这种横跨整个亚欧大陆的地理空间网络实现的，是这种世界性地理空间整体演进的产物，而不是正统印度史学想象的那个封闭的印度文明自身发展的结果。他说："在公元1300年以前的数世纪里，农业地域从西欧到中国的整个欧亚大陆上都在扩张。贸易网络通过陆上的丝绸之路和海上的印度洋航路把从英格兰到上海的各个地域都联结起来。那些遍布南亚的强大、紧密和广袤的区域国家创造和利用了在内陆走廊和印度洋上流动的资产……亚洲南部所有竞争的国家都在1100年以后的机动扩展中扩大了规模，增强了力量。旧的农业地域在中世纪晚期统治者施加的新军事和组织权力的压迫下继续成长。古尔王朝（12世纪）、马穆鲁克王朝（13世纪）、卡尔吉和图格鲁克王朝（14世纪）纵横驰骋于一个广大的政治区域。这个区域是由从前的古尔加拉—普拉提哈拉王朝创建的，向南伸展，越过马尔瓦，进入半岛地区；1300年以后，沿着

---

① David Ludden, *An Agrarian History of South Asia*, pp. 44 – 45.

② David Ludden, *An Agrarian History of South Asia*, pp. 45 – 46.

内陆走廊的南北机动对所有讷尔默达河以南的国家都变得更加重要。朱罗王朝和遮娄其王朝划定的旧区域边界在 15 世纪由更加强大的维查耶纳伽尔、比加普尔和巴赫玛尼诸国再次划定。当拉贾斯坦、孟加拉、旁遮普、马尔瓦、奥里萨和恒河平原并入中世纪晚期国家的时候，农业扩张地域（territories of agricultural expansion）继续在这些地区发展。巴布尔生活在这种国家权力的世界中。建立莫卧儿帝国的各种力量在整个亚欧大陆南部地带纵横驰骋。"[1] 简言之，中世纪晚期以来直至莫卧儿帝国时代的印度"国家"都是在一个区域范围大大超出了南亚的地理空间内发展的。因而，这些国家的历史至多只能部分地看成是正统印度史学所谓的印度文明的历史。

实际上，勒登认为到现代早期（莫卧儿时代），包括印度在内的整个欧亚南部地带形成了一个统一的世界。他说："南部亚洲内陆地带在 16 和 17 世纪由莫卧儿帝国、萨法维帝国和奥斯曼帝国史无前例地统一起来，极大加强了东西交流。莫卧儿、奥斯曼和萨法维帝国的财富依赖于通过陆地和海洋把它们彼此联系起来的贸易网络。布尔萨的记录表明其 16 世纪来自东方的进口物品大多来自印度，其中包括香料，但更重要的是纺织品。横穿亚欧大陆南部地带，制成品和香料的净流动是自东而西，而贵金属的净流动方向相反，从而形成了一种交互运动，把伦敦、伊斯坦布尔、布尔萨、开罗、大马士革、巴格达、伊斯法罕、木尔坦、达卡、苏拉特、海德拉巴和马杜赖以及印度洋和南中国海上的各港口联结起来。"[2] 是这个更大的世界而不是正统印度史学所谓的印度文明地域构成了真正的印度"历史空间"（historical space）。[3] 由此，勒登对印度的历史地理得出了如下结论：

---

[1] David Ludden, *An Agrarian History of South Asia*, pp. 46 – 47.

[2] David Ludden, *An Agrarian History of South Asia*, pp. 47 – 48.

[3] 这意味着所谓的"印度文明"并未像正统印度史学想象的那样构成了一个单一的历史空间。从内部说，它分化为 6 种不同的"环境"和 40 个"地理单位"，"所有这些单位都有着古老的农业活动踪迹"；从外部说，"印度事实上是一个畜牧业（pastoralism）在其中占据十分显著的地位、从蒙古横穿中亚、叙利亚和埃及一直延伸到马格里布（Maghreb）和萨赫勒（Sahel）地区的广大的历史空间的组成部分"。（David Ludden, *An Agrarian History of South Asia*, pp. 48, 66.）

因而，研究农业南亚最适当的（方法）是将其置于一种不是由一个封闭的文明地域而是由一些广阔、变动和开放的机动通道形成的历史地理的背景下。这些通道在陆上伸展到叙利亚和中国，在海上伸展到欧洲和南北美洲。把农业南亚想象成其边界在孔雀帝国、笈多帝国和中世纪时期确定下来，然后受到入侵的穆斯林和欧洲人的侵犯，则是十分不恰当的。到 1750 年，来自欧亚大陆西部各地的人们已经参与（印度）沿海文化长达一千多年。从文化上说，南亚沿海地区，特别是其城市中心，与印度洋周围其他沿海地区更为相像，而不是与莫卧儿心脏地带更为相像，后者受到跨越伊朗和乌兹别克斯坦的内陆流动的显著影响。自公元初起，南亚的农业精英们就一直在通过海路和陆路纵横交织于亚欧大陆南缘地带的机动走廊内行使权力，获取财富。农业历史需要根据那种情形来理解。①

需要指出的是，对印度历史地理的新建构并不是大卫·勒登的《南亚农业史》独具的特征。在其他倾向于新印度史学的历史学家所撰写的印度史著作中，我们一样能够发现对印度历史地理的类似解读。例如，虽然伯顿·斯坦编撰的《印度史》（1998）在总体框架上明显不同于《新剑桥印度史》，但它对印度"自然环境"的诠释与勒登的上述诠释如出一辙。② 和勒登一样，斯坦也认为"从他们最早的历史时代起，印度人就远非在隔绝状态下发展，而是构成了他们的共同体、文化和国家得以在其中部分成形的那个更大世界的一部分"③。在斯坦看来，这个事实将改变我们对"印度"的传统观念：

　　作为一片陆地，印度次大陆在人类历史的进程中并没有发生改变，但是作为一种观念，我们所谓的"印度"并不总是现代地

---

① David Ludden, *An Agrarian History of South Asia*, pp. 48.
② 参看 Burton Stein, *A History of India*, Malden：Blackwell Publishing, 1998, pp. 6 – 13.
③ Burton Stein, *A History of India*, p. 17.

图上的那个印度。将印度河——恒河河系流经的那片陆地分割开来
的山脉从未阻止人民及其产品——物质的和精神的——的通行；
早自有日期可考的文献出现以前的时代，我们就继承了大量口头
流传下来的文学和考古证据，它们表明印度河区域的人民同中亚
和西亚的人民保持着连续不断的联系……这样，一种对早期"印
度"的精确描述就似乎可以适当地延伸到中亚和伊朗——尽管这
将冲淡生活在印度河地区的人民同印度半岛人民之间的联系。此
外，印度向西北方向的扩展以及反映这一点的心理地图（mental
map）一直持续到中世纪时代。印度和西面的伊朗世界一起面对
和应对蒙古人和阿富汗人的共同威胁，后两者对印度人和伊朗人
都产生了重大影响。①

　　不仅在西北方向"印度"的概念需要扩展，在斯坦看来，在东南
面的半岛地区，"印度"的概念也一样需要向外延伸：

　　　　如果印度的想象图可以加以修正从而把西亚和伊朗容纳进
来，那么，也可以在东南方向对大家熟悉的印度次大陆倒三角形
地区做类似的修订。同东南亚的历史联系可以追溯到孔雀帝国的
阿育王时代。在那个时候，佛教传教士被派往斯里兰卡和更远的
地方。到公元初，我们对印度的心理地图必须包括南面的很多地
方，包括大陆和东南诸岛上的各个王国。东南诸岛王国既是印度
文化要素传播的受益者，也是同南部半岛上的帕拉瓦王国和朱罗
王国繁荣贸易的受惠者。由此，帕拉瓦的都城坎奇普拉姆（Kan-
chipuram）和朱罗王国在坦贾武尔（Tanjavur）或恒伽孔达卓拉
普拉姆（Gangaikongdacholapuram）的都城大概也都能被视为各自
时代的一个范围远远超过次大陆海岸的扩大的印度政治体的中
心。后来，正是从这些海岸和穿过半岛的马拉巴尔海岸出发，伊
斯兰教传播到了马来半岛和印度尼西亚群岛。所有这些都表明这

---

① Burton Stein, *A History of India*, p. 6.

些联系与传统上认为的次大陆内部的地区间联系同样稠密、重要和持久，因而我们的历史想象必须调整心中的地图，以反映这些互动。①

如同勒登的海上印度概念，我们在这里也看到了斯坦的扩大的东南印度概念。和勒登对印度历史地理的重构类似，斯坦对印度的"心理地图"也把印度区分成不同的部分，这些不同的部分不是相互结合成一个"单一的"自然区域，而是各自和相联的外部世界结成不同的历史地理空间。正统印度史学的地理基础就这样被解构了：印度并不是正统印度史学家所想象的那种独立、统一和封闭的历史区域。

显然，新印度史学对印度历史地理的新解读是不能与正统印度史学的东方专制主义历史观兼容的，因为后者作为"印度文明"的决定性要素和特征是以正统印度史学关于印度是一个独立、统一和封闭的自然区域的概念为前提的。结果，无论是斯坦的《印度史》，还是勒登的《南亚农业史》都放弃了正统印度史学的东方专制主义国家概念，转而采用了由英国人类学家艾登·索撒尔在《阿鲁尔人社会》中提出的"断裂国家"（segmentary state）模式和美国人类学家克利福德·格尔茨在《尼加拉：19世纪巴厘岛的剧场国家》中提出的"剧场国家"模式。这种理论模式绝妙地适应了新印度史学对印度历史地理的新诠释。它打破了正统印度史学的东方专制主义国家概念所设想的印度文明的"地域国家"（territorial state）图景，把印度现代时期以前的社会形态诠释为一个并不存在任何一种真正意义上的国家而是由各种"交往网络"构成的"农业空间"②。

东方专制主义历史观本身则被倾向于新印度史学的历史学家们诠释为现代英国殖民统治者的臆造和对印度"真正"的历史传统的歪曲。还在1988年发表的一篇文章中，大卫·沃什布鲁克就明确地把正统印度史学的东方专制主义假说归结为19世纪英国人为了取得在

---

① Burton Stein, *A History of India*, pp. 6 - 7.

② 详见拙文《从农民学到断裂国家理论——〈新剑桥印度史〉的传统农业社会理论评析》，《世界历史》2014年第6期。见附录（一）。

印度统治的合法性而将殖民统治的形象映射到印度历史的结果：

> 这样，关于印度古代历史的很多观念可能就是在 19 世纪的第二个二十五年间制造出来的，其中就包括了并非最不重要的"亚细亚专制主义"的历史。因为那时正在形成的社会和经济结构似乎比南亚从前所经历的一切都更符合"亚细亚专制主义"的理想类型：一位君主（sovereign）声称占有其疆域内的所有资源，通过他的官僚机构控制经济，还主宰着一个由自生自灭的村落共同体构成的社会，这些村社自身根据种姓和庇护（jajmani）原则组织起来。当然，这些平行要素的出现并非偶然，因为英印政府所宣称的合法性的一个重要部分就是它继承和沿袭了南亚传统。因此，它不得不扭曲一种传统以迎合它的目的，然后把这种传统附加给南亚历史。历史学家们经过了太长时间才开始质疑这份遗产。①

在《英国统治的意识形态》（《新剑桥印度史》第 3 部分第 4 卷，1995 年版）中，托马斯·梅特卡夫则把"东方专制主义"解读为 18 世纪晚期以降英国人在创制殖民统治的意识形态的过程中产生的关于"印度的过去及其未来""形象"的两种充满张力的"观念"之一：一种观念把印度视为一个"贴有专制主义标签的社会"，另一种观念则把印度视为一片"拥有自己恒久不变的法律和习俗的古老的土地"②。与正统印度史学把东方专制主义观念视为印度文明和历史的真实写照不同，梅特卡夫把东方专制主义观念归结为自亚里士多德时代以来（特别是启蒙运动期间），欧洲人通过建构一个"东方"的他者而实现自我界定的方式。他说："尽管专制主义观念后来（即在古

---

① David A. Washbrook, "Progress and Problems: South Asian Economic and Social History, c. 1720–1860", *Modern Asian Studies*, Vol. 22, No. 1 (1988), p. 83.

② 需要指出的是，在正统印度史学中，这两种观念之间并没有被认为存在着内在的紧张和矛盾。相反，无论在黑格尔的《历史哲学》中，还是在史密斯的《牛津印度史》中，正统印度史学中的专制王国和印度教作为印度文明的两个基本要素是和谐并存的。

希腊时代之后——笔者按）遭到废弃，但随着欧洲人在启蒙运动的影响下开始把他们自己和欧洲同亚洲和亚洲人彻底区别开来，这个概念在 18 世纪又重新流行起来。专制主义描述了‘东方’国家的组织方式……通过清楚规定他们不是什么，或更确切地说，他们不想成为什么，‘专制主义’模式就这样帮助欧洲人用欧洲的术语界定了他们自己。"然而，在梅特卡夫看来，这种对亚洲社会的东方主义想象并不真实："欧洲人冒失的代价之一就是对非欧洲社会的性质进行了歪曲的想象。"[①]它对印度史学所产生的重大影响也同样被归结为编撰了印度历史的英国人维护在印度的殖民统治的需要：

> 当作为印度的新统治者的英国人自道（即亚历山大·道——笔者按）时代起开始撰写印度历史时，"专制主义"概念又重获生机。它现在成为将印度的早期历史同英国人想象由他们带来的法律和秩序进行对比的一种方式。自此以后，"专制主义"在印度就变成一个过去的事物，但同时，专制主义"理念"也必须用来说明过去的全部历史。[②]

诚然，在梅特卡夫看来，东方专制主义理论并不是英国殖民主义统治者想象和描述印度文明和历史的唯一方式。它同印度文明和历史的印度教理论、村社理论、雅利安理论和封建社会理论并列杂陈，而这些不同的理论之间并不协调一致。但它们又都致力于把印度文明描述为一个根本不同于西方文明的低劣的异域文明，从而为英国的殖民统治提供意识形态上的合法性。用梅特卡夫自己的话就是，"印度是按照各种维系殖民主义权威体系的方式、通过各种使印度迥异于欧洲的范畴来被人‘了解’的"[③]。这样，在新印度史学中，作为正统印度史学基石之一的东方专制主义的观念和历史就被消解在英国殖民统

---

① Thomas Metcalf, *Ideologies of the Raj* (The New Cambridge History of India：Ⅲ·4)，Cambridge：Cambridge University Press, 1995, pp. 6 - 7.

② Thomas Metcalf, *Ideologies of the Raj*, p. 7.

③ Thomas Metcalf, *Ideologies of the Raj*, p. 113.

治的历史中。

# 结　语

至此我们看到，新印度史学家们并没有顾忌年鉴学派对"长时段历史"的信念，对正统印度史学的历史地理学进行了彻底的解构和重构。印度的环境不再像在正统印度史学中那样被诠释为一个单一而封闭的自然区域，而是被解读为一个多元而开放的地理空间。由此，正统印度史学的"印度文明"概念的地理基础遭到破坏。结果是，在正统印度史学中与印度文明的历史地理学密切联系在一起的东方专制主义历史观也在新印度史学中受到解构和抛弃。这样，正统印度史学关于"印度文明"的概念整个被解构了。

就此而言，20 世纪 80 年代以来国际史学界的新印度史学转向并不能简单地理解为对印度文明和历史的新诠释，而是意味着在解构印度文明的基础上为印度史学创立了一个新的历史空间，因为根据新印度史学的历史地理学，正统印度史学想象的那个"印度"并不存在。由此，新印度史学实现了从历史文明到历史空间的历史地理学转向。

（原载《世界历史》2017 年第 4 期）

# 附录三

# 国家史观视域下新印度史学的叙事建构

## ——从雅利安文明到莫卧儿帝国

对于 20 世纪 80 年代以来以《新剑桥印度史》为代表的当代印度史学转向，笔者曾在《从农民学到断裂国家理论——〈新剑桥印度史〉的传统农业社会理论评析》中探讨了新印度史学如何通过引进二战后西方人类学家提出的断裂国家—剧场国家理论模式解构了正统印度史学对印度传统农业社会的农民学解释（印度农业社会的国家观），建立起非国家的农业空间理论。① 无疑，《新剑桥印度史》对印度传统农业社会的新诠释本质上就是对正统印度史学的基石——"印度文明"概念的新的人类社会学诠释，它为正统的印度文明史观提供了一幅新的社会学图景。然而，事实上，正像笔者在《从历史文明到历史空间：新印度史学的历史地理学转向》一文中指出的那样，"20世纪 80 年代以来国际史学界的新印度史学转向并不能简单地理解为对印度文明和历史的新诠释，而是意味着在解构印度文明的基础上为印度史学创立了一个新的历史空间"②。新印度史学的历史地理学转向不过是为这个新的历史空间提供了新的历史地理学基础，从而使新印度史学的历史空间的生产成为可能。换言之，无论是人类学的断裂国家—剧场国家理论模式的引入，还是新的历史地理学的建构，都只

---

① 王立新：《从农民学到断裂国家理论——〈新剑桥印度史〉的传统农业社会理论评析》，《世界历史》2014 年第 6 期。见本书附录（一）。
② 王立新：《从历史文明到历史空间：新印度史学的历史地理学转向》，《世界历史》2017 年第 4 期。见本书附录（二）。

是为新的历史空间的生产提供了必要的"前导观念"。要使新的历史空间的生产得以实现,新印度史学还必须以这些前导观念为基础建立起自己独特的"历史叙事"。如果缺少与正统印度史学不同的历史叙事结构,新印度史学就不过是一种新形态的正统印度史学而已。因而,只有了解了新印度史学的历史叙事,才能真正完整地了解当代国际史学界的印度史学转向。

有鉴于此,本文致力于在印度史学转向的语境下解析以《新剑桥印度史》为代表的新印度史学的叙事建构及其意涵。不过,在具体分析正统印度史学和新印度史学的历史叙事前,笔者认为有必要首先了解现代西方史学传统中的国家史观,因为正统印度史学和新印度史学的历史叙事都是在国家史观的视域下建构起来的。诚然,在《历史的细语》一文中,印度著名的庶民学派史学家拉纳吉特·古哈已经批评了"印度编史学的国家主义",认为"对真正的印度历史编纂学来说,国家主义是不够的,因为它会妨碍我们和过去进行对话"①。他的这种后殖民主义批评旨在解构他所谓的印度"精英主义史学"(其中既包括殖民主义史学,也包括民族主义和马克思主义史学),从而为他倡导的"庶民性"史学开辟道路。不过,古哈在后殖民主义语境下界定的这种作为精英主义意识形态的"国家主义"(statism)概念并不能用来有效地诠释这里所说的正统印度史学和新印度史学叙事建构的内在理路。只有把国家史观置于启蒙主义的自由—理性话语语境下,我们才能理解这种特殊语境中的国家主义如何塑造了正统印度史学和新印度史学中各自不同的叙事建构和意义表达。在这种话语中,国家既被看作自由和理性的现实,也被看成真正历史的实体。

## 一 现代西方史学传统中的国家史观: 国家和文明的双重视域

作为一个学术术语,本文所谓的"国家史观"对许多人来说可能

①[印]拉纳吉特·古哈:《历史的细语》,郭小兵译,载刘健芝、许兆麟选编《庶民研究》,中央编译出版社 2005 年版,第 340 页。

是陌生的。作为一种历史观念，它也并非能够从每一种文化传统中孕育出来。历史地说，国家史观脱胎于启蒙运动以来的现代西方史学传统。因此，要了解什么是国家史观，我们需要在西方史学史和史学理论的谱系中去寻找这个问题的答案。

诚然，与什么是国家史观这个问题相比，"什么是历史"这个问题无论在西方史学界，还是在国内史学界，都更加为人耳熟能详。对这个问题，英国历史学家爱德华·卡尔给出的著名答案是："历史是历史学家与历史事实之间连续不断的、互为作用的过程，就是现在与过去之间永无休止的对话。"① 而另一位同样著名的英国历史学家罗宾·柯林武德给出的另一个比较简洁、但也可能更为人津津乐道的答案则是："一切历史都是思想史。"② 无疑，这两种著名的历史观念都对当代历史学家们的基本历史想象产生了深刻影响，尽管并不是每一位职业历史学家都能够同意甚至真正理解其中的内涵。因为从根本上说，卡尔和柯林武德所表达的只是实际从事历史研究和编纂工作的历史学家们对历史研究过程实质的某种理解。对个别的历史学家来说，他能够在多大程度上理解和同意这两位西方历史学家的论断多半取决于他自己的研究实践与这两位历史学家的研究实践的契合度。

不管怎样，如果我们把"什么是历史"这个问题看作一个历史本体论问题的话，卡尔和柯林武德显然没有对这个问题做出真正的回答。要对这个重要的史学理论问题做出切实的回答，我们需要像著名的德国历史学家奥斯瓦尔德·斯宾格勒那样意识到一个基本的事实："历史只作为某一事物的历史才存在着。"③ 因而，作为一个历史本体论问题，弄明白"什么是历史"这个问题的关键是确定历史究竟是哪一种"事物"的历史。简言之，历史究竟是什么事物的历史？实际上，现代西方史学传统中的国家史观就是对这个问题的一种正面回答：历史是

---

① ［英］E. H. 卡尔：《历史是什么?》，陈恒译，商务印书馆2007年版，第115页。

② ［英］柯林武德：《历史的观念》，何兆武、张文杰译，商务印书馆1997年版，第303页。

③ ［德］奥斯瓦尔德·斯宾格勒：《西方的没落》下册，齐世荣等译，商务印书馆2001年版，第577页。

"国家"（state）的历史，而且历史只能是国家这一"事物"的历史。因而，在国家之外，国家之前，国家之后，都没有真正的历史。对历史抱持的这样一种观念，就是这里所谓的"国家史观"的真正内涵。对这种历史观做出经典阐述的是生活在欧洲启蒙时代的德国古典哲学家黑格尔。他在《历史哲学》导言中对国家史观做出了十分清晰的描述：

> 在我们的语言中，"历史"这个词将其客观和主观方面融为一体，既同等地表示拉丁文中的 *res gestae*［历史］本身和 *historia rerum gestarum*［对历史的记述］；另一方面，它也同样均等地含有"对已发生之事的叙述"和"已发生之事"的意义。这两种意义的结合我们必须看作并非只是出于外在的偶然；我们必须假定，历史叙述是同历史事迹和事件同时出现的。两者共同的内在基本原则同时产生了它们。家族谱牒和部族传说仅代表了对家族和部族的兴趣。从这种状况中产生出来的连贯的事件序列并不是一个值得认真记述的主题；尽管独特的活动或际遇可能引起摩涅莫辛涅（记忆女神）对它们的眷顾——恰如爱情和宗教感情激起人们的想象，去讴歌尘封在依稀记忆中的冲动一样。然而，正是"国家"首次提供了一种主题材料，它不仅被编写成历史散文，而且在它自身存在的过程中就包含着这种历史的生产。一个正在谋求稳定存在和将自身提升为一个"国家"的共同体需要的是正式的命令和法律——全面的和具有普遍约束力的规定，而不是政府方面纯粹主观的——足以应付眼前需要的——敕令；从中产生了对理智的、明确的和——作为前两者结果的——持久的活动和事迹的兴趣和记录；为了"国家"形成和宪制的长期目标，摩涅莫辛涅不得不将这类往事保存下来。一般说来，像爱情抑或宗教直观及其想象那样的深层情感总是当前和自足的；但表现为合理的法律和习俗的政治体的外部存在却只是一个不完全的现在，没有对于过去的知识就不能完全了解。①

---

① G. W. F. Hegel, *The Philosophy of History*, Kitchener: Batoche Books, translated by J. Sibree, 2001, pp. 76-77.

在黑格尔看来，无论是主观意义的历史，还是客观意义的历史，它们的内在基本原则都是"国家"。国家不仅是客观意义上的历史的生产者，也是主观意义上的历史的生产者。黑格尔明确指出："在世界历史上，只有那些形成了一个国家的民族，才能够引起我们的注意。"① 而那些没有形成国家的民族既不会有客观的历史，也不会有主观的历史：

> 正是由于那个原因（即国家缺位——笔者按），各民族在撰写历史以前所经历的时期——无论我们设想这些时期长达数世纪还是数千纪，期间也可能充满革命、游牧迁徙和最不可思议的突变——都缺乏客观的历史，因为他们没有编撰主观的历史，没有编年史。我们无需假定这些时期的记载偶然散失了；毋宁说，因为它们不可能存在，所以我们才无从发现它们。只有在一个产生了"法律"意识的"国家"里，才能发生明确的活动以及与之相关的清晰意识。这样的意识既提供了从事永久性记载的能力，也显示了永久性记载的必要。②

值得注意的是，黑格尔对国家史观（或者说"历史的国家观"）的阐释是在启蒙主义话语的语境下进行的。在《从民族国家拯救历史：民族主义话语与中国现代史研究》一书中，杜赞奇就曾把"启蒙历史观"和"西方学术中的黑格尔传统"联系起来。不过，杜赞奇只是简单地把他所谓的启蒙历史观归结为"线性目的论的、进化论的历史"，同时把作为历史主体的"民族"（nation）概念置于这种历史观的中心地位。③ 然而，就启蒙主义话语本身来说，最核心的两个语词却是"理性"和"自由"。1784 年，康德在《柏林月刊》上回答

---

① G. W. H. Hegel, *The Philosophy of History*, p. 54.

② G. W. H. Hegel, *The Philosophy of History*, p. 77.

③ ［美］杜赞奇：《从民族国家拯救历史：民族主义话语与中国现代史研究》，李海燕、李点译，江苏人民出版社 2009 年版，第 4、17 页。

"什么是启蒙"这个问题时，就把"启蒙"同"理性"和"自由"这两个概念密切联系在一起。他说："启蒙运动需要的只是自由——所有一切中最单纯最简单的即是自由：自由地在一切事务中利用自己的理性。"① 福柯称之为"现代性的态度"②。从根本上说，启蒙主义就是一种理性主义和自由主义话语。黑格尔就是用这种话语来陈述他的历史观的。他一方面声称"'哲学'考察历史时使用的唯一'思想'就是理性这个简单的观念；'理性'是'世界的主宰'；因而，世界历史呈现给我们的是一个合理的过程"，另一方面又把世界历史诠释为"自由"的实现过程："'世界'历史无非是'自由'意识的进展，而考察这一进程的内在的必然的发展就是我们的任务。"③这样一来，黑格尔的国家史观也就成为一种启蒙主义语境中的历史观。

在《法哲学原理》序言中，黑格尔自己曾说过："就个人来说，每个人都是他那时代的产儿。哲学也是这样，它是被把握在思想中的它的时代。"④ 现在看来，这个原则也适用于黑格尔本人的国家史观。他的国家史观本质上是西方启蒙时代的历史观。除了黑格尔，我们同样能够看到国家史观对 19 世纪德国历史学派史学家们（如列奥波德·兰克、约翰·德罗伊森和海因里希·特赖奇克等）的历史观念具有深刻影响。⑤ 因而，我们不能脱离他生活时代的启蒙主义话语来孤立地理解和评价他的国家史观。

不过，这样一来，黑格尔的国家史观也就不会是一种普遍的历史观了。不用说，我们的传统史学就不是以这种史观为基础的。1902年，梁启超在发表于《新民丛报》的《新史学》一文中，曾痛陈中

---

① 转引自 [美] 唐纳德·卡根、史蒂文·奥兹门特、弗兰克·特纳《西方的遗产》下册，袁永明等译，上海人民出版社 2009 年版，第 589 页。

② 参看 [法] 福柯《什么是启蒙?》，汪晖、陈燕谷主编：《文化与公共性》，生活·读书·新知三联书店 1998 年版，第 422—442 页。

③ G. W. H. Hegel, *The Philosophy of History*, pp. 22, 33.

④ [德] 黑格尔：《法哲学原理》，范扬、张企泰译，商务印书馆 1996 年版，第 12 页。

⑤ 参看 [美] 格奥尔格·伊格尔斯、王晴佳等：《全球史学史：从 18 世纪至当代》，北京大学出版社 2011 年版，第 128—133 页。

国旧史学的首"蔽"就是"知有朝廷而不知有国家"①。不过，这并不意味着中国的传统史学家们自身缺少国家意识。事实可能恰恰相反，自司马迁《史记》以来的中国"正史"不可避免地是国家意识的产物，因为作为"官书"，这些史学著作的编纂本身就是传统中国"国家"政治生活中的一项重要活动。当然，当司马迁编撰《史记》并从而开创中国正史传统时，中国还没有近代西欧的那种启蒙主义话语。他能够接受和加以利用的乃是孔子开创的以"王道"和"礼义"为核心的儒家话语体系，因而居于他的历史观中心的不是黑格尔从启蒙话语中演绎出来的"国家"概念，而是在他那个时代已经确立起来的儒家"正统"或"道统"概念——用现代西方的社会科学术语来说，就是"传统"。这样，和一般人的想象不同，司马迁在《史记》中开创的中国正史的历史叙事（纪传）并不是现代西方史学所谓的"传记"②。它实质上是区别于国家叙事的传统叙事，它叙述的乃是"见之于行事"的儒家道统。因此，清代学儒纪昀在《四库全书总目提要》中才有了"正史体尊，义与经配"的说法。

由于儒家话语的普世主义观念（天下观），中国正史也就带有了包罗万象、贯通古今的宇宙论色彩。它们构成了中国的"普遍历史"（universal history）。③ 在《报任安书》中，司马迁自称他的史记"亦欲以究天人之际，通古今之变，成一家之言"，就典型地反映了中国传统史家的这种旨趣和抱负。他们既不是要编撰现代史学所谓的世界

---

① 梁启超：《饮冰室文集之九·新史学》，载中华书局编《饮冰室合集》第 1 册，1989 年版，第 3 页。

② 在《雾镜：司马迁著作中的张力和冲突·序言》中，斯蒂芬·达兰特就反对将《史记》中的"列传"看作现代史学中的传记。他把中文的"列传"一词译为"Arrayed Traditions"，认为其实际含义乃是"与某个人或集团有关的'传统'"。参看 Stephen Durrant, *The Cloudy Mirror: Tension and Conflict in the Writings of Sima Qian*, Albany: State University of New York Press, 1995, pp. xix – xx.

③ 努涅兹认为："若要把一部著作归于普遍历史之列，则这部著作的基础必定是以人类为主角的普遍时空观念。换言之，严格意义上的普遍历史史家只能是这样一些史家：他们叙述从最早时代开始以及在他们所知世界的所有部分居住的人类的历史。"（努涅兹：《公元前 4 至前 2 世纪出现的普遍历史写作》，杨志城译，载刘小枫编《西方古代的天下观》，华夏出版社 2018 年版，第 167 页。）司马迁的《史记》显然就是这种性质的历史著述。

史或区域史，也不是要编撰现代史学所谓的通史或断代史。他们要编撰的是百科全书性质的普遍历史。① 实际上，二十五史也由此成为一部统一的中国大历史。②

与此不同，现代西方史学传统中的国家史观自始就表现为另一种史学形态：文明史。与中国正史的普遍主义取向不同，现代西方史学传统中的文明史本质上是特殊主义取向的。黑格尔本人在《历史哲学》中把世界历史区分为"东方世界""希腊世界""罗马世界"和"日耳曼世界"等不同的历史形态。在《西方的没落》中，斯宾格勒承认至少存在着八个高级文化—文明：巴比伦、埃及、中国、印度、美索不达米亚、希腊—罗马（古典）、阿拉伯和西方（欧美）。在《历史研究》中，英国历史学家汤因比力图给出一个更加完整和复杂的文明名单，而在该书书末附录中，他列出了他心目中重要的文明或文明区域的大事年表：苏美尔—阿卡德文明、埃及文明、叙利亚"交通环岛区"、中亚"交通环岛区"、印度—巴基斯坦次大陆、中华文明、日本文明、希腊文明、东正教文明和伊斯兰文明。中国正史传统所蕴含的那种"大一统国家"的普遍历史在这种文明史形态下消失了。在斯宾格勒眼里，世界历史不过是"一群伟大文化组成的戏剧"③。不仅如此，无论是在斯宾格勒的文化史中，还是在汤因比的

---

① 中国正史的这种精神清晰地反映在《隋书·经籍志》和《四库全书总目提要》的史部目录上，中国这两部最重要的传统史志目录都远远超出了现代史学的范畴。除了各类现代意义上的历史书目，《四库全书总目提要》的"史部"还将时令、地理、职官、政书和目录等书目囊括其中。这一事实至少清楚地表明中国传统的史学观念和我们现在已经习以为常的现代史学观念并不能等量齐观。

② 由此观之，葛兆光先生的下面一段有关"中国历史"的论述是富有启发性的："比起日本历史中的'万世一系'天皇传说来，表面上，中国历史并不能由各个王朝'一以贯之'，但是，虽然自古以来中国有分裂时期，但自从秦汉统一形成一个强有力的中央政权……这个'国家'似乎已经被一个'历史'所叙述，它并不像后现代理论中所说的那样，只是一个'想象的共同体'。所以在中国，常常可以听到'自从盘古开天地，三皇五帝到如今'和'一部二十五史，从何说起'这样的话，我们当然觉得这个历史过于单线条，也过于汉族王朝中心，不过，是否需要考虑，为什么这个'国家'总是被一个'历史'所叙述？"（葛兆光：《在全球史潮流中，国别史还有意义吗？》，载复旦大学文史研究院编《全球史、区域史与国别史——复旦、东大、普林斯顿三校合作会议论文集》，中华书局2016年版，第8页。）

③ ［德］奥斯瓦尔德·斯宾格勒：《西方的没落》上册，第39页。

文明史中，各个文化或文明都被认为植根于自己的"土壤"，因而都是本质上各自独立的"历史个体"（帕森斯语），它们彼此之间根本不同。每个文化或文明都有自己的历史。真正的历史也就只是这些文化或文明的历史。不过，这种历史的文化或文明观并不排斥历史的国家观。因而，尽管斯宾格勒把世界历史看成各个文化的集体传记，但这并不妨碍他在《西方的没落》中宣称："世界历史是，并将永远是国家历史。"恰如黑格尔对历史和国家关系的阐释，他也同样认为历史和国家的存在密不可分，甚至认为两者就是一个一分为二、合二为一的"事物"："国家被视为静止状态的历史，历史被视为运动中的国家。"①

　　最后，应该着重指出的是，文明史观的特殊主义取向并不意味着文明史模式只适用于现代史学中所谓区域史、国别史或民族史的编撰。在为《新编剑桥世界近代史》撰写的总导言中，乔治·克拉克爵士写道："（这部通史）要把已经肯定的研究成果表述在'文明'的历史之中，这种'文明'从15世纪起由它最初的欧洲发源地向外扩展，在扩展的过程中同化外来的成分，直至它在全世界各个地方或多或少稳固地扎下了根。我们要阐述这个文明的各个方面，包括政治的、经济的、社会的、'文化'的和宗教的情况。"② 这样，文明史模式同样被应用到世界通史的编撰上。这一史学史的事实有力说明，从现代启蒙话语中衍生出来的国家—文明史模式，实际上是现代西方史学的一种普遍的历史叙事框架。③

---

　　①　[德]奥斯瓦尔德·斯宾格勒：《西方的没落》下册，第586、577页。

　　②　[英]G. R. 波特编：《新编剑桥世界近代史》第1卷《文艺复兴》，中国社会科学院世界历史研究所组译，中国社会科学出版社1988年版，第35页。

　　③　刘小枫在《从普遍历史到历史主义》一书的编者说明中区分了"普遍历史"和"世界历史"。他把现代西方的世界历史观念归结为现代民族国家的历史意识："'普遍历史'的概念出现在西方中古晚期，可以说表达的是基督教的世界理解；'世界史'概念最早出现在17世纪晚期，但直到19世纪才逐渐取代'普遍历史'，其背景是领土性民族国家在欧洲的形成。"（刘小枫编：《从普遍历史到历史主义》，华夏出版社2017年版，第1页。）显然，这种以民族国家为基础的世界历史观念与司马迁那种建立在儒家天下观基础上的普遍主义历史意识大异其趣。

## 二 正统印度史学的叙事建构：
## 印度文明和雅利安叙事

以《剑桥印度史》（1922—1937）和《牛津印度史》（1919）为代表的正统印度史学的历史叙事就是在国家—文明史模式的基础上建构起来的。正统印度史学的历史叙事就是以"印度文明"概念为基础建构起来的历史叙事。对此，我们不必感到惊讶，因为正统印度史学的这两部经典之作就是由以英国历史学家为主体的西方史学家们编撰完成的。在多卷本《剑桥印度史》的众多编撰者中间，西方世界以外的南亚本土史学家屈指可数，而且他们也只是负责编撰了个别卷中的一些零星章节。其中最重要的可能是印度孟加拉史学家贾杜纳特·萨卡尔爵士（Jadunath Sarkar，1870－1958），他负责撰写了《剑桥印度史》第 4 卷《莫卧儿时期》中的四章，其次是南印度的克里希纳斯瓦米·阿扬加尔（Krishnaswami Ayyangar，1871－1946）和斯里兰卡的维克勒马辛哈（Don Martino De Zilva Wickremasinghe，1865－1937），他们分别撰写了《剑桥印度史》第 3 卷《突厥人和阿富汗人》中的第十八章《南印度的印度教国家：1000—1565 年》和第 22 章《锡兰：1215—1527 年》。所以，不管表面上看起来有多诡异，对正统印度史学的分析都须置于西方史学史的语境之下。①

虽然严格说来正统印度史学的历史叙事是在《剑桥印度史》和《牛津印度史》中正式建立起来的（这也是笔者把 20 世纪初叶西方史学家编撰的这两部印度通史看作正统印度史学形成标志的根本原因），但要真正了解正统印度史学的叙事建构，我们就必须把正统印

---

① 对于这一点，印度史学家也是承认的。印度当代著名史学家罗米拉·撒帕尔在《企鹅早期印度史：从起源到公元 1300 年》中写道："印度历史的现代书写始于对印度过去的殖民主义观念，这些观念孕育了此后对印度历史的各种诠释。它是随着 18 世纪以降殖民统治在次大陆各地的建立而发端的。欧洲学者们寻找印度的历史，但无法找到与欧洲流行的、部分地受到欧洲启蒙思想影响的历史观念一致的印度历史。"（Romila Thapar, *The Penguin History of Early India*：*From the Origins to AD 1300*, London：Penguin Books, 2003, p. 1.）

度史学的开端追溯到 1817 年英国著名功利主义哲学家和历史学家詹姆斯·米尔的《英属印度史》一书。正是在这部书里，米尔建构起正统印度史学的核心概念——"印度文明"（Hindu civilization）。在米尔以前，英国的东方学家们已经对印度本地的语言、传统和文化进行了大量研究。在这些 18 世纪的印度学家们看来，印度存在过一个高度发达的古代文明，而且这个亚洲的古代文明似乎和同时代的希腊—罗马文明乃至后来的西方文明有着密切的文化联系。1786 年威廉·琼斯爵士在孟加拉亚细亚学会第三周年演讲中提出的著名的"印欧语假说"（认为印度的经典语言梵语与希腊语、拉丁语、哥特语和凯尔特语等欧洲语言有着共同的起源）似乎为这种观念提供了语言学的佐证。然而，在深受边沁功利主义思想影响的詹姆斯·米尔看来，无论是古代欧洲文献中关于印度曾存在高度发达的文明的记述，还是 18 世纪浪漫主义的东方学家和旅行家们对印度文明的切身观察，都是对"真实的"印度文明的误读。他认为印度文明实际上是一个古老、停滞而低下的东方文明，"他把印度的本质特征界定为村庄生活、种姓制度、政治专制和宗教迷信"①。特别是其中的"东方专制主义"和印度文明的其他本质要素一样，乃是文明程度低下的证据，而不是相反。实际上，在米尔看来，印度文明不仅落后于当时的西方文明，而且落后于外来的伊斯兰文明。他断言："与那些肯定印度人在臣服于外族前享有高度文明的人为了坚持他们的观点而提出的论据截然相反的是，无论哪里的印度人被发现未曾遭受外族的统治，他们的文明状态就显得——而且毫无例外——低于那些长久处在穆斯林王权统治下的印度人。"不仅如此，米尔还认为印度文明的落后状态在历史上几乎是一成不变的（也就是说，没有"进步"发生）："印度人在亚历山大入侵时的礼仪、社会和知识状态同他们被现代欧洲各民族发现时的状态一模一样，没有任何理由对这一观点提出反驳。"②

---

① John Marriott, *The Other Empire: Metropolis, India and Progress in the Colonial Imagination*, Manchester: Manchester University Press, 2003, p. 134.

② James Mill, *The History of British India* (Vol. 1), London: Baldwin, Cradock and Joy, 1817, pp. 461, 101.

　　不管我们现在如何看待詹姆斯·米尔根据当时英国的功利主义思想和进步原则对印度文明做出的新的描述和评价，他的印度文明观对后世的影响都是极其巨大的。约翰·马里奥特写道："人们倾向于把这种影响看成是霸权性的。例如，罗纳德·因登就认为整个19世纪的印度学家们一直在重复米尔的印度建构或是同他的幽灵论争。"①因而，毫不奇怪，当《剑桥印度史》的主编 E. J. 拉普森、沃尔斯利·黑格、亨利·多德韦尔和《牛津印度史》的作者文森特·史密斯在20世纪初叶开始编纂印度通史时，他们依据的就是这种已经在西方世界占据"正统"地位的印度文明观。不过，詹姆斯·米尔本人并没有能够建立起印度文明的历史叙事。他对他所谓的"印度人"（Hindus）②的年代学和古代历史的陈述只是重复了印度有关的神话传说。无疑，神话传说不是历史叙事。米尔本人也承认，"印度人陈述的狂乱和自相矛盾明显把它们置于事实和历史的合理边界之外……印度人的传说依旧呈现为一堆杂乱的怪异的虚构，在其中很难寻觅到真实事件的系列"。由此，他得出如下结论："这个民族确实完全缺少历史记录。他们的古代文献没有一部历史性的作品。描述从前时代壮举伟业的作品是诗歌。其中大部分是宗教性书籍，反复讲述或揭示诸神的业绩和他们对人类的训示。总之，人类的行动和诸神的行动在一整套的神话传说里被混合在一起。这些传说比任何其他民族的历史传说呈现给我们的都更加荒唐，更加超越自然和理性的界线，也更不符合一个文明和理性民族的想象和口味。"③

　　不用说，在缺少可靠的历史文献和证据的情况下，米尔的确难以为他理解的"印度文明"建立一种真正的历史叙事。尽管如此，米尔并没有放弃为他的"印度文明"建构一种在他看来合理而真实的

---

　　① John Marriott, *The Other Empire*, p. 133.

　　② 在《英属印度史》中，詹姆斯·米尔根据宗教信仰的差异区分了印度的两大"种族"："印度（Hindu）种族"和"穆罕默德（Mahomedan）种族"。他把前者看作这个国家的"原住民"，而把后者看作"后来的入侵者"。［James Mill, *The History of British India*（Vol. 1），p. 90.］这种区分对后来正统印度史学的历史叙事乃至印度的民族主义想象都产生了深刻影响：印度人（Indians）被等同于印度教徒（Hindus）。

　　③ James Mill, *The History of British India*（Vol. 1），pp. 98 - 99.

社会学起源阐释。让我们颇感兴趣的是，他的这种阐释实际上把印度文明的"想象的"历史起源——之所以说是"想象的"，因为他对印度文明起源的理论阐释依据的是一种先验的社会进化模式——纳入国家史观的观照之下。

米尔设想人类社会最初一定处在一种小国寡民的野蛮状态："无论我们对人类起源和世界最初的人口分布采用什么样的理论，自然的假设都是各个国家最初都只居住着十分少量的人口。当一小群人居住在一个没有疆界的国家从而只同他们自己交往时，他们必然是野蛮人。"在人类社会发展的这个最初阶段，"家庭"被看作唯一可能的社会组织形态，没有超越家庭之上的国家（state）："以大型社会为前提的法律和政府理念是不存在的。"作为一个"古老的民族"，印度自然也被假定经历了人类社会发展的这个最初阶段："印度在土地和气候方面的优势是如此巨大，以致它的最初居民所经受的困苦不会超过（人口）分散状态所内含的那种不利状况。他们可能在那个膏腴区域的巨大平原和河谷中游荡了很长时间，依靠水果和他们的畜产品生活，也未结合成超出个别家庭范围的（组织）。直到这个国家的人口大大增长起来，他们甚至不大可能结成小型部落。"接下来，随着人口的增长，内部纷争和对外防御需要的产生，人们将首先结成不同形式的部落，然后结合成"原初形态的君主国或政治体系"。在米尔看来，印度一定是世界上最早跨越人类社会进步的这两大阶段从而进入国家时代的民族之一："尽管我们不能从印度人那里找到最起码的资料帮助我们确认他们进入这个成熟状态的日期，迄今为止我们还是可以同意他们对自身古老性的断言，承认他们很快跨过了通向文明的这一最初阶段；或许，他们完全不晚于人类的任何一个部分获得了一种原初形式的全国政体。"这种政体按照米尔的社会学想象就是"神权政体"："它以神的权威（divine authority）为基础这一点可以看作是这种最初的政府机构的一个特征。一个粗野民族的迷信特别适合于这种假设。"被认为文明程度低下的印度当然不会是例外："在人类中，没有哪个地方的法律比构成印度斯坦神权政体的那些人更彻底地求助于神灵了。社会和政府的规划，个人和事物的权利，甚至个人和家庭生活的风俗、制度和礼仪，总之，一切都是根据神意建立起来的。印度人的第一个立法者——其名字已不可考——似乎就自称为神意的传达者。"①

　　与这样一种原始国家相对应的社会制度则是在印度步入农业时代后才开始形成的"种姓制度",米尔认为这种制度构成了"印度社会（Hindu society）整个框架"的基石。在他看来,印度文明的这种社会制度不过代表了那种最早、最简单的社会分工体系（仅由祭司、士兵、农夫和劳工四个"等级或种姓"构成）:"由印度法律创建者规定的这种划分是劳动和职业分工的最早和最简单的形式。"和印度政体一样,这种社会制度的存在恰好证明了印度文明的古老性、原始性、停滞性和落后性:"印度人的最重要的制度证明它们是在十分远古的时期发明的,其时社会还保持着其最初级和最简单的形式。"②换言之,这被看作人类社会刚刚摆脱游牧状态从而进入农业社会时采用的一种原始的社会制度。

　　尽管米尔对他的印度文明的社会学起源阐释赋予了很大的重要性,甚至认为"这显然是历史中最有用和最重要的部分"③,但在我们看来,不论米尔关于印度文明的社会学起源理论具有多大的合理性,这依然不能等同于现代历史学的历史叙事。毋宁说,他借助这种社会学起源阐释只是再现起了他的"印度文明"概念。历史叙事应以历史文献和历史证据的合理运用为基础,而不能仅仅诉诸先验的社会学想象和推论,即使这种想象和推论看起来十分"合理"。实际上,要形成印度文明的历史叙事,首先需要回答这样一个问题:印度文明的历史担纲者是哪个民族? 换言之,是哪个历史民族创建了印度文明? 显然,米尔没有提供这个问题的答案。颇有讽刺意味的是,正是他批评的英国东方学家们特别是威廉·琼斯爵士的印度古代语言和文献研究为回答这个史学问题提供了某种方案。

　　在《剑桥印度史》首卷前言中,拉普森曾感叹印度的历史"仅仅在数年以前,还被普遍认为无可挽回地遗失了"。他说:"本卷作者们

---

① James Mill, *The History of British India* (Vol. 1), pp. 102, 104, 106, 107.

② James Mill, *The History of British India* (Vol. 1), pp. 107 - 108.

③ James Mill, *The History of British India* (Vol. 1), p. 101.

清晰记得，说印度在 11 世纪穆罕默德教徒征服以前没有历史曾是一种时尚，而这种流行的观点似乎可以概括为犬儒主义者的格言：他们尖刻地宣称所有为更早事件推定的日期都像是撞柱游戏——立起来只是为了再倒下。不过，这类嘲笑——甚至在它刚出现时就不是很合理——再也不能在今天重复了。它已经失去了它的锋芒：它甚至不再是大致不差的了。"他宣称："从过去抢救出来的事实碎片现在已经有了足够的数量，使我们能够为古代印度的许多王国和帝国的政治史建立一个年代学和地理学的框架；在这个框架里可以添加进在古代文献中有着异常清晰的反映的社会制度史。"在这方面，拉普森给予威廉·琼斯以极高评价，认为正是后者在 1793 年通过将古希腊历史学家们所谓的"Sandrocottus"等同于梵文文献中的"Chandragupta"（与亚历山大大帝同时代的摩揭陀国王旃陀罗笈多）提供了"印度年代学的最后依靠"，"建立了古代印度年代学的第一个定点"①。不过，对正统印度史学的叙事建构来说（叙事建构并不就是建立大事年表），威廉·琼斯最重要的贡献大概还是前面提到的那个著名的"印欧语假说"：

> 不管怎样古老，梵语具有一种完美的结构，比希腊语更完善，比拉丁语更丰富，而且比两者更优雅：然而，（它）与两者在动词词根和语法形式方面有着如此显著的相似性，以至于这种相似性不可能被视为出于偶然；（这种相似性）的确引人注目，没有一个语言学家在考察这三种语言时会不相信它们发端于某种共同的源头，虽然这种源头可能已经不存在了。根据类似的理由——尽管不是那么十分有力，我们还可以假定哥特语和凯尔特语尽管与某种不同的方言混合在一起，还是与梵语有着相同的起源；古波斯语或许也可以添加到这同一语系中。②

拉普森认为，"这些观察包含了比较语言学的萌芽。关于某一语系

---

① E. J. Rapson ed., *Ancient India*（The Cambridge History of India：Vol. Ⅰ），Cambridge：University Press，1922，pp. v，59.

② 引自 E. J. Rapson，*Ancient India*，p. 64.

的概念——其中所有个别语言和方言都被作为源于共同祖先的后裔关联在一起——意味着把历史的和比较的研究方法应用于语言。"① 这种语言学研究的价值是双重的：一方面当然是语言学的，它有助于揭示现存不同语言和方言的历史演变和相互关联，另一方面也是历史学的，它也由此能为这些不同的语言民族提供一种特殊类型的历史叙事。我们不妨把这种类型的历史叙事称之为"比较语言学的历史叙事"。实际上，威廉·琼斯提出的印欧语假说对正统印度史学的重要意义就在于它为印度文明的叙事建构提供了一种"科学的"比较语言学路径：通过研究属于这同一语系（即后来西方学者所谓的"印欧语系"）的各种语言的共同起源及其向世界不同区域的散布，人们自然就能得到一幅史前民族从一共同"家园"出发向世界各地迁徙进而在不同区域建立各自文明的历史图景。无疑，除了比较语言学的"证据"，这种历史研究还可以得到考古学、人类学乃至遗传学等实证研究成果的支持。因而，尽管通过这样一种间接途径建立起来的历史叙事也多少带有"想象"的性质（因为它并不是基于直接的文献记载），但它依然在本质上不同于米尔在《英属印度史》中对印度文明的先验的社会学阐释，因为这种叙事建构是根据相关实证科学提供的"事实证据"合理地推论出来的。它具有现代史学所要求的那种"历史性"。

我们所熟知的正统印度史学的文明叙事就是这样一种类型的历史叙事。居于这种叙事中心的是"雅利安"（Aryan）这个名称。在正统印度史学中，"雅利安"被赋予了两种密切相关、但也显然有别的意义：一方面它作为比较语言学的范畴，被看作"印欧语"（或其中的印度—伊朗语族）的另一种表达方式，另一方面它作为正统印度史学的范畴，又被看成欧亚大陆上一个古老的历史种族或民族。② 对此，

① E. J. Rapson, *Ancient India*, p. 64.
② 马克斯·米勒（Max Müller）常被看作最早在英语文献中提及"雅利安种族"的人。但他本人坚持认为"雅利安"只是一个语言学范畴，坚决反对赋予这个名称以种族含义。尽管如此，他的吠陀和梵文研究至少在事实上对正统印度史学的雅利安叙事产生了重大影响。关于这一点，参看 Romila Thapar, *The Penguin History of Early India：from the Origins to AD 1300*, London：Penguin Books, 2002, pp. 12–13.

P. 贾尔斯写道：

> "雅利安"（Āryan）这一名称⋯⋯借自一个意为"出身高贵"的语词：在梵语中拼写为"Ārya"或"Arya"，而在阿维斯陀经注（Zend）中拼写为"Airya"。它是吠陀诗歌的创作者们用来将他们自己的种族与其敌人——更早的印度居民，他们称之为"达萨"（Dāsas）或"达修"（Dasyus）——的种族区别开来的一个称号。由于其简短性，该术语常用来指称这个语系的所有语言，而不使用"印度—欧洲语"（Indo-European）或"印度—日耳曼语"（Indo-Germanic）的表达方式，但严格说来，它专指（该语系的）东南语族。当阿维斯陀经和阿契美尼德王朝（公元前 520—330）古波斯铭文语言中的那种语音变化出现时，这个语族又分裂为伊朗（Irānian）和印度—雅利安（Indo-Āryan）两个语支。后一个术语很好地代表了定居在印度的雅利安人，而"雅利安印度人"（Āryo-Indian）则可方便地用来表示这些雅利安人，以区别于那些也居住在印度半岛的无关联种族——达罗毗荼人（Dravidian）和其他种族。①

通过这种方式，正统印度史学既成功地回答了建构印度文明的历史叙事所必须回答的那个首要问题（印度文明的历史担纲者是哪个民族），也成功地把印度文明的历史叙事建立在现代史学所要求的实证主义的基础之上。由此，印度文明的历史叙事被转化为雅利安文明（? ryan civilisation）的历史叙事。现在，正统印度史学的这种历史叙事早已以"雅利安入侵"或"雅利安迁徙"的形式为我们熟知，而印度—雅利安文明的诞生也就被置于这样一种叙事框架中。

在《剑桥印度史》中，贾尔斯试图描绘出早期雅利安人的迁徙路线。他根据语言学和考古学的证据推测雅利安人最初的栖息地位于现在中欧的匈牙利、奥地利和波希米亚一带，公元前 2500 年左右他们

---

① E. J. Rapson, *Ancient India*, p. 73.

开始从那里向外迁徙。到公元前 15 世纪，这些部落已经占据或控制了从小亚细亚北部经巴比伦西北部直到米底亚的广大地区；然后，他们继续向东和向北推进，直至抵达和占据中亚阿姆河以南地区，但偶尔也会侵入阿姆河和锡尔河之间的土地。不过，至于雅利安人后来是如何进入印度的，贝里代尔·基思认为印度最古老的文献《梨俱吠陀》没有提供任何帮助。他猜想"侵入印度的雅利安人"是穿过兴都库什山脉西部的山口、经由旁遮普向东迁徙的。他们在当时的萨拉斯瓦蒂河一带（现在安巴拉以南地区）定居了一段时间。《梨俱吠陀》中的诗歌就是在这里创造的。这个区域因而具有无比的神圣性，被印度雅利安人称为"梵域"（Brahmavarta）。但印度雅利安人的文明并不是在这个区域形成的，而是当他们在《梵书》时代迁徙到现在朱木拿河—恒河上游河间地区时最终形成的。这个新的印度雅利安人之地在《摩奴法典》中被冠以"仙域"（Brahmarshideca）的名称，它也就是著名印度史诗《摩诃婆罗多》中俱卢族和般遮罗族生活的地区，被称为"俱卢之野（"Kurukshetra）。拉普森说："就是在这里，我们称为'婆罗门教'（Brahmanism）的那种宗教和社会体系取得了其最后的形式——这种形式就其宗教方面而言，是雅利安人观念和更原始的印度人观念的折中；就其社会方面而言，则是不同种族接触的结果。"[1] 同时，这也是印度雅利安人部落迁徙终止的地方，随后就进入了印度雅利安人殖民征服或和平渗透的时代。在这个过程中，印度雅利安人的文化——婆罗门教首先扩展到整个"印度斯坦"（恒河流域），然后传播和影响到整个次大陆。文森特·史密斯认为，"只是由于印度教文化的根本统一性，撰写一部印度通史才变得可行"[2]。

与米尔对印度文明的社会学诠释相比，《剑桥印度史》通过"雅利安入侵"或"雅利安迁徙"的历史形式建构起来的这种文明叙事不仅把印度文明转变成一个具体的历史实体，一个孕育和传播于特定

---

[1]　E. J. Rapson, *Ancient India*, p. 46, 70, 76, 79.

[2]　Vincent Smith, *The Oxford History of India：From the Earliest Times to the End of 1911*, Oxford：Clarendon Press, 1919, p. xi.

时空中的文化复合体，还赋予了它独特的历史发生学：印度文明是拥有较高级文明的外来雅利安民族征服和同化"落后的"土著民族的结果。不过，如此一来，正统印度史学也得以对米尔的印度文明概念做出重要修正。比较一下正统印度史和《英属印度史》的印度文明概念，我们会发现两者有着十分显著的差别。虽然两者都把种姓制度看作印度文明的核心要素和特征，但它们对种姓制度的诠释是很不相同的。在米尔那里，种姓制度并不是印度文明的独具特征，而是被看成人类社会普遍经历过的一种社会制度，它本质上不过是人类社会刚刚步入文明时代时的一种初级劳动分工体系。① 然而，在正统印度史学中，种姓制度不仅被看成印度文明的独具特征，还被归结为一种持久的宗教现象，被视为印度特殊的宗教——婆罗门教的社会产物。文森特·史密斯在《牛津印度史》中写道："现存的种姓制度是印度特有的，至少已存在了三千年，是'印度教的最重要原则'，支配着印度人的社会生活、礼仪、道德和思想，以婆罗门的智识和道德优越性为基础，可以追溯到《梨俱吠陀》时代。它本质上将所有印度人区分为大约3000个世袭集团，每一个内部都是通过仪式洁净性规则结合在一起，外部通过同样的规则与所有其他集团隔离开来。"在他看来，"一个种姓可以界定为一个在内部通过奉行特殊的——特别是饮食和婚姻方面的——仪式洁净规则结合起来的家庭集团"②。显然，这纯粹是一种宗教社会学定义。它被看作印度雅利安人建立的"婆罗门文化"的一个本质要素和特征。归根结底，这是一种通过正统印度史学的历史叙事建构起来的种姓概念。反过来，这种经由正统印度史学的雅利安叙事建构起来的种姓概念又成为正统印度史学的雅利安文明叙事的一个基本面向。

不过，在另一个同样重要的方面，正统印度史学完全继承了米尔

① 在《英属印度史》英文版第109、110页的注释中，米尔援引柏拉图、米勒（Millar）和希罗多德等人的著述，认为现存于印度文明中的种姓制度是世界许多地区的人们刚步入文明社会时普遍经历过的社会制度，如早期的盎格鲁—萨克逊人、埃及人、科尔奇斯人和伊比利亚人（外高加索）以及米底亚人等。

② Vincent Smith, *The Oxford History of India*, p. 34.

的印度文明观，那就是：印度文明的专制国家观。文森特·史密斯在《牛津印度史》导言中把印度文明的专制国家观转变为印度历史的专制国家观："印度史学对政治制度的缓慢进化缺少兴趣。我们知道，早期部落的共和国或至少寡头性的政制曾存在于亚历山大大帝时代的马拉瓦、科舒德拉卡和其他民族中间，也曾在晚得多的时期存在于梨车和亚乌德拉中间，但现在都已消失，没有留下痕迹。独裁政制（Autocracy）确是研究印度的历史学家们关心的唯一政府形式。专制主义（despotism）不容许有发展。"由此，史密斯把"独裁政制"看成种姓制度之外"婆罗门民族"的另一个重要本质特征。与此对照，"部落政体"（tribal constitutions）则被他看作生活在喜马拉雅山区的藏人和廓尔喀人固有的"蒙古人制度"①。这样，在《剑桥印度史》中，基思在讨论《梨俱吠陀》时代（公元前1200年前后）雅利安文明的形成时就将雅利安人内部的"种姓分化"与"中央集权制王国"（centralised kingdom）的形成密切结合在一起。② 对于印度文明的雅利安叙事来说，专制国家叙事和种姓叙事一样不可或缺。在这方面，一个有趣的史学史事实是，尽管阿育王的孔雀帝国（公元前262—233）在佛教传说和文献中占有无与伦比的地位，但印度教的笈多帝国（约320—520）在正统印度史学的国家叙事中被赋予了更重要的地位。笈多时期被文森特·史密斯誉为印度历史的"黄金时代"，甚至被看作可与希腊历史上的伯利克里时代相提并论的"古典印度"时代。③

## 三　新印度史学的叙事建构：早期现代性和莫卧儿帝国叙事

这样，通过雅利安叙事，正统印度史学得以按照现代历史学的原则"历史地"再现米尔的印度文明概念。印度历史被建构为由一个古老的历史民族——"印度雅利安人"创建的"印度教文明"的历

---

① Vincent Smith, *The Oxford History of India*, p. xii.
② 参看 E. J. Rapson, *Ancient India*（The Cambridge History of India：Vol. 1），pp. 92 – 95.
③ Vincent Smith, *The Oxford History of India*, p. 156.

史。这在 20 世纪的大部分时期里都被看作一个不容置疑的"历史事实"。直到最近，两位著名的德国印度史学家还在他们合著的《印度史》前言中宣称："印度历史是一个伟大文明的迷人史诗。它是一部具有惊人的文化连续性的历史。"[1] 当我们在这种背景下审视《新剑桥印度史》时，我们不免会惊奇地发现这部新编剑桥印度史的特异之处：它对印度历史的叙述是从莫卧儿帝国开始的！对此，印度著名史学家 M. 阿萨尔·阿里在为约翰·理查兹的《莫卧儿帝国》（《新剑桥印度史》第 1 部分第 5 卷）撰写的书评中给予了猛烈抨击，认为这反映了《新剑桥印度史》编者们的欧洲中心主义心态：

> 印度历史被严重阉割了，以致它的开端竟被设定在 16 世纪。这样，英国在印度的统治就成了印度历史的中心。这个决定可能反映了编者们认为殖民地阶段是印度历史的中心而早前许多时期与历史无关的真正观点。但是，对从英国统治时期剑桥史编者们比较开明的东方主义向欧洲中心主义的倒退，非西方的历史学家只能感到遗憾。[2]

的确，这样一来，正统印度史学的雅利安文明叙事被彻底抛弃了。在正统印度史学的视域下，这种做法自然显得荒诞不经。不过，如果我们能够在国家史观的视域下审视 20 世纪 70 年代以来印度史学发展的趋向，那么，这个史学史的事实大概并不只是反映了 M. 阿里所说的西方史学家的欧洲中心主义心态或戈登·约翰逊在《新剑桥印度史》总编前言中声称的"对传统印度史中十分武断的年代学和分期法的恰当性提出了质疑"。从更深层面看，它实际上可以被视为西方的印度史学家们借助二战后人类学家提出的"断裂国家"或"剧场国家"理论重新诠释正统印度史学的核心概念——"印度教文明"

---

[1]　Hermann Kulke & Dietmar Rothermund, *A History of India* (Sixth Edition), London: Routledge, 2016, p. viii.

[2]　M. Athar Ali, "Review of the book *The Mughal Empire*", by John F. Richards., *Journal of the Royal Asiatic Society*, Vol. 4, No. 3, 1994 (Nov.), p. 424.

的合乎逻辑的结果。在《从农民学到断裂国家理论——〈新剑桥印度史〉的传统农业社会理论评析》一文中，笔者业已指出，早在 20 世纪 70 年代中期，美国的印度史学家伯顿·斯坦就已经开始把英国人类学家艾登·索撒尔在《阿鲁尔人社会》（1956）中提出的断裂国家理论应用于他对印度传统农业社会的研究。与正统印度史学借助经典的农民学模式把印度教文明的农业社会诠释为专制国家不同，在他们的印度史研究中运用断裂国家模式的西方史学家们则把印度的传统农业社会诠释为一种不同于任何一种类型国家的"农业空间"①。这实际上是从传统农业社会的层面解构了正统印度史学对印度文明的国家主义诠释，尽管它只是被诠释为一种古老的东方专制主义国家。如果我们对这个结论有所怀疑，我们不妨再看看另一位西方人类学家克利福德·格尔茨在《尼加拉：19 世纪巴厘岛的剧场国家》（1980）一书中对被布罗代尔称为"印度教博物馆"的巴厘岛上的剧场国家——"尼加拉"的描述：

> 尼加拉不是韦伯所说的标准意义上的官僚国家、封建国家或父权制国家。也就是说，它不是一个按儒教中国或罗马帝国的模式组织起来的功能分化、系统分等的行政结构。它不是一种按照中世纪北欧或明治前日本的模式组织起来的，由领地组织、劳役地租和武士精神支撑起来的契约法律体系。而且，它也不是一种按照倭马亚王朝时期的伊斯兰或大流士时期的波斯方式组织起来的扩大的军事家庭……它事实上迥异于上述任何一种模型：一种不完全地施加于一群君侯的礼仪阶序。②

针对科恩关于巴厘岛上的印度教王国缺少强大政府的评论，格尔茨进一步指出："整个王国内根本就不存在统一的政府，无论是弱的

---

① 参看王立新《从农民学到断裂国家理论——〈新剑桥印度史〉的传统农业社会理论评析》，《世界历史》2014 年第 6 期。

② Clifford Geertz, *Negara: The Theatre State in Nineteenth-Century Bali*, Princeton: Princeton University Press, 1980, p. 62.

还是强的，存在的只是一个由各种通常得到承认的特定要求编织而成的网络。"①

　　因而，不管《新剑桥印度史》的作者们自己是否清晰地意识到了，他们对印度历史开端的重新界定都在事实上反映了现代西方史学传统中的国家史观对他们的深刻影响。由此，他们也必须建立起一种与国家史观相适应的新的印度史叙事。《新剑桥印度史》可以看作他们做出的一个重大尝试。他们试图建立一种以莫卧儿帝国为开端的新印度史叙事。为了理解《新剑桥印度史》的历史叙事，让我们先考察一下《新剑桥印度史》副总编约翰·理查兹在《早期现代印度和世界历史》一文中阐述的一个重要历史概念吧：

　　　　从 15 世纪晚期到属于我们当前时代的 19 世纪早期（为方便起见，1500—1800），各个人类社会共同受到了一些世界性变迁过程的影响。这些过程在范围和强度上都是史无前例的。和其他许多历史学家一起，我把这些世纪称为"早期现代"……"早期现代"只是一个试图用来把握人们的自我组织方式及其同他人和自然界互动方式所发生的迅猛变化这一现实的术语。对于南亚历史，我相信使用"早期现代"而不是"莫卧儿印度""中世纪晚期印度"或"前殖民时代晚期印度"等术语更能够表达出 16 至 18 世纪的丰富意义。这样将会缓和那种把印度看作例外的、独特的和奇异的，从而在某种程度上同世界历史相脱节的偏见。我相信，为了更好地理解 16、17 和 18 世纪印度历史的比较独特的演变，我们必须把南亚文化、文明和社会置于这一背景下。②

　　在理查兹看来，至少有六大独特和互补的宏观过程规定了早期现代世界：全球性海上通道的建立、真正全球性世界经济的兴起、巨大而稳固的国家的成长、世界人口的增长、土地利用的集约化以及新技

　　① Clifford Geertz, *Negara*: *The Theatre State in Nineteenth-Century Bali*, p. 68.
　　② John Richards, "Early Modern India and World History", *Journal of World History*, Vol. 8, No. 2（Fall, 1997）, pp. 197 – 198.

术（包括新世界作物的种植、火药和印刷术）的扩散。他认为这些过程共同塑造了一个既区别于中世纪，也区别于现代的早期现代世界，而莫卧儿时期的印度并没有被排除在早期现代世界之外。相反，它构成了早期现代世界的一个重要组成部分。① 因而，莫卧儿印度须置于这样一个早期现代世界的历史空间中来考察："我们必须对早期现代的南亚（而非莫卧儿印度）做出更好的综合性、多学科的历史研究。在这种研究中，学者们要在地方和地区史的特殊性和对南亚乃至世界的更广泛描述和分析之间平滑地转换。南亚是如此重要，容不得我们今后书写世界历史时将其作为东方古玩束之高阁。"②

特别值得指出的是，在关于莫卧儿印度的早期现代性理论中，约翰·理查兹突出了国家形成的重要性。他认为："在印度，自孔雀王朝以来，莫卧儿帝国第一次在几乎整个次大陆上施行了中央集权统治。"对于这一点，理查兹予以特别强调："自始至终，我的观点一直是而且继续是，莫卧儿时期史无前例的国家权力和政治统一的发展是早期现代——而非莫卧儿——印度的一个决定性特征，就像它是世界其他地区的决定性特征一样。"③

这样，约翰·理查兹就为莫卧儿帝国清晰地勾勒出一种新的历史意象：它是一个新兴的早期现代国家，而非正统印度史学所说的中世纪晚期帝国；而作为一个早期现代帝国，它又代表了印度全域性国家（区别于之前的区域性国家）的形成。大概正是根据莫卧儿帝国的这种新的历史意象，《新剑桥印度史》才选择它作为印度历史叙事的起点。无疑，与正统印度史学一样，这反映出国家史观对《新剑桥印度

---

① 针对自己提出的下述问题——"对讨论的目的来说，如果我们承认这些关于早期现代世界历史的概括有效的话，它们适用于南亚吗？次大陆是否也具有早期现代性的这些特征？"，约翰·理查兹给出了明确的答复："是的，的确如此——至少在我看来是这样。"John Richards, "Early Modern India and World History", *Journal of World History*, Vol. 8, No. 2 (Fall, 1997), pp. 204 – 205.

② John Richards, "Early Modern India and World History", *Journal of World History*, Vol. 8, No. 2 (Fall, 1997), pp. 198 – 204, 209.

③ John Richards, "Early Modern India and World History", *Journal of World History*, Vol. 8, No. 2 (Fall, 1997), pp. 201, 207.

史》的决定性影响。《新剑桥印度史》的不同之处仅仅在于用莫卧儿帝国的早期现代国家说取代了雅利安文明的专制国家说。

的确，理查兹就是根据这种新的早期现代国家理论来建立《新剑桥印度史》的莫卧儿帝国叙事的。除了强调莫卧儿帝国的中央集权国家性质①，他还极力反对莫卧儿帝国是一个衰落中的中世纪晚期帝国的正统观点。在《莫卧儿印度的农业体系：1556—1707 年》（1963）一书中，印度史学家伊尔凡·哈比卜曾提出了著名的扎吉尔危机理论，认为晚期莫卧儿帝国的衰落和瓦解是由于扎吉尔达尔征收的沉重赋税造成大量农民逃亡，严重破坏了农业生产，从而引发柴明达尔领导的农民起义。② 因而，哈比卜的扎吉尔危机理论实质上是莫卧儿印度经济社会的"衰落论"。对此，理查兹在《莫卧儿帝国》中做出了截然不同的描述：

> 从 16 世纪 80 年代阿克巴改革到 1700 年左右的长期趋势表明，尽管可以确定在一些个别时期存在着野蛮的压迫，但大多数柴明达尔和农民是富足的。除了遭受战争蹂躏的德干地区那样的例外，一般而言，农业生产看来经历了增长，而耕地面积也稳步扩大了。农业增长是对国家税收驱动的市场扩大和新的出口市场带来的需求冲动的直接反应。卡斯巴（意为"集镇"——作者注）和较大村庄构成的网络变得更加密集。在这些地方居住的是日益富有的商人和货币借贷者，如旁遮普的卡特利人。③

---

① 在该书前言和导言中，理查兹写道："30 年的研究使我确信，莫卧儿中央集权的政权是一个现实，它对印度社会的影响是极其巨大的。这究竟是好是坏，则是另一个不同的问题"，"帝国不止是高悬在每个地区真实的社会生活上面的一张薄薄的帷幕。它是一个把次大陆联合起来的无孔不入的、中央集权的体系。帝国的军事力量维护着空前稳定的公共秩序。在其边界内的土地上，有组织暴力的规模和水平显著下降了。帝国对税收和贡赋的需要刺激了生产，鼓励了市场的成长。莫卧儿人的统一做法和无所不在影响了次大陆上所有地方和地区的社会。鲜有个人和共同体，如果有的话，未受到这个庞然大物的触动。" John Richards, *The Mughal Empire*, New York：Cambridge University Press, 1995, pp. xv, 1, 2.

② 参见 Irfan Habib：*The Agrarian System of Mughal India：1556 – 1707* (Second, revised edition), New Delhi：Oxford University Press, 1999, pp. 364 – 405.

③ John Richards, *The Mughal Empire*, pp. 294 – 295.

　　甚至到 18 世纪早期莫卧儿帝国确已开始瓦解时，理查兹尽管承认次大陆某些地区出现了经济衰落的迹象，但同时指出："在许多地区，经济仍在稳步增长。18 世纪早期帝国结构的破碎未必能够造成地区间帝国经济的完全解体。相反，那些已经显现的变革力量对新刺激做出了反应，而增长也还在继续。"① 这样，理查兹的早期现代国家理论对莫卧儿印度的经济社会史做出了与正统印度史学完全不同的描述，用发展论取代了以前的衰落论：莫卧儿印度的经济社会并没有出现长期衰落的趋势，而是经历了持续的发展。②

　　实际上，在理查兹看来，莫卧儿帝国晚期的扎吉尔危机恰恰是由于帖木儿农业体系的巨大成功给农村社会带来的重大变迁，它在催生了一个新的穆斯林乡绅阶级的同时，也催生了一个富足的、从而也更有反抗能力和意愿的地方柴明达尔阶级。③然而，即便是这一点，在《新剑桥印度史》中也没有被视为晚期帝国衰落过程中的社会失序，而是被诠释为印度早期现代国家所经历的现代社会转型——资本主义的兴起。

　　在《印度社会和英帝国的形成》（《新剑桥印度史》第 2 部第 1 卷）中，C. A. 贝利和理查兹一样认为 18 世纪的印度是一个充满矛盾却也生机勃勃的社会。1680—1750 年间莫卧儿霸权的衰落使得印度"国王等级"（hierarchy of kings）中的下层乘机崛起，而随着地区权力中心的做大和包税制的流行，"军事企业家"发展起来了。他们包征赋税，经营农业贸易，努力扩大在乡间的柴明达尔领地。他们同"印度教或耆那教的商人家族"保持着密切联系。这些商号对政治统治的存续至关重要。他们能够在收获季节以外的时期动员大量流动资本，因为只有他们参与了全印的贸易和信贷链。④ 对这些 18 世纪的印度"中间阶

---

　　① John Richards, *The Mughal Empire*, p. 297.

　　② 正统印度史学根据衰落的中世纪晚期帝国观点对莫卧儿帝国的描述，参看［印］S. M. 爱德华兹、H. L. O. 加勒特《莫卧儿帝国》，尚劝余译，青海人民出版社 2009 年版。

　　③ John Richards, *The Mughal Empire*, pp. 295 – 296.

　　④ C. A. Bayly, *Indian Society and the Making of the British Empire*（The New Cambridge History of India：Ⅱ·1），Cambridge：Cambridge University Press, 1988, p. 47.

级",贝利说:

> 这些角色——小国王、财政和军事企业家、大银行家和村落中的武士农民领主——代表了本土资本主义的各种形式。他们的财富都来自商品贸易;他们都通过投机获取货币利润。包税人和农村领主都依赖贸易和乡村市场运作,因为农民必须出售他们的产品,以便用银卢比支付地租。不管他们多么孤立,甚至连农村的印度教领主都需要金钱,以购买大炮、火枪、战象和其他权力和身份象征。①

因此,贝利认为"资本家""阶级""阶级形成""官僚""贵族"以及"绅士"这些原本用于描述现代西方资本主义社会发展的术语也能用于描述莫卧儿帝国晚期和殖民主义早期的印度社会转型。他说:"在此考察的时期内,印度乃至世界的经济和治理中发生的一般变迁事实上催生了与同时代西欧类似的社会集团和关系。这些集团和关系从未失掉它们的印度特性,不过它们还是能够在国际层面上相提并论。"② 在贝利看来,无论是莫卧儿帝国的衰落,还是英国殖民征服的成功,都可以归结为印度社会的资本主义转变:

> 近年来对莫卧儿晚期和 18 世纪早期的研究中出现了一个有趣的修正派观点:莫卧儿的衰落在某种意义上恰恰源于他们早期扩张的成功。印度教和穆斯林地方乡绅或是在莫卧儿帝国军队中发达起来,或是在其松散的体制下富裕起来,并开始在北印度的许多地方独立为一个比较稳固的地主阶层。与其说是贫困的农民,不如说是一个已经被纳入莫卧儿现金和职役网的殷实的自耕农和富足农场主阶级,在 17 世纪晚期和 18 世纪早期起来反对德里。印度教和耆那教的货币放贷人和商人——他们是商品生产扩大和莫卧儿帝国税收

---

① C. A. Bayly, *Indian Society and the Making of the British Empire*, p. 47.
② C. A. Bayly, *Indian Society and the Making of the British Empire*, "Preface", p. x.

体系的润滑剂——轻松地为那些最终取代了德里权力或在莫卧儿帝国从未染指的地区崛起的地方王国和各省显贵提供了经济基础。曾经支持了德里权力的商业增长最终也侵蚀了它。商人、文书家族和地方乡绅通过牺牲中央政府而巩固了他们的权势。这些阶层中的很多人后来为东印度公司提供了资本、知识和支持，从而成为其创建印度殖民地过程中的不稳定的合作伙伴。①

除了贝利，《新剑桥印度史》的另一些作者也从资本主义发展的角度来描述和诠释 18 世纪以后印度的经济社会变迁。在《农民劳动和殖民地资本》（《新剑桥印度史》第 3 部分第 2 卷）中，苏加塔·鲍斯就是在"殖民地资本主义"的背景下描述和分析 1770 年以后孟加拉的农业经济社会变迁的。② 同样，在《现代印度经济：1860—1970 年》（《新剑桥印度史》第 3 部分第 3 卷）中，B. R. 汤姆林森认为印度经济虽然在 1860—1970 年间处于欠发达状态，却一直是资本主义的：

> 马克思主义和新古典派的研究都表明，在整个次大陆上，资本、商品和劳动市场的统一日益发展，从而把生计部门和商业经济联系在一起。南亚的经济史并不是二元的——我们不能确定和区分出独立的"现代"和"传统"部门，每一个都有自己的机构和运作范围……在整个 18、19、20 世纪，市场关系，无论是货币的，还是实物的，也不管可能曾经多么地不完善、无效率和经常具有剥削性，却和世界其他地区一样浸透了南亚经济。③

这样，资本主义发展就成为《新剑桥印度史》对印度历史的一个

---

① C. A. Bayly, *Indian Society and the Making of the British Empire*, pp. 3 – 4.

② Sugata Bose, *Peasant Labour and Colonial Capital：Rural Bengal Since 1770*（The New Cambridge History of India：Ⅲ·2），New York：Cambridge University Press, 1993, pp. 1 – 2.

③ B. R. Tomlinson, *The Economy of Modern India，1860 – 1970*（The Cambridge History of India：Ⅲ·3），Cambridge：Cambridge University Press, 1993, p. 27.

基本想象，构成了新印度历史叙事的一个基本主题。初看之下，这一点似乎没有什么特别之处，因为近代以来世界资本主义的发展差不多已经是学术界的一个常识。然而，正像大卫·沃什布鲁克在《进步和问题：约 1720—1860 年间的南亚经济和社会史》一文中指出的那样，以布罗代尔和沃勒斯坦为代表的欧洲社会学传统一直把资本主义视为欧洲现代历史的独特现象，认为资本主义扎根于欧洲中世纪晚期以来的独特的历史发展，而南亚和亚洲其他地区则缺少资本主义成长所需要的社会和文化特征：城市商人集团的政治独立性、个人财产权和劳动市场的成长以及财会和银行技能的发展。现在，《新剑桥印度史》却向我们表明，"在很多方面，南亚从很早的时期起就卷入了'资本主义社会史'，经历了许多西欧类型的社会发展"①。这意味着印度和同时代的欧洲拥有共同的历史空间。就像乔恩·威尔逊在 2006 年评述约翰·马里奥特的《异域帝国》时所说的那样，"在过去 15 年左右的时间里，历史学家们尝试着把英国及其殖民地的历史放到同一页面上"②。换言之，莫卧儿帝国时代以来的印度历史和同时代的西欧历史一样被纳入资本主义发展的现代性叙事中。

就此而言，大卫·勒登的《南亚农业史》（《新剑桥印度史》第 4 部分第 4 卷）似乎有些特别，因为它把"中世纪"的南亚农业史也纳入考察范围。然而，这并不意味着勒登向正统印度史叙事的让步或回归。在正统印度史学中，印度雅利安文明的发展伴随着印度古代国家的形成。对正统印度史学的这个核心观点，勒登予以明确否定。他说："当想象农业历史的最早时期时……我们必须反对下面这个陈旧的观点，即古代国家是随着雅利安人征服的推进，雅利安精英的分化，以及各土著民族融入梵文文献中描述的雅利安人的政治和社会秩序而发展起来的。" 勒登之所以要把莫卧儿帝国以前的农业历史纳入

---

① D. A. Washbrook，"Progress and Problems：South Asian Economic and Social History，c. 1720 – 1860"，*Modern Asian Studies*，Vol. 22，No. 1（1988），pp. 61，62，72.

② Jon Wilson，"Metropolitan Savages"，"Review of the book *The Other Empire*：*Metropolis，India and Progress in the Colonial Imagination*"，by John Marriott，*History Workshop Journal*，Issue 61，Spring 2006，p. 287.

考察范围，是因为他认为唯有运用长时段的视野，印度农业历史才能得到合理说明："它在过去两千年的背景下考察当前时代，因为需要一个广阔的历史视野来理解那些塑造了当代人心态的理念，还因为现在的地域环境是由长期的历史力量形成的。"其实，对勒登来说，重要的不是过去，而是现在，因而形成《南亚农业史》主题的也不是正统印度史学所谓的雅利安文明，而是自莫卧儿时代以来印度开始发展起来的"现代性"。在导言中，勒登批评了城市中产阶级知识分子创造的民族国家史学忽略农业史的弊端，但他并不是要否定"现代性的历史"（history of modernity），而是要把现代性的历史置于农业史的视野下："如果我们要理解作为人类历史上一个重要时期的现代性，那么，农业史是一个很好的视域，而南亚是一个很好的研究对象，因为在这里，现代的认识方法只是在较小程度上损害了原始资料。在欧洲、美洲和东亚，学者们已经把乡村史建构为现代性的遗产和记忆，而且他们已经把民族认同建立在牢固的农业之基上。在南亚，傲视一切的民族性认识论还没有覆盖十分广袤的地域，没有把民族的过去和农民的过去极其广泛地结合起来。"现代性由此成为《南亚农业史》真正的叙事主题："这样，南亚农业史提供了一个重新审视现代性和民族性的历史基点。"①

勒登对现代性的定义也和理查兹对早期现代性的诠释一脉相承：国家权力的成长是两者共同的基本面向。在勒登看来，现代性的标志就是国家权力的增长及其对农业社会的渗透和控制："建立控制地方耕作的大规模制度机制的有组织努力是现代性的一项基本工程，它主导了农业发展的过程。"这样，理查兹的早期现代帝国也同样成为勒登的"现代性历史"的起点。因为在他看来，印度农业史的现代国家环境是在 16 世纪才开始出现的。②

有趣的是，在这种现代性历史的语境下，在正统印度史学中作为东方专制主义极端版本的"苏丹政体"（sultanic regime）不再被视为印度

---

① David Ludden, *An Agrarian History of South Asia*, pp. 1 – 3, 62.

② David Ludden, *An Agrarian History of South Asia*, pp. 32, 137.

传统性的化身，而是被正式贴上了现代性的标签，因为"国家权力的中央集权程度在早期现代政体下提高了"。同样有趣的是，在这种现代性历史的语境下，英国东印度公司在18世纪晚期和19世纪早期对印度的征服和殖民统治也不再像正统印度史学认为的那样代表了历史的断裂。① 相反，1858年前的早期殖民主义社会和国家被看成在莫卧儿帝国及其后继国家中发展起来的苏丹社会和政体的延续："苏丹们建立起一种新的政治文化，这种文化的霸权将一直持续到19世纪"，"英国东印度公司利用苏丹主义权威服务于它自己的基督教帝国主义"②。

　　在勒登看来，真正的"转折点出现在1870年左右。到这个时期，帝国官僚机构、发展主义意识形态和分析性管理科学已经同工业技术结合起来，形成了农业生活的物质和文化背景，即我们所说的'现代性'"。与早期现代性相比，现代性被认为包含了两个基本的维度——村庄社会中的农业资本主义和建立在发展主义基础上的更加强大的现代国家，两者构成了印度现代政治经济的基础。从此，印度历史进入现代时期，19世纪晚期以来的全部印度历史都要置于这种现代性的历史空间中来考察。③ 勒登认为："到1900年，各地区的农业政体（agrarian polities）已经从现代国家制度和争夺土地、劳动和金融的地方斗争的结合中产生出来。这些社会权力和动员的疆域淹没在帝国主

　　① 在《孟加拉：英国桥头堡》一书中，P. J. 马歇尔也认为"莫卧儿政体和新兴的英国政体之间存在着明显的连续性。它们的中心功能都是向印度东部地区的农民征税，然后用于军事用途。"Peter James Marshall, *Bengal: the British Bridgehead: Eastern India 1740 – 1828* (The New Cambridge History of India: Ⅱ·2)，Cambridge：Cambridge University Press，1987，p. 135. 这种政体代表了现代早期印度的国家形态，被伯顿·斯坦称为"军事财政体制"，参看 Burton Stein, "State Formation and Economy Reconsidered: Part One", *Modern Asian Studies*, Vol. 19, No. 3, April 1984（1985），pp. 387 – 413。
　　② David Ludden, *An Agrarian History of South Asia*, pp. 105, 113, 153.
　　③ 还在《南印度农民史》中，勒登就已经形成了对"现代印度"的这种理解。在这本书中，勒登认为四种社会网络塑造了公元900年后的一千年间蒂鲁内尔维利地区的农民世界：亲族、宗教、国家和市场。在中世纪，宗教是农业体系中最有影响的社会网络。在早期现代时期（1550—1800），国家取代宗教成为地区秩序和农业史中最重要的社会网络，而到1900年，市场取代亲族、宗教和国家成为界定农业资源权利的首要社会网络。由此，19世纪成为印度农业资本主义形成的时代。参看 David Ludden, *Peasant History in South India*, Princeton：Princeton University Press，1985，pp. 9 – 14。

义和民族主义的历史书写中，但它们形成了 20 世纪农业政治经济和文化的基本格局。"①

在这种现代性的历史叙事格局中，1947 年的印度独立虽然同样被赋予重大意义，但并没有像一般民族主义史学那样被看作代表了印度历史的断裂："1870 年以来的连续性是令人印象深刻的。"② 的确，不只是勒登的《南亚农业史》，保罗·布拉斯的《独立以来的印度政治》(《新剑桥印度史》第 4 部分第 1 卷) 也是在这种现代性的历史叙事模式下来考察印度独立后的政治经济发展的。布拉斯承认印度独立后政治文化的建构并未参照"印度自身的传统"，而是以"借自西方的机构和制度"为基础。他认为自独立开始印度的民族主义精英们秉持的那些现代理念（主权、统一、秩序、强大国家、世俗主义、民主和议会制、经济自足以及社会经济改革的必要性）就促使他们决心建立一个强大的中央集权的民族国家，把它作为实现各种现代目标的工具。③ 这样，在早期现代国家和资本主义发展两大假说的基础上，从莫卧儿时期直到当代的整个印度历史就被以《新剑桥印度史》为代表的新印度史学建构为一部以国家形成和资本主义发展为核心的现代性的历史。

## 四 印度史学转向：重构历史的意义空间

至此，我们看到了两种完全不同的印度历史叙事。虽然两者都是以现代西方史学传统中的国家史观为基础建构的，但它们分别产生了各自不同的意义空间。正统印度史学通过雅利安文明叙事给我们建构了一个"传统性"的历史空间。在《牛津印度史》中谈论"种姓的缺点"时，文森特·史密斯就明确把"印度文明"的这个基本要素诠释为与现代性不相容的"传统性"："这种制度是古代的遗迹，不

---

① David Ludden, *An Agrarian History of South Asia*, pp. 7, 168–190.
② David Ludden, *An Agrarian History of South Asia*, pp. 185–186.
③ Paul Brass, *The Politics of India since Independence* (The New Cambridge History of India: IV·1), Cambridge: Cambridge University Press, 1995, pp. 10–13.

能轻易地适应 20 世纪的要求……尽管出于必要性甚至最古板的婆罗门都对实际的便利做出一些让步，如火车旅行和饮用自来水，但由此引起的改变只是表面的。种姓排外的内在古老情感依旧充满活力，没有因为对现实的巨大妥协而受到实质削弱。种姓规则和现代文明之间的冲突持续不断，但种姓还是继续存在。"正是由于正统印度史学呈现的这种传统性历史意象，史密斯得以断言："除了中国，世界上没有一个区域能够自诩拥有和印度文明一样连续不断的古老文明……在印度，吠陀时期的观念依旧是一种重要的力量，甚至仙人们的仪式也还没有被完全废弃。"① 这样，印度就被呈现为一个拥有自己的延续至今的"大传统"的古老文明国家。

然而，正像我们已经看到的，以《新剑桥印度史》为代表的新印度史学通过以莫卧儿帝国为起点的新历史叙事给我们建构了一个"现代性"的历史空间。这与正统印度史学形成鲜明对照。大概正是根据新印度史学的这种现代性历史意象，皮尔逊在《印度的葡萄牙人》（《新剑桥印度史》第 1 部第 1 卷）一书中做出了一个异乎寻常的断言："葡萄牙是欧洲最古老的领土国家，印度则是世界上晚近兴起的民族之一。"② 印度不再被看作我们想象中拥有悠久历史的文明古国，它变成了亚洲的美国：一个在近代才开始形成的新兴国家。显然，这代表了一种与正统印度史学的印度观截然不同的新印度观。

无疑，这种新印度观的出现构成了印度史学的一次根本断裂。这种断裂似乎可以同托马斯·库恩在《科学革命的结构》中所说的"范式转换"相提并论。它意味着与正统印度史学的旧印度观的决裂。实际上，还在 1986 年新德里社会学世界大会上，美国著名学者伊曼纽尔·沃勒斯坦就已经开始质疑正统印度史学的旧印度观。他提出了一个看似荒唐的问题：印度存在吗？对这个问题，沃勒斯坦本人给出的答案是，"印度是现代世界体系的发明"，而"印度的前现代

① Vincent Smith, *The Oxford History of India*, pp. 40, 43.
② Micheal Naylor Pearson, *The Portuguese in India* (The New Cambridge History of India：I·1), Cambridge: Cambridge University Press, 1987, Introduction, p. 1.

历史是现代印度的发明"①。然而。令人惊讶的是，直到现在，包括印度本国的史学家在内的国际史学界，还没有对新印度史学的新印度观做过深入的解析，甚至还没有明确意识到这种新印度观的存在。印度当代著名历史学家罗米拉·撒帕尔在《企鹅早期印度史：从起源到公元 1300 年》的第一章"过去的透视"中对"印度历史的现代书写"的谱系进行了全面而深入的梳理，解析和评价了包括殖民主义史学、民族主义史学、马克思主义史学和教派主义史学在内的各种现代印度史学传统。② 但遗憾的是，撒帕尔对以《新剑桥印度史》为代表的新印度史学的新印度观未置一词。这可能部分地源于她对作为新印度史学前导观念之一的断裂国家理论的漠视。对这个理论模式，她只是简单地宣称，"这个理论不能解释（印度的）政治经济模式，没有得到多少支持，尽管在这方面，争论中的那些最初论点也同样引起了对南印度历史的一些有趣的探讨"③。结果，撒帕尔对现代印度史学谱系中各种传统的批评连同她自己的印度史书写都没有超越正统印度史学的范式，尽管如前所述，她承认这种范式是她批评的殖民主义的知识建构。当然，这在一定程度上反映了正统印度史学的霸权性影响。但也正因为如此，要真正超越本质上是殖民主义知识遗产的正统印度史学，无论出于何种理由，我们都不能对作为其替代范式的新印度史学漠然置之。

（原载《世界历史》2021 年第 2 期）

---

① ［美］伊曼纽尔·沃勒斯坦：《印度存在吗?》，载《沃勒斯坦精粹》，黄光耀、洪霞译，南京大学出版社 2003 年版，第 368、370 页。

② 参看 Romila Thapar, *The Penguin History of Early India*, pp. 1 – 36.

③ Romila Thapar, *The Penguin History of Early India*, p. 26.

# 参考文献

**中文文献**

［巴］A. H. 达尼：《巴基斯坦简史》第 1 卷，四川大学外语系翻译组译，四川人民出版社 1974 年版。

［法］G. 赛代斯：《东南亚的印度化国家》，蔡华、杨保筠译，商务印书馆 2018 年版。

［印］R. C. 马宗达、H. C. 赖乔杜里、卡利金卡尔·达塔：《高级印度史》，张澍霖等译，商务印书馆 1986 年版。

［英］R. H. 托尼：《宗教与资本主义的兴起》，赵月瑟、夏镇平译，上海译文出版社 2006 年版。

［以］S. N. 艾森斯塔特：《反思现代性》，旷新年、王爱松译，生活·读书·新知三联书店 2006 年版。

［巴］Sh. A. 拉希德：《巴基斯坦简史》第 3 卷，四川大学外语系翻译组译，四川人民出版社 1975 年版。

［英］艾瑞克·霍布斯邦：《革命的年代：1789—1848》，王章辉等译，国际文化出版公司 2006 年版。

［法］爱弥尔·涂尔干：《宗教生活的基本形式》，渠东、汲喆译，上海人民出版社 2006 年版。

［德］奥斯瓦尔德·斯宾格勒：《西方的没落》，齐世荣等译，商务印书馆 2001 年版。

［英］巴林顿·摩尔：《民主和专制的社会起源》，拓夫、张东东等

译，华夏出版社 1987 年版。

［美］本尼迪克特·安德森：《想象的共同体：民族主义的起源与散布》，吴叡人译，上海人民出版社 2003 年版。

陈晓晨：《国际政治长周期与体系进化——莫德尔斯基长周期理论再解读》，《现代国际关系》2004 年第 12 期。

［美］丹尼尔·贝尔：《后工业社会的来临》，高铦等译，新华出版社 1997 年版。

［美］道格拉斯·凯尔纳、斯蒂文·贝斯特：《后现代理论》，张志斌译，中央编译出版社 2004 年版。

［印］迪帕克·拉尔：《印度均衡：公元前 1500—公元 2000 年的印度》，赵红军等译，北京大学出版社 2008 年版。

［印］杜赞奇：《从民族国家拯救历史：民族主义话语与中国现代史研究》，王宪明等译，江苏人民出版社 2009 年版。

［德］斐迪南·滕尼斯：《共同体与社会——纯粹社会学的基本概念》，林荣远译，商务印书馆 1999 年版。

［法］费尔南·布罗代尔：《地中海与菲利普二世时代的地中海世界》，唐家龙、曾培耿译，商务印书馆 2018 年版。

［美］贡德·弗兰克：《白银资本：重视经济全球化中的东方》，刘北成译，中央编译出版社 2001 年版。

［美］哈罗德·伯尔曼：《法律与革命：西方法律传统的形成》，贺卫方、高鸿钧等译，法律出版社 2008 年版。

［德］赫尔曼·库尔克、迪特玛尔·罗特蒙特：《印度史》，王立新、周红江译，中国青年出版社 2008 年版。

［德］黑格尔：《历史哲学》，王造时译，上海书店出版社 1999 年版。

［英］亨利·梅因：《早期制度史讲义》，冯克利、吴其亮译，复旦大学出版社 2012 年版。

［印］贾瓦哈拉尔·尼赫鲁：《印度的发现》，向哲濬、朱彬元、杨寿林译，上海人民出版社 2016 年版。

［英］杰弗里·巴勒克拉夫：《当代史学主要趋势》，杨豫译，上海译文出版社 1987 年版。

［英］杰弗里·帕克：《全球危机：十七世纪的战争、气候变化与大灾难》，王兢译，社会科学文献出版社 2021 年版。

金观涛、刘青峰：《开放中的变迁：再论中国社会超稳定结构》，法律出版社 2011 年版。

［美］卡尔·魏特夫：《东方专制主义：对于极权力量的比较研究》，徐式谷、奚瑞森、邹如山译，中国社会科学出版社 1989 年版。

［德］卡尔·雅斯贝斯：《历史的起源与目标》，魏楚雄、俞新天译，华夏出版社 1989 年版。

［澳］肯尼斯·麦克弗森：《印度洋史》，耿引曾等译，商务印书馆 2015 年版。

［英］昆廷·斯金纳：《现代政治思想的基础》，段胜武等译，求实出版社 1989 年版。

梁启超：《中国文化史》，商务印书馆 2012 年版。

［美］林恩·亨特：《全球时代的史学写作》，赵辉兵译，大象出版社 2017 年版。

［美］路易斯·摩尔根：《古代社会》，杨东莼等译，商务印书馆 1997 年版。

［印］罗梅什·杜特：《英属印度经济史》，陈洪进译，生活·读书·新知三联书店 1965 年版。

［德］马克斯·韦伯：《经济与社会》下卷，林荣远译，商务印书馆 1997 年版。

［德］马克斯·韦伯：《民族国家与经济政策》，甘阳译，生活·读书·新知三联书店 1997 年版。

［澳］迈克尔·皮尔逊：《印度洋史》，朱明译，东方出版中心 2018 年版。

［法］孟德斯鸠：《论法的精神》，张雁深译，商务印书馆 1961 年版。

［法］米歇尔·福柯：《安全、领土与人口：法兰西学院演讲系列，1977—1978》，钱翰、陈晓径译，上海人民出版社 2010 年版。

［英］佩里·安德森：《绝对主义国家的系谱》，刘北成、龚晓庄译，上海人民出版社 2001 年版。

［英］S. M. 爱德华兹、H. L. O. 加勒特：《莫卧儿帝国》，尚劝余译，青海人民出版社 2009 年版。

［美］斯塔夫里阿诺斯：《全球通史：1500 年以后的世界》，吴象婴、梁赤民译，上海社会科学院出版社 1999 年版。

［英］汤因比：《历史研究》，刘北成、郭小凌译，上海人民出版社 2005 年版。

［美］唐纳德·卡根、史蒂文·奥兹门特、弗兰克·特纳：《西方的遗产》，袁永明、陈继玲、穆朝娜等译，上海人民出版社 2009 年版。

［法］托克维尔：《论美国的民主》，董果良译，商务印书馆 2009 年版。

［美］托马斯·库恩：《科学革命的结构》，金吾伦、胡新和译，北京大学出版社 2003 年版。

［美］西蒙·库兹涅茨：《现代经济增长》，戴睿、易诚译，北京经济学院出版社 1991 年版。

［美］伊曼纽尔·沃勒斯坦：《现代世界体系》第 1 卷，尤来寅、路爱国等译，高等教育出版社 1998 年版。

［美］伊曼纽尔·沃勒斯坦：《现代世界体系》第 3 卷，孙立田等译，高等教育出版社 2000 年版。

［英］约翰·布罗：《历史的历史：从远古到 20 世纪的历史书写》，黄煜文译，广西师范大学出版社 2012 年版。

［美］约翰·F. 理查兹：《新编剑桥印度史：莫卧儿帝国》，王立新译，云南人民出版社 2014 年版。

章巽校注：《法显传校注》，上海古籍出版社 1985 年版。

［美］兹比格纽·布热津斯基：《大棋局：美国的首要地位及其地缘战略》，中国国际问题研究所译，上海人民出版社 1998 年版。

**英文文献**

Alfred Louis Kroeber and Clyde Kluckhohn, *Culture：A Critical Review of Concepts and Definitions*, New York：Alfred A. Knopf, Inc. and Random

House, Inc. , 1963.

Aidan Southall, "The Illusion of Tribe", *Journal of Asian and African Studies*, Vol. 5 (1), 1970.

Aidan Southall, *Alur Society: A Study in Processes and Types of Domination*, Cambridge: W. Heffer & Sons Limited, 1956.

Aidan Southall, "The Segmentary State in Africa and Asia", *Comparative Studies in Society and History*, Vol. 30, No. 1 (Jan. , 1988) .

Alfred Louis Kroeber, *Anthropology: Race, Language, Culture, Psychology, Prehistory*, New York: Harcourt, Brace, 1948.

André Béteille, "The Concept of Tribe with Special Reference to India", *European Journal of Sociology*, Vol. 27, No. 2, 1986.

André Wink, *Al-Hind: The Making of Indo-Islamic World (Vol. III: Indo-Islamic Society, 14th – 15th Centuries)*, Leiden: Koninklijke Brill, 2004.

André Wink, *The Making of the Indo-Islamic World: c. 700 – 1800 CE*, Cambridge: Cambridge University Press, 2020.

B. H. Baden-Powell, *The Indian Village Community*, London: Green & Co. , 1896.

B. H. Baden-Powell, *The Origin and Growth of Village Communities in India.* New York: Charles Scribner's Sons, 1899.

B. R. Tomlinson, *The Economy of Modern India, 1860 – 1970* (The New Cambridge History of India: III · 3), Cambridge: Cambridge University Press, 1993.

Barbara D. Metcalf and Thomas R. Metcalf, *A Concise History of India*, Cambrdige: Cambridge University Press, 2002.

Bernard Cohn, *Colonialism and Its Forms of Knowledge: The British in India*, Princeton: Princeton University Press, 1996.

Burton Stein, "The State and the Agrarian Order in Medieval South Asia: A Historiographical Critique", in Burton Stein (ed. ), *Essays on South India*, Honolulu: The University Press of Hawaii, 1975.

Burton Stein, *A History of India*, Malden: Blackwell Publishing, 1998.

Burton Stein, *Peasant State and Society in Medieval South India*, Delhi: Oxford University Press, 1994.

C. A. Bayly, *Indian Society and the Making of the British Empire* (The New Cambridge History of India: Ⅱ · 1), Cambridge: Cambridge University Press, 1988.

C. A. Bayly, *Rulers, Townsmen and Bazaars: North Indian Society in the Age of British Expansion 1770 – 1870* (Third Edition), Oxford: Oxford University Press, 1998.

Charles M. Andrews, "Review of *The Indian Village Community* by B. H. Baden-Powell", *Political Science Quarterly*, Vol. 12, No. 2 (Jun., 1897).

Clifford Geertz, "Studies in Peasant Life: Community and Society", *Biennial Review of Anthropology*, Vol. 2, 1961.

CliffordGeertz, *Negara: The Theatre State in Nineteenth-Century Bali*, Princeton: Princeton University Press, 1980.

David Ludden, "Modern Inequality and Early Modernity: A Comment for the AHR on Articles by R. Bin Wong and Kenneth Pomeranz", *The American Historical Review*, Vol. 107, No. 2 (April 2002).

David Ludden, *An Agrarian History of South Asia* (*The New Cambridge History of India: Ⅳ · 4*), Cambridge: Cambridge University Press, 1999.

David Ludden, *Peasant History in South India*, Princeton: Princeton University Press, 1985.

David Washbrook, "Law, State and Agrarian Society in Colonial India", *Modern Asian Studies*, Vol. 15, No. 3, (1981).

David Washbrook, "Progress and Problems: South Asian Economic and Social History c. 1720 – 1860", *Modem Asian Studies*, Vol. 22, No. 1 (1988).

E. D. Maclagan, "Review of the Book *The Cambridge History of India, Vol. Ⅳ: The Mughul Period*, edited by Sir Richard Burn", in *Journal of the Royal Asiatic Society of Great Britain and Ireland*, No. 1 （Jan. , 1939） .

E. J. Rapson ed. , *Ancient India* （The Cambridge History of India. Vol. 1）, London: Cambridge University Press, 1922.

Eric Stokes, *The English Utilitarians and India*, Oxford: Clarendon Press, 1959.

Eric Stokes, *The Peasant and the Raj*: *Studies in Agrarian Society and Peasant Rebellion in Colonial India*, Cambridge: Cambridge University Press, 1978.

Evelyn S. Rawski, "Reenvisioning the Qing: The Significance of the Qing Period in Chinese History", *The Journal of Asian Studies*, Vol. 55, No. 4 （Nov. , 1996） .

G. W. F. Hegel, *The Philosophy of History*, Kitchener: Batoche Books, translated by J. Sibree, 2001.

George Campbell, *Modern India*: *A Sketch of the System of Civil Government*, London: John Murray, Albemarle Street, 1852.

George Curzon, *Persia and the Persian Question* （Vol. 1）, London: Frank Cass & Co. Ltd. , 1966 （1892） .

Gyan Prakash, "Postcolonial Criticism and Indian Historiography", *Social Text*, No. 31/32, Third World and Post-Colonial Issues, 1992.

H. H. Dodwell, "Review the Book *The Cambridge History of India*, *Vol. IV*: *The Mughul Period*, edited by Sir Richard Burn", in *The English Historical Review*, Vol. 53, No. 210 （Apr. , 1938） .

Hans Morgenthau, *Politics Among Nations*: *The Struggle for Power and Peace*, Beijing: Peking University Press, revised by Kenneth Thompson, 2005.

Henri Lefebvre, *The Production of Space*, Oxford: Blackwell Publishing, Trans. Donald Nicholson-Smith, 1991.

Henri Lefebvre, *The Survival of Capitalism*: *Reproduction of the Relations of Production*, London: Allison and Busby, Trans. Frank Bryant, 1976.

Henry Maine, *Village Communities in the East and West*, London: John Murray, 1871.

Hermann Kulke, "Fragmentation and Segmentation Versus Integration? Reflections on the Concepts of Indian Feudalism and the Segmentary State in Indian History", *Studies in History*, Vol. Ⅳ, No. 2, 1982.

Ho Ping-ti: "The Significance of the Ch'ing Period in Chinese History", *The Journal of Asian Studies*, Vol. 26, No. 2 (Feb., 1967).

Immanuel Wallerstein, "Does India Exist?", in *The Essential Wallestern*, New York, The New Press, 2000.

Immanuel Wallerstein, "The Construction of Peoplehood: Racism, Nationalism, Ethnicity", in *The Essential Wallestern*, New York, The New Press, 2000.

Immanuel Wallerstein, *The Modern World-System I: Capitalist Agriculture and the Origins of the European World-Economy in the Sixteenth Century*, Berkeley: University of California Press, 2011.

Irfan Habib, *The Agrarian System of Mughal India: 1556 – 1707* (Second, revised edition), New Delhi: Oxford University Press, 1999.

J. Kennedy, "Review of *The Indian Village Community* by B. H. Baden-Powell", *The Journal of the Royal Asiatic Society of Great Britain and Ireland* (Apr., 1897).

James Mill, *The History of British India* (Vol. 1), London: Baldwin, Cradock and Joy, 1817.

Javed Majeed, *Ungoverned Imaginings: James Mill's The History of British India and Orientalism*, Oxford: Clarendon Press, 1992.

Jeremy Bentham, *An Introduction to the Principles of Morals and Legislation*, Kitchener: Batoche Books, 2000.

John Marriott, *The Other Empire: Metropolis, India and Progress in the Colonial Imagination*, Manchester: Manchester University Press, 2003.

John Phear, *The Aryan Village in India and Ceylon*, London: Macmillian, 1880.

John Richards, "Early Modern India and World History", *Journal of World History*, Vol. 8, No. 2 (Fall, 1997).

John Richards, *The Mughal Empire* (The New Cambridge History of India I · 5), New York: Cambridge University Press, 1995.

Jon Wilson, "Metropolitan Savages", *History Workshop Journal*, Issue 61, Spring 2006.

Karl Weintraub, *Visions of Culture*, Chicago: University of Chicago Press, 1966.

Leroy Vail, *The Creation of Tribalism in Southern Africa*, Berkeley: University of California Press, 1989.

Laura Hostetler, "Qing Connections to the Early Modern World: Ethnography and Cartography in Eighteenth-Century China", *Modern Asian Studies*, Vol. 34, No. 3 (Jul. 2000).

Lawrence Krader ed., *The Ethnological Notebooks of Karl Marx: Studies of Morgan, Phear, Maine, Lubbock*, Assen: Van Gorcum, 2nd Edition, 1974.

Lloyd I. Rudolph and Susanne H. Rudolph: "The Subcontinental Empire and Regional Kingdom in Indian State Formation", in Paul Wallace ed., *Region and Nation in India*, New Delhi: Oxford University Press, 1985.

Michel Foucault, *The Archaeology of Knowledge and the Discourse on Language*, New York: Pantheon Books, translated by A. M. Sheridan Smith, 1972.

Milton R. Gutsch, "Review of the Book *The Cambridge History of India, Vol. IV: The Mughul Period*, edited by Sir Richard Burn", in *The Journal of Modern History*, Vol. 10, No. 4 (Dec., 1938).

P. J. Marshall, *Bengal: The British Bridgehead. Eastern India, 1740 – 1828* (The New Cambridge History of India: II · 2), New York: The Cambridge University Press, 1987.

Rajat Kanta Ray, "The Review of *A Hundred Horizons: The Indian Ocean in the Age of Global Empire* by Sugata Bose", *Economic and Political Week-*

ly, Vol. 41, No. 38（Sep. 23 – 29, 2006）.

Ranajit Guha, *Elementary Aspects of Peasant Insurgency in Colonial India*, Oxford: Oxford University Press, 1983.

Rosane Rocher, *Orientalism, Poetry, and the Millennium: The Checkered Life of Nathaniel Brassey Halhed, 1751 – 1830*, Dehli: Motilal Banarsidass, 1983.

Sugata Bose, *A Hundred Horizons: the Indian Ocean in the Age of Global Empire*, Cambridge: Harvard University Press, 2006.

Suraiya Faroqhi, "The Fieldglass and the Magnifying Lens: Studies of Ottoman Crafts and Craftsmen", *The Journal of European Economic History*, Vol. 20, No. 1, 1991.

The Publications Division, Ministry of Information and Broadcasting Government of India ed. , *The Collected Works of Mahatma Gandhi* (Volume 26), Ahmedabad: Navajivan Trust, 1967.

Thomas Metcalf, *Ideologies of the Raj* (The New Cambridge History of India: Ⅲ · 4), Cambridge: Cambridge University Press, 2008.

Vinay Lal, "History and Politics", in Marshall Bouton and Philip Oldenburg eds. , *India Briefing: A Transformative Fifty Years*, Armonk: M. E. Sharpe, 1999.

Vincent Smith, *The Oxford History of India: From the Earliest Times to the End of 1911*, Oxford: Clarendon Press, 1919.

William Harrison Moreland, *The Agrarian System in Moslem India*, Cambridge: Cambridge University Press, 1929.

# 后　　记

　　拙作即将付梓之际，本不欲再多唠叨，与本书有关的学术背景和写作源流已在前言中交代清楚。然而，刚刚在最近一波新冠疫情中经历的"浴火重生"却让我有了想写点什么的念头。从阴到阳，从阳到阴，恰似行了一个小周天。尽管天道惟艰，我们终究要走出这命途多舛的的疫情时代，步入一个可期可待的"后"疫情时代。这也让我对国内印度史学的前景有了更多憧憬和期待。

　　中印山水相连，毗邻而居，然而自古以来，中国对印度的了解就颇为有限。司马迁在《史记·大宛列传》中提到"身毒国"，但其所记只是来自张骞出使大夏时对印度的道听途说和留下的只言片语。晚至盛唐，在《大唐西域记》（646）卷一《序论》中，玄奘法师依旧感叹"象主之国，前古未详，或书地多暑湿，或载俗好仁慈，颇存方志，莫能详举。"虽说玄奘的行记让我们对印度当时的风土人情有了较多确实的了解，然而近代以来我们关于印度历史的知识却是直接或间接源自西方史学家的著述。清光绪二十七年（1901）上海广学会出版的《印度史揽要》一书系译自英国人宝星亨德伟良的印度史著作。清光绪二十九年（1903）东京闽学会出版的《印度史》系程树德译自本村三郎的著作。同年，上海启文社出版的《印度史》也只是王本祥的"译述"。特别是民国三十六年（1947）上海正中书局出版的《印度史纲要》一书乃是由客居印度的李志纯先生以牛津印度史教本为蓝本、参照剑桥印度史及其他英印学者的著作编撰而成。这自然给我们的印度史知识打上了西方正统印度史学的深刻烙印。

随着 1987 年以降《新编剑桥印度史》丛书各卷的陆续出版，国际史学界出现了一种与我们熟悉的西方正统印度史学全然不同的"新印度史学"，这也为我们反思近代以来我们自己的印度史知识提供了历史的契机。自 2010 年应云南人民出版社的邀请着手翻译《新编剑桥印度史》第 1 部分第 5 卷《莫卧儿帝国》并为该书撰写译后记以来，我在这一领域已耕耘十余年，其间不可谓一帆风顺，也不可谓硕果累累。尽管当前呈现给国内学界的这本小书难言尽如人意，但它的确是我以往漫漫求索的一个小结，凝聚了个人对印度史学的审问和慎思。至于这本书能否像一众师友期待的那样为当代国内步履维艰的印度历史研究提供一个新的起点，指明一个新的方向，则不是我本人所敢奢望的了。

我深知，学术者，天下之公器也，远非一人一书所能成就。现代学术之发展端有赖于学术共同体之共同努力。唯其如此，在成功渡劫之余，我愿聊以数言与国内学界中致力于印度史学之推陈出新的诸公共勉共励：

莫以智短而畏惧，
莫以力小而不为；

路长且阻，
行则将至。

王立新

二〇二三年初于武汉桂子山南麓南湖之畔